Tapering and Peaking for Optimal Performance

テーパリング &
ピーキング
最適なパフォーマンスのために

Iñigo Mujika, PhD

総監修　水村(久埜)真由美
監　修　彦井浩孝、寺本寧則

Book House HD, Ltd., Tokyo

Tapering and Peaking for Optimal Performance
Iñigo Mujika

Copyright © 2009 by Iñigo Mujika

All rights reserved. Except for use in a review, the reproduction or utilization of this work in any form or by any electronic, mechanical, or other means, now known or hereafter invented, including xerography, photocopying, and recording, and in any information storage and retrieval system, is forbidden without the written permission of the publisher.

Japanese translation rights arranged with Human Kinetics through Japan UNI Agency, Tokyo.

Nire gurasoei ── 両親へ

（訳注：原文では「Nire gurasoei ── To my parents」とある。バスク語と英語で「両親へ」というメッセージが書かれている）

目次

前書き ... vii
序文 ... viii
謝辞 ... xi

Part I　Scientific Bases of Tapering
テーパリングの科学的基礎 ... 1

Basics of Taperering
第 1 章　テーパリングの基本 ... 3

Taper-Associated Cardiorespiratory and Metabolic Changes
第 2 章　テーパリングと関連した呼吸循環系および代謝の変化 ... 15

Taper-Associated Biochemical, Hormonal, Neuromuscular, and Immunological Changes
第 3 章　テーパリングに伴う生化学的、内分泌的、神経筋的、免疫学的変化 ... 35

Taper-Associated Psychological Changes
第 4 章　テーパリングと関連した心理学的な変化 ... 57

Part II　Tapering and Athletic Performance
テーパリングと競技パフォーマンス ... 69

Reduction of the Training Load
第 5 章　トレーニング負荷の低減 ... 71

Designing the Taper for Performance Improvements
第 6 章　パフォーマンス改善のためのテーパリングをデザインする ... 89

Insights From Mathematical Modeling
第 7 章　数理的モデル化からの洞察 ... 99

第 8 章　Unique Aspects of Team Sport Tapering
チームスポーツのテーパリングの独特な側面 ……………… 113

Part Ⅲ　Elite Sports Figures on Tapering and Peaking
**一流の競技におけるテーパリングと
ピーキングの形** …………………………………………………… 121

第 9 章　Tapering for Individual Endurance Sports
持久的個人競技のためのテーパリング ………………… 123

第 10 章　Tapering for Sprint and Power Events
スプリントおよびパワー種目のための
テーパリング ……………………………………………………… 137

第 11 章　Tapering for Precision Sports
精度が求められるスポーツのための
テーパリング ……………………………………………………… 159

第 12 章　Tapering for Team Sports
チーム競技のためのテーパリング ……………………… 167

用語集 ………………………………………………………………………… 187
参考文献 ……………………………………………………………………… 193
索引 …………………………………………………………………………… 201
著者紹介・監修者 …………………………………………………………… 211

翻訳・編集／浅野将志
ブックデザイン／青野哲之（ハンプティー・ダンプティー）

前書き

スポーツファンにとって、レベルの高いパフォーマンスを行うことは簡単なようにみえるかもしれない。しかし、選手やコーチが知るように、実際にそこに到達することは非常に難しい。さらに、シーズンにわたって、また数年にわたって、あるいは選手としてのすべての期間にわたってレベルの高いパフォーマンスを維持することはほとんど不可能だといってよい。

ツール・ド・フランスで5回連続して優勝できたことを、私は誇りに思っている。もちろん、私にとってそのような高いレベルでパフォーマンスを行うことができる身体と身体能力を最大に高めるトレーニングを行うために必要な精神的な強さに恵まれたことは幸運だった。しかし、私は大きな大会に向けて最も適した準備をするうえで、研究や知識から得たところも大きい。

今では、選手はトレーニングに関するより多くの情報を入手することができる。本書『テーパリング＆ピーキング──最適なパフォーマンスのために』（原題 "Tapering and Peaking for Optimal Performance"）はそのよい例の1つである。著者のIñigo Mujikaは、最高の結果を出すため、試合に向けてどのようにテーパリングを行うかに関して世界で最も著名な専門家の一人であり、これに関する最新の研究成果に基づく情報を、科学者だけでなく学生やコーチ、選手にもわかりやすく、そして使いやすい形で示してくれている。

ツール・ド・フランス（訳注：世界で最も有名な自転車ステージレース）の各大会の前には、私はトレーニングを適切に減らし、身体と心が確実に新鮮な状態でファーストステージのスタートに立てるようにした。タイムトライアルで優位に立つには圧倒的なスピードとパワーが要求される。マイヨ・ジョーヌ（訳注：個人総合成績1位の選手に与えられる黄色のリーダージャージ）を着続けるということは、山岳ステージでのリードを保ち、それを広げることのできる十分な持久力があることを意味する。効果的なテーパリングによって、それら両方が可能となった。

本書で紹介されている世界チャンピオンやコーチたちも、同様のストーリーを持っていることがわかるだろう。1つの研究グループとして、私たちはMujika博士の処方したものが実験室だけでなく最も過酷な競技においても有効であることを示すかなり説得力のある事例的エビデンスを提供している。目指している結果を得るために、本書を読み、使っていただくことをお勧めしたい。

Miguel Indurain（ミゲール・インデュライン）
ツール・ド・フランス優勝（1991、1992、1993、1994、1995年）
ジーロ・ディターリア（訳注：ジロ・デ・イタリアとも。ツール・ド・フランスと共に有名なイタリアのステージレース）優勝（1992、1993年）
個人タイムトライアル世界チャンピオン（1995年）
個人タイムトライアルオリンピック金メダル（1996年）

序文

　大きな試合の直前に行われるテーパリングは、トレーニング期において最も重要な段階であることは間違いない。

　テーパリングと試合が時間的に近接していることから、テーパリングがトレーニング計画内の重要なパフォーマンス決定要因となる。テーパリングの計画がうまくいくと、選手がこれまで何カ月にもわたって積み上げてきたトレーニングへの生理学的、心理学的、パフォーマンス面での適応のすべてを重要な場面で示すことができる。成功したテーパリングは、そういった適応をより高めることもある。逆に、テーパリング計画が不適切であると、これまでのトレーニングが無駄になってしまったり、選手が試合で成功する可能性をなくしてしまうこともある。

本書を役立てるには

　ほとんどの選手、コーチ、スポーツ科学者は、テーパリングが試合に向けた準備として鍵となる役割を果たしていることについて知っている。しかし、それぞれのニーズに最も適したテーパリング戦略がどういうものであるのか、確信を持っていることはほとんどない。実際にトレーニング要素に不安を感じるコーチは多いだろう。いつからテーパリングを始めるべきか、あるいはどのくらいトレーニング負荷を低減させるべきか、テーパリングで最も効率的な方法はどれか、パフォーマンスを高めるのではなく低下させることになるのではないか、などである。これらの疑問に対する単純な答えはないため、テーパリングは多くの場合、試行錯誤を経てデザインされてきた。選手やサポートチームの用いる一流レベルの試合への準備に向けて最も効率的な方法が科学的原理に基づいて明らかとなっているにもかかわらず、結果として、スポーツのパフォーマンスを最適化する観点から、選手やサポートチームによってさまざまなテーパリング戦略がとられてきた。

　テーパリングに関して入手できる科学的データをまとめたものとしては本書が最初となる。すなわち、テーパリングの生理的および心理的効果について、またこれらがどのように競技パフォーマンスに関連するかについて、さらに世界で最も成功した選手やコーチの経験に基づく実践的な知識も盛り込んでいる。

　研究者や学者、一流選手およびコーチ、パフォーマンスを高めたいと思っている選手やコーチなどの疑問に応えるべく執筆された点が本書の特徴である。資料やデータに基づき第1部、第2部に分けて科学的な内容を提供することによって、この特徴を出した。一方で、科学的に細かいことに対してあまり興味のない人に向けて、技術的情報の根拠と結論について理解しやすいよう、技術的な内容に基礎情報を付け加えた。それらには、下記が含まれる。

- 概念を説明する基礎情報
- 日常的な言葉を使って定義された用語集
- 一目でわかる（At a Glance）：選手やコーチなど競技パフォーマンスを高めることに関心を持っている選手やコーチであればレベルを問わずわかりやすい言葉で、科

学的な文章を項目ごとにまとめている
- 索引欄には、一般的な概念のページ数だけでなく、用語集で定義されている用語のページ数も掲載されている

　第1部および第2部では、関連する科学的研究について文章と図表で詳細に述べている。紹介した研究については、元の文献を参照できるようになっているため、アカデミックな読者の期待にも応えられるだろう。しかしながら、本書には科学者ではない読者にも読みやすいように、用語集や「一目でわかる（At a Glance）」での注釈といった特徴がある。そこではできるだけ専門的な用語を使わずに要約し、科学的な資料の意味することを伝え、テーパリングを用いてパフォーマンスを最適化する場合に、コーチングプログラムやトレーニングプログラムのデザインに科学的な結論を適用するときのアドバイスを盛り込んでいる。さらに、第3部はすべて一流選手や一流コーチが執筆しており、ここで語られているのは、個人的なテーパリングの経験、数多くのトレーニングプログラム例、パフォーマンスやコーチングにおいてとくに重要性を見出した助言（コツ）である。語られたことの中では技術的な専門用語は使われておらず、テーパリングを自らのトレーニングや試合においてどのように用いるかに興味のある読者にとって、わかりやすいものになっている。

本書から学べること

　本書『テーパリング＆ピーキング――最適なパフォーマンスのために』は大きく3つに分かれている。科学に関すること、パフォーマンスに関すること、実践に関することであり、深く分析されている。

　第1部のテーパリングの科学的基礎では、テーパリングとは何かという説明と、テーパリングによって起こる生理学的および心理学的な変化について4つの章で構成されている。第1章では、テーパリングの概念について定義し、科学的文献のデータを用いてテーパリングの目的について述べている。これらのデータは、よいテーパリングというものは、選手の生理学的およびパフォーマンス的な潜在能力を十分に回復させるだけでなく、その潜在能力をより高めるということを示唆している。この第1章ではさらに、世界中のコーチや選手によって用いられているさまざまなテーパリングモデルやデザインについても説明している。第2章では、テーパリングに関連して起こる生理学的変化について扱っている。心臓、呼吸、代謝へのテーパリングの影響についての総合的なまとめである。第3章では、テーパリング中に起こる生理学的変化の生化学的、内分泌的、および筋についての分析、またテーパリングプログラムによる免疫学的変化についての報告から、幅広く概要を述べている。第4章では、試合前のテーパリングがどのようにして選手の心理学的状態に影響を及ぼすかについて述べる。この章では、テーパリング期において関連する選手への心理学的なトレーニングのコツについても紹介している。ここで述べられているテーパリングに伴う生理学的および心理学的変化は、スポーツ科学者や学生、コーチ、選手にとってテーパリングプログラムがもたらすパフォーマンスへの影響をよく知るうえでの枠組み（フレームワーク）となるだろう。

第2部のテーパリングと競技パフォーマンスには、テーパリングと関係するパフォーマンスに関する4つの章が含まれる。第5章では、さまざまなトレーニングの変数（強度、量、頻度）をどのように減らすか、またテーパリングの期間を変化させることによって競技パフォーマンスにどのような変化があるかについて述べる。時差ボケ、暑熱環境、高所環境といった環境要因がテーパリングのデザインにどのような影響があるかについても述べている。第6章では、テーパリングに伴ってみられたさまざまな競技におけるパフォーマンス向上について、試合結果との関連という観点から検討する。第7章では、テーパリングデザインに関連した数理的モデルから得られた知識について詳しく説明する。この章では、数理的モデルに基づくコンピュータシミュレーションを用いたテーパリング戦略の可能性について、そのアプローチの限界とともに議論している。第8章ではチームスポーツのテーパリングとピーキングに関する独特の側面を扱っており、レギュラーシーズンにおける、あるいはオリンピックなどの大きなトーナメント大会におけるテーパリングの科学的な知識をまとめている。第2部に含まれる内容は、特定の状況において選手あるいはチームのために最も効果的なテーパリングをデザインし、試合に向けた現実的なパフォーマンス目標を参加する選手あるいはチームのために設定し、最も効果的なテーパリングをデザインするうえで、また不十分なテーパリングプログラムによりマイナスの結果を避けるうえで鍵となる。

　第3部の一流スポーツにおけるテーパリングとピーキングのデータにおいては、4つの章で、テーパリングの実際の側面について扱っている。4つの章のすべてにおいて、アイデアやアネクドータルな（訳注：逸話的、経験に基づいているということを意味する）エビデンス、大きなスポーツ大会において直前のテーパリングプログラムにより世界で成功を収めたコーチや選手による詳細なトレーニング情報が集められている。第9章では、さまざまな持久的スポーツ（運動様式の異なる水泳、長距離走、トライアスロン）に関するコーチや選手による実例をまとめている。第10章では、スピードとパワー種目に関して、同様の情報を示している。これには競泳の短距離種目、自転車スプリント競技、陸上競技の短距離走、体操が含まれる。第11章では、アーチェリーやゴルフといった正確性を求められるスポーツに関する情報を提供する。第12章では、フィールドホッケー、男女水球、ラグビーなどチーム競技を扱い、コーチによる成功したアイデアやプログラムを紹介する。第3部に含まれる情報は、第1部と第2部に実用的な価値をつけ加えるものである。私は、とくに第3部はコーチや選手、学生に十分理解していただけるものと期待している。

　本書の目的は、さまざまなテーパリング戦略の生理的、心理的、またパフォーマンスへの影響についての科学的エビデンスや、経験に基づくアネクドータルな知識をまとめるということである。そして本書が、選手やコーチ、スポーツ科学者がシーズンで重要なこのときをより大きな安心感と自信を持って迎えられるよう手助けができればと考えている。本書『テーパリング＆ピーキング』は、テーパリングに関するすべての質問に答えるものではない。しかし、本書で示された情報が読者にとって興味深いものとなり、読者の知識と実際の競技への活用に寄与するものとなることが望まれる。

謝辞

　本書の執筆にあたっては、幸運なことに多くの同僚たち、友人、スポーツ生理学者、コーチ、選手との相互の交流に恵まれた。彼らの手助けに深く感謝したい。私は、とくに選手やコーチたちに多くの時間、知識、経験をいただいたことで第3部を完成させることができたことに恩義を感じている。それらによって本書は特別なものになったと確信している。第3部では、次の方々が手助けしてくれた。Unai Castells、Xabier De la Fuente、Jackie Fairweather、Warwick Forbes、Andrew "Scott" Gardner、Sergio Gomez、Peter Hespel、Bojan Matutinovic、Timothy Noakes、Cathy Sellersである。

　前書きの準備を助けてくれたPruden Indurainにも感謝したい。そしてもちろん、偉大な自転車競技のチャンピオン、Miguel Indurain（ミゲール・インデュライン）には光栄にも前書きを寄せていただき、感謝している。『Finisher Triatlón』誌のJesus Flores、Daniel Marquez、Dario Rodriguezにも感謝する。各部の冒頭の写真使用を許可してくれた。またトライアスロン選手であるHektor Llanos、Eneko Llanos、Ainhoa Muruaは写真使用を許可してくれた。これは私にとって大変名誉なことであり、数年にわたってともに仕事をした経験は素晴らしいものだった。

　本書に興味を持っていただいたHuman Kinetics社にも感謝したい。同社の支援なしにはこのプロジェクトは実現しなかっただろう。編集上のアドバイスをいただいたJohn Dickinson、Elaine Mustain、Melissa Zavalaには、本書を準備するにあたってとくに助けていただいた。

　最後に、長期間にわたる本書の執筆を、援助や世話、理解、寛容によって支えてくれたSaraに、心からの感謝を。

　当初、本書の学術論文のような形式だった部分は、まとめられ、最新のものにされ、わかりやすくなった。

Part I

Scientific Bases of Tapering
テーパリングの科学的基礎

テーパリングというものは、大きな大会に向けた最後の期間であるため、選手のパフォーマンスや競技の結果において最も重要である。しかしながら、このトレーニング期間における各選手に対して最も適したトレーニングの方法がどういったものであるかに関してコーチは自信を持って行えるものがなく、しばしば試行錯誤に頼らざるを得ない。しかしながら、このアプローチは過去に多くの革新的なトレーニング戦略となったが、2つの大きな限界を示すことになった。つまり行きあたりばったりの方法における根本的な誤りの可能性と、いくつかのトレーニング関連因子が同時に変化する中で、理想的なトレーニングプログラムを明らかにしようとしたときの、いわゆる「ショットガンアプローチ」の曖昧さである（訳注：ショットガンアプローチとは、実験などでさまざまな条件を設定した場合の結果を一気に大量に集め、そこから目的となる成果を得ようとする方法である）。

しかし成功した場合に、その成功をもたらした背後にある本当の理由を特定することはほとんど不可能である（Hawley and Burke 1988）。

効果的なテーパリング戦略と競技選手の適応に関する最も重要な要因に関する知識に基づいた、より科学的なアプローチにより、個別プログラムは成功に近づくだろう。

本書の第1部では、4つの章で構成される。

- 世界中のスポーツ科学者、コーチ、選手によって使われてきたテーパリング戦略やモデルに関する科学的知識についての徹底的な記述
- テーパリングが通常、選手に対してもたらす生理的および心理的影響
- それらの影響がテーパリングによってもたらされる試合でのパフォーマンスへの変化にどのように関係しているか

第1部を読むことで、テーパリングとは何か、またどのように選手の身体や心に対して影響を与えるかについてしっかりと理解することができる。この知識を用いることで、最適なパフォーマンスに向けて、より効率的なテーパリングプログラムをデザインすることができるだろう。

第1章

テーパリングの基本

Basics of Taperering

　世界中の選手やコーチ、スポーツ科学者は、大きなスポーツ大会において最高のパフォーマンスを達成するために、トレーニング負荷を人間の適応の限界まで押し上げようとしている。多くの競技においては、これらの最高のパフォーマンスは、試合前にトレーニング負荷を著しく低減させることと関係している。このトレーニングを軽減させる期間のことは、一般的に**テーパリング（テーパー）**として知られている（Mujika and Padilla 2003a）。

　トレーニング戦略におけるテーパリングとは何であるのか、またその意味するものは何かを理解するということは、コーチがデザインし選手が行うテーパリングの質を向上させるうえでの第一歩となる。したがって、テーパリングを定義することは最適なパフォーマンスへの行程においてよい出発点になるだろう。

　テーパリングは、過去数十年にわたって、世界のさまざまなところで、研究者や選手とともに実践する専門家たちによりさまざまに定義されてきた。年代順に例を挙げると、以下のようになる。

- 競泳選手が、パフォーマンス向上を目指し行う休息と準備のためにトレーニング負荷を少なくすること（Yamamoto et al. 1988）
- トレーニングによる適応の損失がなく、トレーニングによって引き起こされた疲労から回復させるよう意図された専門的なトレーニング法（Neary et al. 1992）
- 決勝レース前の7～21日間にわたって、トレーニング量を徐々に低減させること（Houmard and Johns 1994）
- さまざまな期間にわたって、日常のトレーニングによる生理的・心理的ストレスを軽減し、またスポーツパフォーマンスを最適にすることを意図して、漸進的・非線形的にトレーニング負荷を低減させること（Mujika and Padilla 2000）
- 目標とする時期にパフォーマンスを最大に高めることを目的として、トレーニング負荷の量が減らされる試合前の期間のこと（Thomas and Busso 2005）
- 試合に先立って起こる、トレーニング量を減らし、トレーニング強度を高くする期間（McNeely and Sandler 2007）

　これらの定義を細かく見ていくと、いくつかの鍵となるポイントが浮かび上がってくる。それは、トレーニング負荷を減らす必要性、また選手を休ませることによって蓄積された疲労を減らし得るようにすること、トレーニングを軽減する期間とその「形態」は、テーパリングプログラムがどの

ようなものであれ、試合において選手のパフォーマンスを最大に引き出すことが最終的な目標であること、である。これらの概念が重要である。なぜなら、効率的なテーパリング戦略を立てる際に大きな意味を持つからである。

最近の新しい科学的知見において、テーパリングは大きな試合に向けてトレーニング負荷が減らされ、主にトレーニング量において徐々に減らされ、その期間は個々の適応の状況によってさまざまであることが示されている。テーパリングは蓄積された生理的・心理的疲労を軽くし、トレーニング適応を引き出し、スポーツパフォーマンスを最適なものにすることを意図して行われる。

一目でわかる

テーパリングの計画

テーパリングを計画するとき、考えるべき鍵となるポイントは以下の通りである。

- トレーニング負荷を低減させること
- 疲労と生理的な適応の管理（マネジメント）
- テーパリングの種類（すなわち、テーパリングの様式）
- テーパリングの期間
- パフォーマンスの目標

本書のさまざまな章で、最近の研究や実践例における、ここで挙げた鍵となるポイントについて詳しく議論する。実際のところ、研究に基づく、広く受け入れられた科学的トレーニングの原理が、優秀なコーチや選手の経験に基づく実践的な知識と組み合わさったとき、各競技に求められる特異的なトレーニング方法が明らかになる（Hawley and Burke 1988）。

テーパリングの目的

先述で引用したテーパリングの定義には、テーパリングの主な目的が、日常のトレーニングによる生理的および心理的なマイナスの影響を軽減させることであると示されている。言い換えると、テーパリングとは蓄積された疲労を取り除くよう

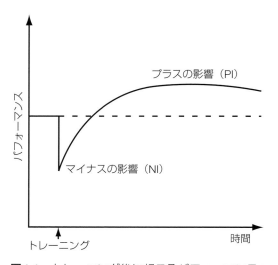

図1.1 トレーニング後に起こるパフォーマンスへのマイナスの影響（NI）とプラスの影響（PI）
I. Mujika, T. Busso, L. Lacoste, et al., 1996, "Modeled responses to training and taper in competitive swimmers," Medicine & Science in Sports & Exercise 28: 254. より許可を得て改変

に行われ、それによってさらなるトレーニング効果を得るものである。この仮説を検証するために、Mujika and colleagues（1996a）は国内レベルおよび国際レベルの競泳選手を対象として、数理学的モデルを用いて3つのテーパリング期の反応について分析した。このモデルでは、トレーニングによるパフォーマンスへのマイナスの影響およびプラスの影響をそれぞれ示す関数の組み合わせにより、疲労および体力向上を示す指標を算出した。図1.1に見られるように、パフォーマンスにおけるマイナスの影響（NI：negative influence）はトレーニング後すぐの期間にあり、続いて超回復期にプラスの影響（PI：positive influence）がある。

数理的モデルにおいて、テーパリング期間に得られるパフォーマンスは、主にトレーニングによるマイナスの影響の顕著な減少と、そして同時にトレーニングによるプラスの影響のわずかな増加が関連していることを示している（図1.2）。研究者によれば、テーパリングを始めるまでには、競技選手の生理学的適応レベルは、完全に近い、あるいは完全な状態に達しているはずであり、テーパリングにより疲労が消失するとすぐにパフォー

マンスの改善が引き出され、パフォーマンス向上の変化が起きていることは明白だと言われている。

Mujikaら（1996a）の結論は、実際のトレーニングや試合のデータを引用し、数理解析によって得られたもので、生物学的・心理学的な結果によってテーパリングの科学的著作としても認められた。たとえば、その後のMujikaら（1996d）が競泳選手を対象に行った研究において、テストステロン－コルチゾール比の変化と、4週間にわたるテーパリング中のパフォーマンス増加率との間に、有意な相関がみられた（図1.3）。**アンドロゲン**と**コルチゾール**の血漿濃度は、組織におけるそれぞれ同化と異化の活動の指標としてこれまで用いられてきた（Adlercreutz et al. 1986）。**同化ホルモン**と**異化ホルモン**の間のバランスが、高強度トレーニング後の回復過程を示唆するものであると仮定して、テストステロン－コルチゾール比がトレーニングストレスのマーカーとして提唱され、用いられている（Adlercreutz et al. 1986、Kuoppasalmi and Adlercreutz 1985）。したがって、テーパリング中にテストステロン－コルチゾール比の増加がみられた場合、より回復が促進されたこと、また蓄積された疲労が減少したことを示すだろう。テストステロン－コルチゾール比が増加したことは、コルチゾール濃度の減少（Bonifazi et al. 2000、Mujika et al. 1996c）、あるいはそれまでの時間における高強度トレーニングにより下垂体の反応が活発になったことによる**テストステロン**濃度の増加（Busso et al. 1992、Mujika et al. 1996d, Mujika et al. 2002a）、のどちらも当てはまるだろう。

テーパリング期間を設けた結果として、トレーニングストレスが減少し、回復してきたことを示すそれ以外の生物学的指標が、文献で報告されている。テーパリングの結果として、赤血球量、ヘモグロビン値、ヘマトクリットが増加したことを別々の研究グループが示しており（Shepley et al. 1992、Yamamoto et al. 1988）、これらの血液学的指標は、テーパリングによってもたらされるパフォーマンス改善と相関していることが示されて

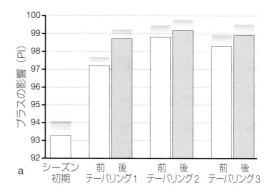

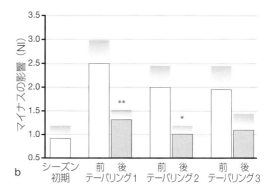

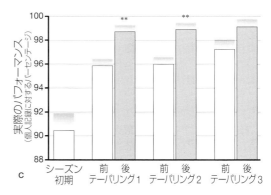

図1.2 シーズン初期、テーパリング前、テーパリング後（±標準誤差）における（a）パフォーマンスに対するトレーニングの正の影響（PI）、（b）パフォーマンスに対するトレーニングの負の影響（NI）、（c）実際のパフォーマンス。テーパリング前（*$p<0.05$）およびテーパリング後（**$p<0.01$）の間で有意差がみられた。パフォーマンスへの正の影響、負の影響については同じ単位を用いた。

I. Mujika, T. Busso, L. Lacoste, et al., 1996, "Modeled responses to training and taper in competitive swimmers," Medicine & Science in Sports & Exercise 28: 257. より許可を得て転載。

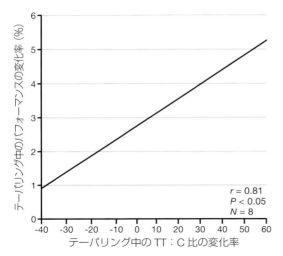

図1.3 一流競泳選手における4週間のテーパリング中の総テストステロン−コルチゾール比（TT：C）の変化と、水泳のパフォーマンス改善をともにパーセンテージで示したときの両者の関係

Springer Science + Business Media: European Journal of Applied Physiology, "Hormonal responses to training and its tapering off in competitive swimmers: Relationships with performance," vol. 74, 1996, p. 364, I. Mujika, J.C. Chatard, S. Padilla, et al., figure 3 (top panel). の厚意を得て転載。

いる（Mujika et al. 1997）。これらの結果と合致するように、テーパリング中に血清**ハプトグロビン**の有意な増加がみられた（Mujika et al. 2002a）。ハプトグロビンは**糖タンパク質**の1つで、遊離ヘモグロビンと結合して血流循環に放出されることにより、体内の鉄を浪費せず温存する働きを持っている。ハプトグロビン−ヘモグロビン結合体は肝臓で血液から素早く取り除かれるので、トレーニングを積んだ持久系種目の選手ではヘモグロビン値が通常を下回ることがよくあり、これは慢性的な**溶血状態**にあることを示唆している（Selby and Eichner 1986）が、ヘモグロビン値はテーパリング中に回復していくだろう。中距離ランナーにおいて、テーパリング期の最後の時点で網状赤血球数の増加もみられた（Mujika et al. 2000, Mujika et al. 2002a）。これらの結果は全体として、トレーニングを積んだ被験者では、テーパリング期間にトレーニングストレスの減少に伴って、**赤血球生成**と**溶血**のバランスが改善することを示している（Mujika and Padilla 2003a）。

アンドロゲン（男性ホルモン）とテストステロン

アンドロゲン（男性ホルモン）は、自然の、あるいは合成された化合物で、成長や発達、男性の性徴の維持に関わり、それらの促進やコントロールをする。テストステロンは、精巣性アンドロゲン、すなわち男性ホルモンの中でも主なもので、生殖器官の発達、維持や第二次性徴とともに精子の産生に不可欠である。

ほかの生物学的マーカーの中で、血中**クレアチンキナーゼ**レベルもまた、トレーニングによって引き起こされる生理学的ストレスの指標として用いられる。血中クレアチンキナーゼ濃度は通常、激しいトレーニングを行った競技選手において、トレーニング負荷を低減させた結果として減少し、これがテーパリング期の特徴となる（Millard et al. 1985, Yamamoto et al. 1988）。ここに挙げた、またそれ以外の生物学的な変化については、第3章で議論する。

テーパリング期には、努力感の低減や、全般的な気分障害の低減、疲労感の低減、活力の増加といった、パフォーマンスを改善させる心理学的変化を伴うことがしばしばある（Hooper et al. 1999, Morgan et al. 1987, Raglin et al. 1996）。また、競泳選手においてテーパリングには、睡眠の質の改善が伴うこともある（Taylor et al. 1997）。これらの心理的な変化は、日常のトレーニングストレスからの回復が促進されているかどうかの指標として解釈することができ、これについては第4章でさらに深く分析される。

テーパリングに伴う変化は、それまでに弱まった生理的能力の回復と、トレーニングに耐える能力の回復、テーパリング中に取り組んだトレーニングに効果的に対応する能力の回復であるということが提唱されている（Mujika et al. 2004）。パフォーマンスを最適化するテーパリングの特徴についての理論的研究では、Thomas and Busso（2005）により、テーパリングの効率に影響を及ぼす可能性のあるトレーニング要素について、パ

フォーマンスへのトレーニング効果を示す非線形数理モデルによるシミュレーションを用いて検討されている。トレーニングによる反応は、実験室でのトレーニングプログラムに参加した被験者から得られたデータを用いて、計算された。Thomas and Busso（2005）は、単純に蓄積された（残存した）疲労を減少させるだけでは、テーパリング中にトレーニングによる適応が十分促進されない限り、テーパリング終了までに最高のパフォーマンスに到達するには不十分だろうと結論づけた。したがって、テーパリングプログラムは、疲労の低減と、単なる温存ではない、トレーニングによるプラスの適応との組み合わせが最適になるよう調整される必要があるだろう（Thomas and Busso 2005）。

ある種の内分泌学的、血液学的、生化学的、心理学的マーカーにより、ストレスの軽減が示されている。以下の通りである。

- **内分泌学的マーカー**：テストステロン増加、コルチゾール減少、テストステロン－コルチゾール比の増加
- **血液学的マーカー**：赤血球容積の増加、ヘマトクリットの増加、ヘモグロビンの増加、ハプトグロビンの増加、網状赤血球の増加
- **生化学的マーカー**：血中クレアチンキナーゼの減少
- **心理学的マーカー**：努力感の減少、気分障害の減少、疲労感の減少、活力（vigor）の増加、睡眠の質の改善

一目でわかる
テーパリングの目的

テーパリングに伴って起こるパフォーマンスの改善は、それまでのトレーニングによって損なわれた生理学的能力が回復したこと、またトレーニングへの耐性が回復したことと関連しており、さらなる適応をもたらすという結果につながる（Mujika et al. 2004, Thomas and Busso 2005）。別の言い方をするならば、効果的なテーパリングにおいて鍵となる目的としては、以下の通りとなる。

- 日常的なトレーニングによって蓄積された生理的・心理的ストレスを最大限に軽減させる
- トレーニングへの耐性を回復させ、トレーニングによる適応をさらに促進させる

テーパリングモデル

テーパリングという用語は、試合に向けて準備をする一流選手には、今ではよく知られるようになっている。また、主要なレースや競技会の前の最後のトレーニング期を指す用語として世界的に広く使われている。しかし、テーパリングについて話題にする人のすべてが同じトレーニング概念（考え方、コンセプト）のことを話しているだろうか。科学的文献では、そうではないことが示されている。Houmard（1991）は、**低減されたトレーニング**と、テーパリングの概念を明確に区分した。この著者は、低減されたトレーニングは、トレーニングの時間、頻度、強度、あるいはそれらの要素の組み合わせを一定の度合いで軽減するものであるとした。一方、テーパリングは、その期間中にこれらのトレーニング変数を体系的に、また漸進的に減少させるものであるとした（図1.4）。

スポーツパフォーマンスを最適化するために、これまでに4つのテーパリングのデザインモデルが説明され、また用いられてきた。この4つを図1.5に示す。

テーパリング中のトレーニング負荷は、漸進的に徐々に減少させる方法が一般的である。これは、**テーパリング（テーパー、taper）**という言葉が示す通りである（訳注：テーパーとは、徐々に減らしていく、先細りになるということを意味する）。線形的に低減させていくこともあれば、指数関数的に（急激に）低減させていくこともある。通常、図1.5に示すように、線形的なテーパリングといった場合、総トレーニング負荷は指数関数的テーパリングより高いことを示唆している。加えて、指数関数的テーパリングは、減らしていく時間が長いもの、あるいは短いものの両方があり、

表1.1　テーパリングによって起こるパフォーマンスの変化に関するエフェクトサイズ（効果量）

テーパリングのパターン	エフェクトサイズ（効果量）、（95%信頼区間）	n	p
ステップテーパリング	0.42　(-0.11, 0.95)	98	0.12
漸進的テーパリング	0.30　(0.16, 0.45)	380	0.0001

L. Bosquet, J. Montpetit, D. Arvisais, et al., 2007, "Effects of tapering on performance: A meta-analysis," Medicine & Science in Sports & Exercise 39: 1358-1365. より許可を得てデータを転載。

は先述のBanisterら（1999）の結果と完全に合致しており、そこではステップテーパリングよりも漸進的テーパリング後により高いパフォーマンス改善が示された。同様に、競泳選手を対象とした研究で、Yamamotoら（1988）は、テーパリングによって引き起こされたプラスの生理学的変化は、トレーニングで泳ぐ距離を徐々に減少させる約7日間のテーパリングによって得られたと結論づけた。

メタ分析とは何か

メタ分析とは、関連のある研究課題を取り上げた過去の研究結果を統合する統計的な方法論の1つである。この手法は、研究対象の数が少ない場合に、統計的パワー（検出力）が小さくなるという制約に対処しようとするものである。複数の研究結果がまとめられ、記述統計学あるいは推測統計学的に分析されることで、より正確なデータ分析や、何らかの仮説の検証ができるようになる。

しかしながら、これまでのテーパリング研究のほとんどでトレーニング負荷は徐々に減らされており、メタ分析における被験者の数が両者で異なる（ステップテーパリングがn = 98、漸進的テーパリングが n = 380）ことから、Bosquetら（2007）の結果に基づいて、一定のテーパリングパターンを選ぶことは難しい。実際に、全般的な効果は漸進的（プログレッシブ）テーパリングよりも大きいにもかかわらず、ステップテーパリングのパフォーマンス改善は、統計的パワーが低いために有意差がみられていない。著者らは、今後の研究において、テーパリングのパターンごとの被験者の数を同じくらいにして、このメタ分析での予測を検証すべきであるとしている。

Bosquetら（2007）のメタ分析研究には、ほかにも興味深いものがあり、それは運動（様式）の違いに応じた理想的なテーパリングパターンを見つけ出そうと試みたことである。メタ分析に用いたデータにより、水泳、ランニング、自転車それぞれのテーパリングパターンの影響について述べることが可能となった。表1.2に示すように、水泳とランニングにおいては、漸進的テーパリングのほうがよりよいパフォーマンスを得ることができたが、自転車においてはステップテーパリングのほうが、平均エフェクトサイズ（効果量。訳注：統計的な影響のこと）が大きかった。しかしながら、サンプル数が少なく、異なる選手での結果であるため、こういった結果は細心の注意を払って解釈すべきである。

Bosquetら（2007）は、単なるステップや線形、漸進的（プログレッシブ）テーパリング以外の形のテーパリングが、さまざまな競技で試されていることを指摘している。そういった代替的な戦略の1つは、トレーニング負荷を漸進的に低減させ、その後、試合に向けて増加させるというものである。これまでに述べたように、このテーパリングデザインの背景には、スポーツ選手がテーパリングにより疲労レベルを下げ、トレーニングに対する耐性を高め、テーパリング中のトレーニングに対して効率よく反応できるようになるという有利な状況が根拠としてある。テーパリングの最後においてトレーニング負荷を増加させることの妥当性は、最初の試合から決勝にかけてパフォーマン

表1.2　水泳、ランニング、自転車のパフォーマンスに対する、テーパリングパターンによるエフェクトサイズ（効果量）への影響

水泳		
テーパリングのパターン	平均（95%信頼区間）	n
ステップテーパリング	0.10（-0.65, 0.85）	14
漸進的テーパリング	0.27（0.08, 0.45）*	235
ランニング		
テーパリングのパターン	平均（95%信頼区間）	n
ステップテーパリング	-0.09（-0.56, 0.38）	36
漸進的テーパリング	0.46（0.13, 0.80）*	74
自転車		
テーパリングのパターン	平均（95%信頼区間）	n
ステップテーパリング	2.16（-0.15, 4.47）	25
漸進的テーパリング	0.28（-0.10, 0.66）+	55

*$p<0.01$，+$p<0.10$L．
Bosquet, J. Montpetit, D. Arvisais, et al., 2007, "Effects of tapering on performance: A meta-analysis," Medicine & Science in Sports & Exercise 39: 1358-1365. より許可を得てデータを転載。

スの漸進的な改善がよくみられることからも、アネクドータル（逸話的）に実証されている。高度にトレーニングされた選手における、このテーパリングの妥当性に関する実験データはないものの、最近の数理的モデルに基づくシミュレーションでは、このテーパリングが古典的なテーパリングの代替となり得ることが示唆されている（第7章も参照）。

一目でわかる
メタ分析の結果

最近のメタ分析（Bosquetら、2007）によると、とくに水泳とランニングにおいてトレーニング負荷を徐々に低減させた場合に最大のパフォーマンス獲得が期待できるが、ステップテーパリングは、自転車パフォーマンスを向上させるのに適しているだろう。代替的な方法として、たとえば最初にトレーニング負荷を減らし、テーパリングの最後に増やしていく方法も、パフォーマンス改善に有効と考えられるが、その可能性については実験で検証する必要がある。

その他の研究

Thomasら（in press）による研究の目的は、非線形数理的モデルを用いて、二相性テーパリング（two-phase taper）が単純な漸進的（プログレッシブ）テーパリングと比較して、より効果的かどうかを調べることであった。トレーニングに対する応答は、過去に競泳選手で測定されたモデルパラメータからシミュレートした（Thomas et al. 2008）。各被験者において、28日間の模擬的な過負荷トレーニング後、通常の漸進性テーパリングと、期間は同じで最後の3日間以外はトレーニングを軽減させる量が同じである二相性テーパリングが比較された。最後の3日間では、個々のパフォーマンスを最大に引き出すためトレーニング負荷を線形的に変化させた。著者らが立てた仮説の通り、テーパリングの最後の3日間にトレーニング負荷をやや増加させた後で最も高いパフォーマンスに達した。二相性テーパリングの最後の3日間における最適なトレーニング負荷の変化量は、競泳選手の通常のトレーニングの35%±32%から49%±46%であった（図1.6）。

興味深いことに、ある水泳選手にとっては、最適なトレーニング負荷は二相性テーパリングの最

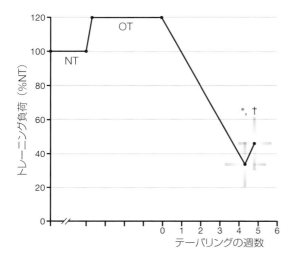

図1.6 通常のトレーニング期間（NT）、過負荷トレーニング期間（OT）、最適化された二相性テーパリング期間での一流競泳選手におけるトレーニング負荷の変化
＊二相性テーパリングの最初の値が、最後の値よりも有意に大きかった（$p<0.05$）。†最適化された線形テーパリングの最後の値よりも有意に大きかった（$p<0.05$）。

後の3日間を通して低減を続けたが、その低減の割合は最初の段階と線形テーパリングのときほど急速なものではなかった。ここでみられたことは、すべての競技選手がテーパリング中のトレーニングに対して同じように反応するわけではないことをはっきりと示しており、各選手の適応の特性によってテーパリング戦略を個別化する必要性について強調するものである。

最適化された線形テーパリングを行っている間、競泳選手のパフォーマンス（シミュレートされたもの）は4週間の過負荷期間終了時よりも4.0％±2.6％向上していた。二相性テーパリングで得られた最大のパフォーマンスは、最適化された線形テーパリングよりもわずかに0.01％±0.01％、高かった（図1.7）。このわずかな差は、二相性テーパリングと線形テーパリングのどちらもテーパリングの終了時にトレーニングによるマイナスの影響（たとえば蓄積された疲労など）が完全に解消したことを考えると、二相性テーパリングのトレーニングによるプラスの影響が、線形テーパリングよりも大きかったことによって説明できる。

Thomasら（in press）のモデル研究による主な知見は、テーパリングの最後の3日間に中程度のトレーニングを増加させても試合のパフォーマンスに不利益はみられないということである。二相性テーパリングの利点は、単純な線形テーパリングと比較して追加の適応により疲労の除去が妨げられないということが期待される。決勝戦に至るまでに連続した予選ラウンドによってトレーニング負荷が高まるとすると、これらの知見は、数日間にわたる複数の試合に向けて準備するときに考慮されなくてはならない（Thomas et al. in press）。

その他の代替的テーパリングデザイン例が、Mujikaら（2002b）によって報告されている。2000年のシドニーオリンピックに向けた競泳の最終準備に関する観察的研究で、Mujikaらはオーストラリアのオリンピック代表競泳チームにおいて典型的な16週間のトレーニングサイクルが約800km（週あたり40～80km、平均で55km）の泳距離であることを図によって示した。オリンピック前の3週間のテーパリング中、トレーニング量は泳距離で1日あたり約10kmから2kmまで計画的に低減された（図1.8a）。しかし、テーパリング中の日々のトレーニング量を細かく見ると（図1.8b）、トレーニング量の多い日と少ない日が交互にある、鋸（のこぎり）状のテーパリングパターンを示した。

> **その他の研究結果**
> 試合の数日前にトレーニング負荷を少し高くすることは、場合によっては有益であるかもしれない。しかし、テーパリング中のトレーニングに対してすべての競技選手が同じように反応するわけではないので、テーパリング戦略は個人に合わせたものにしなければならない。

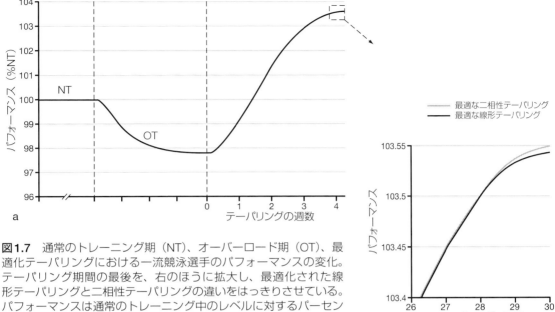

図1.7 通常のトレーニング期（NT）、オーバーロード期（OT）、最適化テーパリングにおける一流競泳選手のパフォーマンスの変化。テーパリング期間の最後を、右のほうに拡大し、最適化された線形テーパリングと二相性テーパリングの違いをはっきりさせている。パフォーマンスは通常のトレーニング中のレベルに対するパーセンテージ（％ NT）として表している。

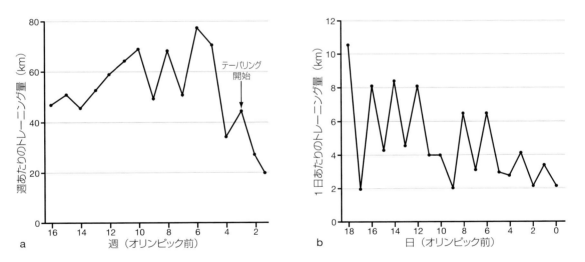

図1.8 （a）16週間にわたるシドニーオリンピックに向けた準備での、あるオーストラリア競泳選手の週ごとのトレーニング量（km）、（b）シドニーオリンピックの18日前における、あるオーストラリア競泳選手の1日あたりのトレーニング量（km）。

I. Mujika, S. Padilla, and D. Pyne, 2002, "Swimming performance changes during the final 3 weeks of training leading to the Sydney 2000 Olympic Games." International Journal of Sports Medicine 23: 583. より許可を得て再掲。

一目でわかる
研究結果のまとめ

　研究によって、漸進的（プログレッシブ）テーパリングは、ステップテーパリングと比較してより大きなプラスの影響を与えるようだということが示されている。研究者は、これらの違いが、トレーニング負荷全体の差と関連しているのかどうか、そしてどちらのテーパリングモデルがある特定の競技や選手個人により適しているかについて調べるべきだろう。さらに、あまり知られていない、試合でのパフォーマンスを最適化する代替的なテーパリングデザインについては、実験的に分析されるべきであり、もし効果的であるとわかれば、さまざまな競技条件でコーチや選手によって試されるべきであろう。

章のまとめ

　大きな試合に向けた準備の最後には、テーパリングとして知られるトレーニングを低減した期間がある。テーパリングを計画するとき、コーチや選手は蓄積された疲労を取り除きつつもトレーニングへの適応を継続させるうえで、どれくらいトレーニング負荷を減らすか、またその期間や方法（徐々になのか、あるいは急激になのか）について考慮すべきである。

　テーパリング中に得られるパフォーマンス向上は、蓄積された疲労の軽減による結果がほとんどであるが、研究ではそれ以上のパフォーマンスを改善させるような適応がテーパリング中に起こることが示されている。パフォーマンスを向上させる適応には、好ましい内分泌環境（たとえば、テストステロンが高く、コルチゾールが低いこと）、より多い赤血球（すなわち酸素運搬能力の向上）、筋へのダメージの減少、練習や試合に対してのよりよい心理的な準備が含まれる。

　研究では、トレーニング負荷を低減する方法は、急激かつ決まった量を減らすよりも徐々に減らすのが最も効果的であることが示唆されている。しかしながら、後者の（急激かつ決まった量を減らす）方法も、とくに自転車競技のパフォーマンスにおいてよい効果があるかもしれない。トレーニング負荷を徐々に低減させていき、選手が十分に休んだ後、試合前の最後の数日にトレーニング負荷を増加させ、質の高いトレーニングができるようになることが効果的なテーパリングアプローチになるかもしれないと言われている。

　理想的なテーパリングパターンというものはおそらく存在せず、またコーチや選手はさまざまなテーパリングデザインを選手個々の適応の特性に応じて取り入れるべきだろう。

第2章

テーパリングと関連した呼吸循環系および代謝の変化

Taper-Associated Cardiorespiratory and Metabolic Changes

　第1章で議論したように、試合における競技パフォーマンスの改善を期待して、スポーツ科学者はかなりの研究を重ね、異なるテーパリングモデルをデザインし、またその目的を説明し、その効果や適合性について分析してきた。パフォーマンス改善は効果的なテーパリングにおける最終目標である。しかし、そこに到達するためには選手の身体に生理学的な変化が起こらなければならない。

　残念なことに、観察されたパフォーマンスの変化の基礎となっている生理学的なメカニズムについてはまだ完全にはわかっていない。Mujikaらの2つの報告（Mujika 1998, Mujika et al. 2004）を除くと、テーパリングに伴う選手の生理学的変化について取り上げたレビュー（Houmard 1991, Houmard and Johns 1994, Neufer 1989）が発表されたのは1980年代遅くから1990年代初頭にさかのぼる。それでも、スポーツ科学のさまざまな研究グループが、この数年間努力を重ねることでテーパリングに伴う生理学的変化と、観察されたパフォーマンスの改善を説明するようなメカニズムについて解明してきた。テーパリングに最も関連した生理学的な変化は、循環、呼吸、代謝系機能で起こり、この変化により競技選手は、活動筋に酸素とエネルギー源をより多く供給し、効果的に消費することができるようになる。本章の目的は、テーパリングによってもたらされる呼吸循環系および代謝の変化についての最近の知見をまとめ、統合すること、またそれらの変化とパフォーマンスへの貢献との間に考えられる関係について評価することである。

呼吸循環系機能の適応

　激しいトレーニングを積んだ競技選手が典型的に行う比較的短い期間のテーパリング（低減されたトレーニング）であっても、呼吸循環系機能がトレーニング中にその機能を果たしているのであれば、構造的および機能的変化は起こるはずである。これらの変化や、それによって起こり得るスポーツパフォーマンスに対する効果について、以下で述べる。

最大酸素摂取量

　呼吸循環系の適応を示す指標として最も広く使われているのは**最大酸素摂取量（$\dot{V}O_2max$）**である。研究では、非常にトレーニングを積んだ競技選手において、試合前のテーパリング中に$\dot{V}O_2max$は増加するか、または変化しないことが示されている。これは、持久的種目の選手におけるテーパリング中の$\dot{V}O_2max$が低下した場合、計画したテーパリング戦略がよくないものであったことを示すことに該当する。以下で述べる多くの

> ## $\dot{V}O_2max$ とは何か
>
> 　身体によるエネルギー源の利用は、酸素（O_2）が利用できるかどうかに依存し（訳注：酸素が利用できるかどうかによって決まるという意味。ある条件が何かの制限要因になる場合などに「依存する」という表現を使うことがよくある）、エネルギーを使うことにより二酸化炭素（CO_2）と水ができる。体内の組織におけるO_2の利用量やCO_2の放出量は、呼吸気を測定することでわかる。肺へ吸い込んだ空気と、肺から吐き出した空気の量とガス濃度を測定することにより、O_2消費量を算出することができる。運動強度が上がって身体に必要なエネルギー量が大きくなると、酸素摂取量（$\dot{V}O_2$）も高まる。ある運動強度において、それ以上に運動強度を上げても$\dot{V}O_2$が上がらなくなったら、$\dot{V}O_2$の最大能力に達したことを示す。この$\dot{V}O_2$の最大値のことを最大酸素摂取量（$\dot{V}O_2max$）と呼ぶ。有酸素的（持久的）なパフォーマンスで成功することは、$\dot{V}O_2max$が高いこと、また、持久的種目で$\dot{V}O_2max$に対して高い水準を保つ能力とも関連している。

関連した研究について、またそれ以外の研究についても表2.1にまとめた。

最近の研究では、自転車選手において、7日間にわたってそれまでの週あたりのトレーニング量から50％減らしたところ、$\dot{V}O_2max$が6.0％の改善を示したことが報告された。この変化とともに、模擬的に行われた20kmのタイムトライアルでの記録が5.4％改善した。一方で、自転車選手が7日間にわたってトレーニング量を30％または80％減らした場合は、$\dot{V}O_2max$の増加も、模擬的に行われたタイムトライアルのパフォーマンスの増加もみられなかった。同じ研究グループでは、自転車選手においてトレーニング強度は維持したものの、トレーニング量を減らしたとき、$\dot{V}O_2max$の増加（12.5％）と模擬的に行われたパフォーマンスの向上（4.3％）を報告した。対照的に、トレーニング量を維持し、強度を減らした場合には、$\dot{V}O_2max$（1.1％）と模擬的に行われたパフォーマンス（2.2％）において統計的に有意増加はみられなかった（Nearyら 2003b）。これらの結果は、トレーニングによって引き起こされる適応とスポーツパフォーマンス最適化の維持および促進において、トレーニング強度が鍵となる要因（キーファクター）であることを示し、このことは過去の報告と一致する（Mujika and Padilla 2003a）（第5章を参照）。

こうした結果に合致するように、Jeukendrupら（1992）は自転車選手において2週間の低減したトレーニング（非漸進的テーパリングで構成されるトレーニング負荷の低減を標準化したステップテーパリング）の終わりに$\dot{V}O_2max$が4.5％増加したことを示し、それに伴ってピークパワー出力が10％向上し、8.5km屋外タイムトライアルが7.2％向上したことを報告した。トレーニングを積んだトライアスロン選手では、2週間のテーパリング後に$\dot{V}O_2max$が9.1％増加し、実験室でのパフォーマンス評価のためのランニングテスト（1.2～6.3％）、自転車パフォーマンス（1.5～7.9％）の改善を示した（Banister et al. 1999、Zarkadas et al. 1995）。Margaritisら（2003）は、近年、長距離トライアスロン選手において、14日間のテーパリング後、$\dot{V}O_2max$と模擬的に行われたデュアスロンのパフォーマンスの両方で3％の向上がみられたことを示した。

しかしながら、テーパリングの結果、$\dot{V}O_2max$の値が変化しなかったことを報告する研究者もいるが、この場合パフォーマンスの向上は妨げられなかった（表2.1）。高校生水泳選手における研究では、2週間または4週間にわたるテーパリングで、どちらも水泳のタイムトライアルのパフォーマンスが4～8％向上したが、$\dot{V}O_2max$は変化しなかった（D'Acquisto et al. 1992）。Shepleyら（1992）は、男子クロスカントリー選手および中距離走選手において、$\dot{V}O_2max$の値が変化しなかったもののトレッドミルのパフォーマンスが向上したという同様の知見を報告した。同じくHoumardら（1994）も長距離走選手において、$\dot{V}O_2max$は変化しなかったが、トレッドミルによる5kmタイムトライアル走が2.8％向上し、漸増

表2.1 テーパリングが最大酸素摂取量（$\dot{V}O_2max$）に及ぼす影響

研究（年）	選手	テーパリングの期間、日	$\dot{V}O_2max$	パフォーマンスの測定	パフォーマンスの結果、%
Van Handel et al.（1988）	水泳	20	↔	NR	NR
Houmard et al.（1990a）	ランナー	21	↔	5km室内レース	↔
D'Acquisto et al.（1992）	水泳	14-28	↔	100m、400mタイムトライアル	4.0-8.0改善
Jeukendrup et al.（1992）	自転車	14	↑	8.5km屋外タイムトライアル	7.2改善
Shepley et al.（1992）	ランナー	7	↔	トレッドミルにて疲労困憊までの時間	6-22改善
McConell et al.（1993）	ランナー	28	↔	5km室内レース	1.2低下
Houmard et al.（1994）	ランナー	7	↔	5kmトレッドミルタイムトライアル	2.8改善
Zarkadas et al.（1995）およびBanisterら（1999）	トライアスロン	14	↑	5kmフィールドタイムトライアル走と漸増負荷試験	1.2-6.3改善、1.5-7.9改善
Rietjens et al.（2001）	自転車	21	↔	漸増負荷試験	↔
Dressendorfer et al.（2002a, b）	自転車	10	↑ やや向上	20kmシミュレートされたタイムトライアル	1.2改善
Margaritis et al.（2003）	トライアスロン	14	↑	30km屋外デュアスロン	1.6-3.6改善
Neary et al.（2003a）	自転車	7	↑	20kmシミュレートされたタイムトライアル	5.4改善
Neary et al.（2003b）	自転車	7	↑	40kmシミュレートされたタイムトライアル	2.2-4.3改善
Harber et al.（2004）	ランナー	28	↔	8km屋外レース	1.1改善
Coutts et al.（2007b）	トライアスロン	14	↔	3km走タイムトライアル	3.9改善

NR＝報告なし、↑増加、↔変化なし。
I. Mujika, S. Padilla, D. Pyne, et al., 2004, "Physiological changes associated with the pre-event taper in athletes," Sports Medicine 34: 894. より許可を得て転載

負荷法による疲労困憊までの時間が4.8％延びたことを報告した。Harberら（2004）は、4週間にわたるテーパリングにおいて、$\dot{V}O_2max$に変化は起こらなかったが、8km走のパフォーマンスに改善傾向（1.1％）がみられたと報告した。

Dressendorferら（2002a, 2002b）の研究では、男性自転車選手において、10日間のトレーニング頻度を50％低減させたテーパリングが行われ、シミュレーションされた20kmタイムトライアル（1.2％）と$\dot{V}O_2max$（2.5％）にわずかな改善が報告さ

れた。Van Handelら（1988）もまた、全米選手権に向けて大学生年代の水泳選手（オリンピックでメダルを獲得した選手を含む）に20日間のテーパリングを行わせたところ、$\dot{V}O_2$maxの値が変化しなかったこと（テーパリング前65.4ml・kg^{-1}・min^{-1}、テーパリング後66.6ml・kg^{-1}・min^{-1}）を報告した。残念なことに、この研究ではパフォーマンスの結果は報告されなかった。同様に、トレーニングを積んだ自転車競技選手における継続的もしくは間欠的トレーニングにより構成されるステップテーパリング（Rietjens et al. 2001）後に、あるいはランナーで3週間（Houmard et al. 1990a, 1990b）または4週間（McConell et al. 1993）のステップテーパリング後に、$\dot{V}O_2$maxやピークパワー出力の改善はみられなかった。まとめると、これらの研究はテーパリング後に$\dot{V}O_2$maxの改善または変化がなかったこととパフォーマンスが向上したことを示し、とくにトレーニング強度を維持した場合にそうであったことを示した（第5章参照）。

動作の経済性（効率）

動作の経済性とは、ある最大下運動強度における酸素消費量であると定義される。テーパリング前後に、ランナー、水泳選手、自転車選手を対象に、動作の経済性が評価された。動作の経済性に関する研究結果は全く異なっており、これはトレーニングおよびテーパリングプログラムの違いや、選手の能力といった要因に関連して矛盾が生じていると考えられる。

Houmardら（1994）は、18人の男性と6人の女性の長距離走選手に漸進的な7日間にわたるトレーニング量を85％に低減させた走行または自転車でのテーパリングを行い、**最大下での走行中のエネルギー消費**について評価した。著者らは$\dot{V}O_2$ピークの80％でトレッドミル走を行ったとき、最大下でのエネルギー消費を算出すると7％（0.9kcal/min）減少したと報告した。このランニング経済性の向上の程度は、走行でのテーパリングを行った被験者8人中7人で明らかであり、自転車でのテーパリングを行った選手にはみられなかった（図2.1）。研究者は筋の**ミトコンドリア能力**や、神経的あるいは構造的、バイオメカニクス的要因によって、テーパリングに伴う経済性改善の説明がつくだろうと推察している（Houmard et al. 1994）。このような検証結果は、同グループによる3週間の低減トレーニング後に酸素消費が低下したことについて報告した以前の研究（Houmard et al. 1990a）をさらに支持するものであった。

さらに最近では、Harberら（2004）は大学レベルのクロスカントリーランナーにおいて、4週間のテーパリング後、時速16kmでのランニング効率性の変化を確認することができなかった。この違いはおそらく、トレーニング量の低減が25％であったことによるものであろう。なぜなら、多くの研究においてテーパリングで最適な結果に達するために41～60％のトレーニング量の低減が必要であるとされているからである（第5章参照）。

運動の経済性の改善については、水泳においても報告されているが、この改善は選手の能力と逆の相関を示しているように思える。高校レベルの男性および女性水泳選手において、2週間または4週間のテーパリングによって、$\dot{V}O_2$max－速度曲線（すなわち動作の経済性）は異なる泳速度の範囲でそれぞれ4.9％および15.6％、また8.5％および16.7％へと変化した（D'Acquisto et al. 1992）。この著者らは、経済性の変化は、トレーニング量の低減の度合いに依存することを示唆し、またHoumardら（1994）と同様に、バイオメカニクスの点からもテーパリングに利点があり、よりよいストロークをもたらすと推測した（D'Acquisto et al. 1992）。Johnsら（1992）も、大学水泳選手において10～14日間のテーパリングを行ったところ、酸素消費が5～8％低下したことを報告した。対照的に、Van Handelら（1988）は、高い能力のある水泳選手において、経済性の曲線はテーパリングの影響による変化はみられなかったとしており、能力が高い場合には熟練度の低い水泳選手よりも経済性が高いことを考慮すべきである

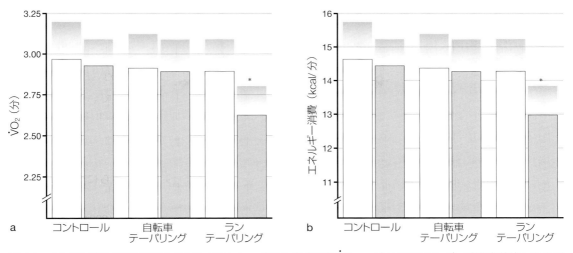

図2.1 （a）絶対的な酸素消費量、（b）最大下トレッドミル走（80% $\dot{V}O_2$peak）中のエネルギー消費を算出したもの。7日間の実験的なテーパリング期間の前（白）および後（グレー）。＊前との間で有意差（$p<0.05$）がみられた。
J.A. Houmard, B.K. Scott, C.L. Justice, et al., 1994, "The Effects of taper on performance in distance runners," Medicine & Science in Sports & Exercise 26 (5): 624-631.

と述べている。

　自転車においては、Dressendorferら（2002a）がトレーニング量の多いものとトレーニング強度の高いものの2種類のトレーニング期に引き続いてテーパリングを10日間行った後、200Wのパワー出力において明らかな差を見出すことができなかったとしている。しかしながら、そのパワー出力発揮での酸素消費量は、テーパリング後（2.82L/min）ではベースライン（2.95L/min）よりも低いままであった。Houmardら（1989）は、ランナーにおいて10日間のテーパリング後、最大下での$\dot{V}O_2$maxは変化しなかったと報告している。Rietjensら（2001）は、自転車ペダリングにおいて3週間のステップテーパリング後、165Wまたは270Wの両方で酸素コストに変化がみられなかったこと、また同様にMcConellら（1993）は4週間のステップテーパリング後、65％、85％、95％ $\dot{V}O_2$maxにおいて変化がみられなかったと報告している。

筋の酸素化

　Nearyら（2005）は、近赤外線分光法（NIRS）を用いて、テーパリングが自転車ペダリングにおける**筋の酸素化**に及ぼす影響を調べた。NIRSは、

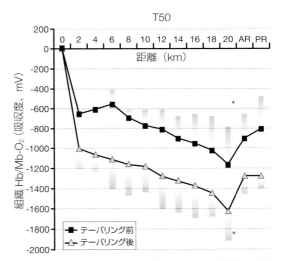

図2.2 週間のトレーニング量を50％に低減させたグループにおいて、シミュレートされた20kmタイムトライアルパフォーマンスにおけるテーパリング前後の組織酸素化（Hb/Mb-O_2、吸収度、mV）、グループの平均（±SD）。＊テーパリング前後のトライアル間で有意差があった（$p<0.05$）
J.P. Neary, D.C. McKenzie, and Y.N. Bhambhani, 2005, "Muscle oxygenation trends after tapering in trained cyclists," Dynamic Medicine 4:4. c 2005 Neary et al.; licensee BioMed Central Ltd. より転載。Distributed under the terms of the Creative Commons Attribution License (http://creativecommons.org/licenses/by/2.0).

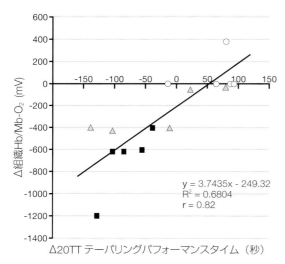

図2.3 すべての被験者（N=11）を組み合わせたテーパリング後のΔ組織Hb/Mb-O₂（mV）と20タイムトライアル（TT）テーパリングパフォーマンスタイム（分）の変化との関係（r＝0.82）。パフォーマンスタイムが負の値を示していることはパフォーマンスの向上を示していることに注意（20TTがより速いことになる）。デルタスコアはテーパリング後からテーパリング前の値を引いて算出した。それぞれの記号は異なるテーパリング群を示す（○はT30（トレーニング量30％減）、□はT50（トレーニング量50％減）、△はT80（トレーニング量80％減））

J.P. Neary, D.C. McKenzie, and Y.N. Bhambhani, 2005, "Muscle oxygenation trends after tapering in trained cyclists," Dynamic Medicine 4:4. (c) 2005 Neary et al.; licensee BioMed Central Ltd. より転載. Distributed under the terms of the Creative Commons Attribution License (http://creativecommons.org/licenses/by/2.0).

ヘモグロビンとミオグロビンの近赤外光（波長は700〜1000nm）に対する吸収特性の違いに基づく非侵襲的で光学的な測定法である。これらの研究者らは週当たりのトレーニング量の30％、50％、80％で構成される7日間のテーパリング前後で、模擬的に行われた20km自転車タイムトライアル中の右中間広筋の酸素化について調べた。トレーニング量を50％に低減したテーパリング後、自転車負荷テスト中の組織酸素化濃度は有意に大きかった（すなわち筋の脱酸素化が増加した）（図2.2）。加えて、組織の酸素化と20kmタイムトライアルのパフォーマンスとの間に、やや高い相関がみられた（図2.3）。このことは中間広筋で起こった代謝の変化は全身レベルで起こった変化の一部を担っていることを示唆している。言い換える

と、テーパリングによって酸素取り込み能力が高まり、これに関連してパフォーマンス向上が起こる（Neary et al. 2005）。

心臓の機能と形態

アスレティックトレーニングという言葉は、人体の筋のほとんど、あるいはすべてが活動に参加するという意味を持つ。私たちが筋力トレーニングについて話をするとき、骨格筋のことを考えがちだが、筋の中でも最も重要な心筋のことは忘れてしまうことが多い。どのような種目であれ、また運動の強度や継続時間がどの程度であっても、心臓というのは、競技選手が行うすべてのトレーニング活動に深く関わっている。心臓は、トレーニングの要求に対して反応し、心臓の機能と形態を選択的に変化させることによって適応する。このことは、高強度トレーニングのときも、試合に向けたテーパリングとピーキングの時期にもあてはまる。

安静時心拍数

競技選手の安静時心拍数に関するテーパリングの影響についての報告はほとんどない。しかし、安静時心拍数はこのトレーニング期間においては変化しないというのが研究者らの共通見解である（表2.2）。Haykowskyら（1998）は、平均安静時心拍数は2週間のテーパリング前後でそれぞれ57拍/分と59拍/分と変化せず、また標高1848mでは59拍/分、1050mでは56拍/分であったと報告した。安静時心拍数が変化しなかったというのは、Flynnら（1994）による、大学レベルクロスカントリーランナーにおいて3週間のテーパリング前後（51拍/分と52拍/分）、また大学水泳選手においても同様であった（54拍/分と55拍/分）。これらの結果と合致して、国際レベル水泳選手において2週間のテーパリングを行ったとき（Hooper et al. 1999）、また一流ウェイトリフティング選手において1週間または4週間のテーパリングを行ったとき（Stone et al. 1996）、あるいはランナーが4週間のステップテーパリングを行

第2章 テーパリングと関連した呼吸循環系および代謝の変化

表2.2 テーパリングが心拍数に与える影響

研究（年）	選手	テーパリングの期間, 日	安静時心拍数	最大心拍数	最大下心拍数	パフォーマンスの測定	パフォーマンスの結果, %
Costill et al. (1985)	水泳	14	NR	NR	↔	46-1,509m競泳	2.2-4.6％改善
Houmard et al. (1989)	ランナー	10	NR	↔	↔	漸増負荷試験	↔
Houmard et al. (1990a)	ランナー	21	NR	やや向上	↔	5km屋内レース	↔
D'Acquisto et al. (1992)	水泳	14-28	NR	↓	↔	100m, 400mタイムトライアル	4.0-8.0％改善
Jeukendrup et al. (1992)	自転車	14	↓	↑	↑	8.5km屋外タイムトライアル	7.2％改善
McConell et al. (1993)	ランナー	28	↔	↑やや向上	↔	5km屋内レース	1.2％低下
Flynn et al. (1994)	ランナー	21	↔	NR	↔	トレッドミルにて疲労困憊までの時間	↔
	水泳		↔	NR	NR	23m, 366mタイムトライアル	約3％改善
Houmard et al. (1994)	ランナー	7	NR	↔	↑やや向上	5kmトレッドミルにてタイムトライアル	2.8％改善
Stone et al. (1996)	ウェイトリフター	7-28	↔	NR	↔	試合	8.0-17.5kg改善
Haykowsky et al. (1998)	水泳	14	↔	NR	NR	NR	NR
Hooper et al. (1999)	水泳	14	↔	↑やや向上	NR	100mタイムトライアル	↔
Martin and Andersen (2000)	自転車	7	NR	↑やや向上	↑	漸増負荷試験	約6％改善
Rietjens et al. (2001)	自転車	21	NR	↔	↔	漸増負荷試験	↔
Dressendorfer et al. (2002a)	自転車	10	NR	NR	↔	20kmシミュレートされたタイムトライアル	1.2％改善
Neary et al. (2003a, b)	自転車	7	NR	NR	↔	20kmシミュレートされたタイムトライアル	5.4％改善

NR＝報告なし，↓減少，↑増加，↔変化なし。
I. Mujika, S. Padilla, D. Pyne, et al., 2004, "Physiological changes associated with the pre-event taper in athletes," Sports Medicine 34: 897. より許可を得て転載

ったとき（McConell et al. 1993）も安静時心拍数に変化がみられなかった。これらの報告と対照的に、Jeukendrupら（1992）は、2週間の低減トレーニングを行ったとき、睡眠時心拍数が54拍／分から51拍／分に減少したと報告した。しかしながら、これらの被験者はテーパリング前に意図的にオーバーリーチ（訳注：過剰に負荷がかかった状態）に達しており、安静時心拍数が異常に高いコンディションであったかもしれない（Achten and Jeukendrup 2003）。

オーバーリーチング vs. オーバートレーニング

Halson and Jeukendrup（2004）によると、競技選手は、通常のトレーニング過程の結果として小さな疲労や短期的なパフォーマンス低下を経験している。トレーニングストレスと回復との間のバランスが崩れたとき、オーバーリーチングや、場合によってはオーバートレーニングが起こり得ると考えられている。オーバーリーチングは、高強度トレーニングの一般的な結果として起こり、一流の競技選手にとっては、トレーニングによって起きる標準的な結果として起こり得ると考えられる。オーバーリーチングからの回復は、比較的短い時間（数日や数週間）で起こり、この回復は超回復という効果を得ることになる。一方でオーバートレーニングは、過度なトレーニングが長期にわたる場合や、回復が不十分な期間が長かった結果として起こる病的な状態であると考えられ、パフォーマンス能力の低下が長期間に及ぶ。オーバートレーニング症候群からの回復には数カ月や数年といった時間が必要になることもある。

最大心拍数

テーパリングが最大心拍数に及ぼす影響について取り組んだ研究では、結果は一貫しておらず、テーパリング後の値もさまざまで、減少を示していたり、変化しなかったり、増加を示している（表2.2）。たとえば、D'Acquistoら（1992）は、水泳選手において、2週間または4週間にわたるテーパリング後の最大心拍数は低下したと報告している

（2週間で192拍／分vs.187拍／分、4週間で194拍／分vs.185拍／分）。ランナーにおいてテーパリング中に漸増負荷トレッドミル走を疲労困憊まで行ったところ（Houmard et al. 1994, Houmard et al. 1989）、あるいは自転車選手のグループにおいて漸増自転車試験を疲労困憊まで行ったところ（Rietjens et al. 2001）、最大心拍数は変化しなかった。対照的に、自転車選手において1週間のテーパリング後（Martin and Andersen 2000）、水泳選手において2週間（Hooper et al. 1999）、また3週間（Houmard et al. 1990a）、ランナーにおいて4週間（McConell et al. 1993）のテーパリング後、最大心拍数はわずかに増加した。オーバーリーチングからの回復を図った研究方法では、最大心拍数は178拍／分から183拍／分に増加したが、このテーパリング後の心拍数は、強度を高めたトレーニングの前に測定した値と近いものであった（Jeukendrup et al. 1992）。強度を高めたトレーニング後に最大心拍数が減少することは、**カテコールアミン**の枯渇と関連しており、オーバーリーチやオーバートレーニング状態になった競技選手の神経内分泌的な特性を示すものである（Lehmann et al. 1991; Lehmann et al. 1992）。これらの知見が一貫していない理由としては、血液量の増加による最大心拍数を抑える効果や、高強度トレーニング中にカテコールアミンの枯渇に陥ったことで説明がつくかもしれない（カテコールアミンについての議論は、p.44を参照）。

最大下心拍数

テーパリングが最大下心拍数に及ぼす影響について、利用できる文献のほとんどで、さまざまな身体的活動の範囲にわたって変化がわずかであることが示されている（表2.2）。D'Acquistoら（1992）は、水泳選手が2週間または4週間のテーパリング前後で、1.0および1.3m/sという最大下の速度で泳ぐように求められたときに、心拍数の変化がみられなかったと報告している。Costillら（1985）は、1週間または2週間のテーパリング後、182m（200ヤード）を個人のシーズンベス

ト記録の90％という一定のスピードで泳いだときに運動後心拍数が変化しなかったと報告した。10日間にわたるテーパリングでは、分速265mまたは298mで走ったときに心拍数の変化は起こらなかった（Houmard et al. 1989）。同様に、大学ランナーにおいて、3週間のテーパリング後に75%$\dot{V}O_2$maxで走らせたところ、テーパリング前は161拍/分、テーパリング後は163拍/分となり、心拍数に影響はなかった（Flynn et al. 1994）。3週間のステップテーパリング後、65％および85％$\dot{V}O_2$maxで（Houmard et al. 1990a）、また4週間のステップテーパリング後、65％、85％、95％$\dot{V}O_2$max でも同様であった（McConell et al. 1993）。男性自転車選手では、200Wのパワーで自転車こぎを最大下で行った場合、それまでの高強度インターバルトレーニング期と比較した場合、ベースラインよりも低くなる（それぞれ137拍/分、152拍/分）にもかかわらず10日間のテーパリング後、心拍数は変わらず、これはトレーニングによるプラスの適応を示している（Dressendorfer et al. 2002a）。同様に、3週間の継続的あるいは断続的なステップテーパリングの前後で、165Wおよび270Wでのパワー発揮の際に心拍数に変化がないことが報告されている（Rietjens et al. 2001）。これらの結果と合致するように、Martin and Andersen（2000）は男性大学自転車選手を対象として1週間のテーパリング後、心拍数－パワー出力関係の傾きは同じであったが、テーパリング前と比較して、心拍数－パワー出力関係を表した直線は右へ顕著に移動したとしている。Nearyら（2003a）は、男性自転車選手が模擬的に行われた20kmタイムトライアル中、心拍数はテーパリング前後で同じであったが、7日間のテーパリング中に週あたりのトレーニング量を50％に低減させ、模擬的に行われたパフォーマンスでは5.4％向上した被験者では**酸素脈**は23.1ml O_2/拍から24.8ml O_2/拍へ増加した。ウェイトリフティング選手において、1週間または4週間のテーパリングでは最大下運動時の心拍数に影響がなかった（Stone et al. 1996）。

対照的に、ランニングまたは自転車のテーパリング後、疲労困憊に至る5kmトレッドミル走中の心拍数は上昇した。一定の%$\dot{V}O_2$maxでの最大下走行中の心拍数も4から6拍/分高かったが、この変化には統計的な有意差はなかった（Houmard et al. 1994）。Jeukendrupら（1992）によるオーバーリーチングからの回復を図るプロトコルによって、テーパリング後、8.5km屋外自転車タイムトライアルにおいて最大下心拍数の明らかな増加が引き起こされた。これらの変化は、テーパリング前のコンディションにおける**神経内分泌的な疲労**レベルと関連していると考えられる。

血圧

　私が確認できた範囲では、安静時血圧に対するテーパリングの影響について3本の報告があり、それらすべてが血圧に対して実質的な効果があるとはいえないということを示している。Flynnら（1994）は、8人の男性ランナーにおいてテーパリング前後の収縮期血圧がそれぞれ112mmHgと114mmHg、また5人の男性水泳選手において118mmHgと116mmHgであったと報告した。拡張期血圧はランナーで73mmHgと74mmHg、水泳選手で76mmHgと78mmHgであった。水泳選手では、Hooperら（1999）が収縮期および拡張期血圧がテーパリング中にそれぞれ3.4％および2.2％（標準偏差はそれぞれ12.5％および12.2％）という中程度の減少を示したことを報告した。パワー競技では、Stoneら（1996）が一流ウェイトリフティング選手において、安静時血圧に対してテーパリングによる変化はみられなかったことを示している。

心臓容積

　テーパリングが心臓容積に及ぼす影響に関する唯一の研究では、水泳において中程度の標高である1050mと1848mにおける2週間のテーパリングの効果を評価している（Haykowsky et al. 1998）。そのテーパリングは、73％の漸進的なトレーニング量の低減と、高強度トレーニングの割

赤血球バランスがプラスであることを示す追加的な2つの指標は、**血清**ハプトグロビンの増加と、赤血球容積分布幅の減少である。血清ハプトグロビンは遊離ヘモグロビンと結合し、血流循環に放出することにより、体内の鉄を保持する糖タンパク質である。中距離および長距離のランナーと水泳選手において、ハプトグロビンが通常レベルより低いことがわかった（Casoni et al. 1985, Dufaux et al. 1981, Pizza et al. 1997, Selby and Eichner 1986）。この理由としては、ハプトグロビン－ヘモグロビン結合体は肝臓で素早く取り除かれるためであり、慢性的な溶血状態にあることを示唆している。対照的に、血清ハプトグロビンは中距離ランナーにおいて、6日間のテーパリングによって増加し得る（Mujika et al. 2002a）。この知見は、網状赤血球数の増加傾向とともに、テーパリングの間に競技選手のトレーニング負荷が低減されることによって、溶血と造血のバランスがプラスとなるよう促進することを示している。

1つの研究では、非常にトレーニングを積んだ水泳選手において12週間の高強度トレーニングを行ったところ、テーパリング中には赤血球容積分布幅がわずかに減少し、4週間のテーパリングの終わりに有意に低い値に達した（Mujika et al. 1997）。テーパリング中にわずかな減少があったことは、ランナーや水泳選手でも報告されている（Pizza et al. 1997）。赤血球容積分布の幅が高いことが、赤血球の**変形能**の減少や**浸透圧抵抗**の減少、**力学的細分化**の増加と関係するならば、テーパリングによる赤血球容積分布幅の減少は、トレーニングに対するプラスの適応と考えられるだろう（Bessman et al. 1983, Kaiser et al. 1989）。

観察された血液学的変化がパフォーマンスに与え得る影響に関して、Shepleyら（1992）はテーパリング後のトレッドミル走で疲労困憊までの時間が22%向上したという報告について、一部は血液量および赤血球量の増加によるものだとしている。Mujikaら（1997）は、テーパリングを行った水泳選手において平均2.3%の試合でのパフォーマンス向上がみられ、そしてテーパリング後の赤血球数とパフォーマンス向上の間に正の相関関係がみられたとしている。テーパリングが最も効果的であった水泳選手においては、赤血球数、ヘモグロビン、ヘマトクリットはそれぞれ3.5%、1.8%、3.3%増加し、テーパリングによる改善の度合いが小さな選手ではそれぞれ2.2%、4.3%、2.1%減少した。研究者らは、成功した水泳選手において観察された赤血球値の増加により、ヘモグロビンまたはヘマトクリット値がわずかな割合増加し、それが有意義な$\dot{V}O_2max$の改善や運動能力改善の一部を担ったと示唆している（Gledhill 1982, 1985）。

鉄状態

テーパリングに伴う骨髄における造血活動の促進は、競技選手の鉄状態に悪影響をもたらすことがある（訳注：血液学分野では、体内の鉄の濃度などを鉄状態と呼ぶことがある）。中距離ランナーが6日間のテーパリング後、鉄状態は前潜在性あ

血漿、血清、ハプトグロビン

血漿と血清は同じものだろうか。時々同義語として使われることがあるものの、実は血漿と血清は同じではない。**血漿**は全血の基本となる液状の物質であり、採取した全血のサンプルから血球成分を取り除いたものである。**血清**は、凝固の結果としてフィブリノーゲンやその他の凝固タンパク質が取り除かれたものである。

血清ハプトグロビンは、赤血球の形成と破壊のバランスの何を教えてくれるのだろうか。大量の赤血球が壊されると、循環しているタンパク質のハプトグロビンが遊離ヘモグロビンを捕まえる。この2つ（訳注：ハプトグロビンとヘモグロビンが結合したもの）は肝臓で素早く取り除かれ、したがってハプトグロビン濃度が下がる（これは激しいトレーニング中に起こる）。それほど多くの赤血球が壊されないときには、肝臓へ運ぶ必要があるほどヘモグロビンが放出されないためハプトグロビンは血液中を自由に循環しており、ハプトグロビン濃度は上昇する（これは軽いトレーニングのときに起こる）。

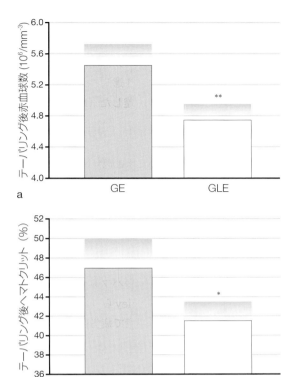

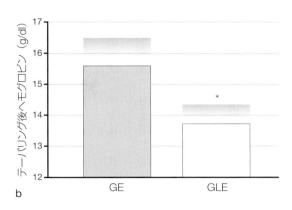

図2.5 テーパリング後の（a）赤血球数、（b）ヘモグロビン濃度、（c）ヘマトクリットのグループ間比較。効果のあった群（GE; group efficient）と効果の少なかった群（GLE; group less efficient）は、テーパリングによる試合でのパフォーマンスはそれぞれ2％の向上と2％の低下を示した。群間に有意差がみられた（$^{*}p<0.05$、$^{**}p<0.01$）。

I. Mujika, S. Padilla, A. Geyssant, et al., 1997, "Hematological responses to training and taper in competitive swimmers: Relationships with performance." Archives of Physiology and Biochemistry 105 (4): 383. より許可を得て転載。Permission conveyed through Copyright Clearance Center, Inc.

るいは潜在性鉄欠乏であったことを示し、赤血球数やヘモグロビンは正常であっても、**フェリチン**や血清鉄の低下と、**トランスフェリン**飽和度の低下と、トランスフェリン値の増加を伴っていたと報告されている（Bothwell et al. 1979, Clement and Sawchuk 1984）。しかしながら、このことが選手の試合でのパフォーマンスにマイナスの影響を与えてはいなかったようだ（Mujika et al. 2002a, Mujika et al., 2000）。テーパリング後のフェリチン値の低下は、男性クロスカントリーランナーにおいて3週間のテーパリング後にもみられ（Pizza et al. 1997）、トライアスロン選手において2週間のテーパリング後にもみられた（Rudzki et al. 1995）が、水泳選手においてはみられなかった（Mujika et al. 1997）。

一目でわかる
テーパリング中の筋への酸素運搬

テーパリング中に起こる心肺系の変化には、最大酸素摂取量（$\dot{V}O_2max$）の増加が含まれることがあり、これはテーパリングによってもたらされるパフォーマンス向上に貢献するものであるが、パフォーマンス向上は、$\dot{V}O_2max$の変化なしに起こることもある。テーパリング後に酸素需要量が下がること（すなわち、動作の経済性がよくなること）もまたパフォーマンス向上に貢献するが、この変化は能力の低い競技選手によく起こるようである。競技選手がテーパリング前に明らかなオーバーリーチの兆候を示していない場合には、安静時心拍数、最大心拍数、最大下心拍数はテーパリング中に変化しない。血圧、心臓容積、換気機能は一般的にはテーパリングの影響を受けず、変化がみられたとすれば、それは競技選手のテーパリングそのものへの適応というより、これまでのトレーニングによる適応だろう。テーパリング中にトレーニング負荷が低減されると赤血球の形成と破壊のバランスがプラスになるよう促進され、このことがトレーニングによるパフォーマンス向上に貢献しているが、血液学的な変化は、競技選手の鉄状態が潜在的に悪化していることを強く示すものである。

代謝の適応

エネルギー代謝は、運動パフォーマンスを下支えしており、試合前のテーパリング中に変化し得る。休息と回復に有利となるトレーニング負荷の減少により、競技選手の1日のエネルギー消費は減少し、潜在的にエネルギーのバランスや身体組成に影響を及ぼす。エネルギー基質の供給や利用、血中乳酸の動態、筋グリコーゲン濃度、その他の代謝変数もテーパリング中に変化し得る。

エネルギー収支（バランス）

Margaritisら（2003）は、20人の長距離トライアスロン選手において、4週間の過負荷トレーニングの後、2週間のテーパリングを行い、1日のエネルギー摂取、エネルギー消費、体重、体脂肪について報告した。どちらのトレーニング期間においても、エネルギー摂取に変化はなかった（13.8-15.0 MJ／日と13.2-15.0 MJ／日）が、エネルギー消費は16.8～17.0 MJ／日から、12.1～12.7 MJ／日へと減少した（訳注：MJはメガジュールと呼び、エネルギーの単位である）。テーパリングの間に体重は変化しなかったが、体脂肪率は11.4～11.5％の範囲から11.8～12.1％の範囲へとわずかに上昇した（Margaritis et al. 2003）。同様の変化が、4週間の低減トレーニングにおいてみられた研究があり、10人のトレーニングを積んだ長距離ランナーにおいて、体脂肪が10.4％から11.8％に増加し（McConell et al. 1993）、また16人のトレーニングを積んだトライアスロン選手において、2週間のテーパリング後、9カ所の皮下脂肪厚の合計が63.0mmから73.5mmへと増加した（Coutts et al. 2007a）。これらの結果は、テーパリング中に一定レベルの筋量の低下が起こり、試合に向けたテーパリングをしている競技選手は、このトレーニング期間（テーパリング）の特徴としてエネルギー消費の低下があり、それに見合ったエネルギー摂取になるよう十分な注意が必要になるということを示唆している。

D'Acquistoら（1992）は、女性水泳選手の2週間および4週間のテーパリング前後における体重と体脂肪率について報告しており、またIzquierdoら（2007）も、ストレングストレーニングを行った4週間のテーパリング後の体重と体脂肪率について報告した。どちらの研究グループにおいても、有意な変化はみられなかったという。別の研究では、トレーニングを積んだ長距離ランナーにおいて、3週間のステップテーパリング中に体重は変化しなかったことが報告されており（Houmard et al. 1990a, 1990b）、また大学クロスカントリーランナーおよび水泳選手において、トレーニング量を週あたり20％から33％低減した3週間のテーパリング後、体重は変化しなかった（Flynn et al. 1994）。同様に、9人の自転車選手において、1日おきに休みを入れた10日間のテーパリング中、体重に変化がなく（Dressendorfer et al. 2002a）、大学水泳選手においては、シーズンの最終の大会に向けた準備において、体重に変化がなかった（Van Handel et al. 1988）。しかしながら、これらの研究では、（変化の起こる可能性のある）脂肪量や筋量については報告されていない。

エネルギー基質供給と利用

テーパリングが**呼吸商**に与える影響について、少数の報告がある。呼吸商は運動中のエネルギー**基質利用**の指標として用いられる。最大下強度での運動中の呼吸商は、テーパリング後、低下したか、あるいは変化しなかった。クラブレベルの自転車選手は、テーパリング後に175Wでの自転車走行時に、呼吸商が0.99から0.96へと低下した。これは中程度の強度での運動中、エネルギー産生の中で脂質の占める割合が、より高くなったことを示唆している。一方で、Houmardらは80％ $\dot{V}O_2peak$ での10分間の継続走において（Houmard et al. 1994）、また265m／分や298m／分での最大下でのランニング中に（Houmard et al. 1989）呼吸商が変化しなかったことを報告している。Rietjensら（2001）もまた、7日間、14日間、21日間のステップテーパリング後、90分間の定常状

態での自転車運動において、脂肪酸化の割合は変化しなかったことを示した。3週間または4週間のステップテーパリングでは、$\dot{V}O_2max$の65％、85％、95％において、ランナーの呼吸商にわずかながら統計的に有意な増加がみられた（Houmard et al. 1990a, McConell et al. 1993）。

模擬的に行われた20km自転車タイムトライアルのような最大運動中では、テーパリング後、呼吸商は変化を示さなかった（Neary et al. 2003a）。同様に、ランニングまたは自転車での7日間のテーパリング後、トレッドミル走の後、最大呼吸商は変化しなかったことが報告されている（Houmard et al. 1994）。これらの結果は、最大運動時のパワー産生に使われるエネルギー基質利用の割合は、テーパリングによって変わらないことを示している。このように変化がみられないことは、有酸素性運動と無酸素性運動の仕事量やテーパリング中の酸素借と関連しているのかもしれない（Morton and Gastin 1997）。その他の説明として、**筋グリコーゲン濃度がテーパリング中に増加し**、理論的には最大運動や最大下運動において炭水化物の利用がより高まったことも考えられる。高炭水化物食と6日間のテーパリングを組み合わせたところ、炭水化物の酸化と呼吸商の増加が80％$\dot{V}O_2max$の自転車運動においてみられた（Walker et al. 2000）。

血中乳酸の動態

これまでに述べた代謝の変化と同じように、最大運動や最大下運動中の血中乳酸の動態もまた、低減されたトレーニング期間の影響を受ける。

最大運動

最大運動時の**血中乳酸濃度**の最大値は、テーパリングによって増加し得る。この変化は、テーパリング後、質量作用効果により筋グリコーゲン濃度の増加がみられることと関連し（Houmard et al. 1994）、最大パフォーマンス能力の促進を下支えする可能性がある（Bonifazi et al. 2000, Mujika et al. 2000, Mujika et al. 2002a）。これに関する多数の研究について、次で議論する。表2.3では、これら多数の研究をまとめている。

中距離ランナーの研究において、テーパリング中、800m走でのパフォーマンスの変化は、レース後の最大血中乳酸濃度の変化と正の相関関係（r = 0.87）を示した（Mujika et al. 2000）。同じグループによる続いての研究では、レース後の血中乳酸のピーク値が7.6％増加し、この乳酸ピーク値とランニングのパフォーマンスが高い相関を示した（Mujika et al. 2002a）。国際レベルの水泳選手において、連続する2つのシーズン中、レース後の最大血中乳酸レベルの上昇と試合でのパフォーマンス向上の間に統計的に有意な関係（r = 0.63）がみられた（Bonifazi et al. 2000）。男性自転車選手の血中乳酸ピーク値は、14日間のステップテーパリング後78％増加し、それに伴って8.5km屋外タイムトライアルでは7.2％の向上と、最大パワー出力では10.3％の増加がみられた（Jeukendrup et al. 1992）。高校の競泳選手では、血中乳酸濃度のピーク値がテーパリング後20％増加し、タイムトライアルのパフォーマンスは4％から8％の向上が引き起こされた（D'Acquisto et al. 1992）。

Shepleyら（1992）は、テーパリング後、高強度（7.2％）および低強度（9.8％）の血中乳酸のピーク値が増加したことを報告しており、このとき実験室でのパフォーマンス測定結果は、それぞれ22％および6％向上した（1500m走ペースで疲労困憊までの時間を測定）。Van Handelら（1988）も、大学生水泳選手において、国内選手権大会に向けて準備をしているときに最大乳酸濃度は中程度の変化を示したとしている（6.9-7.5mM）。一流のジュニア漕艇選手において、1週間のテーパリング後、同様の傾向（血中乳酸濃度のピーク値が14.4mMから15.8mMに増加）がみられた（Steinacker et al. 2000）。

対照的に、漕艇選手が行った最大での500m屋内ロウイングテストにおいて、3週間の過負荷トレーニングに続く1週間のテーパリング前後、血中乳酸濃度のピーク値やパフォーマンスに変化が

表2.3 テーパリングが血中乳酸値（H[La]）に与える影響

研究（年）	選手	テーパリングの期間、日	ピーク乳酸値	最大下乳酸値	パフォーマンスの測定	パフォーマンスの結果、%
Costill et al. (1985)	水泳	14	NR	↓	46-1,509m競泳	2.2-4.6改善
Van Handel et al. (1988)	水泳	20	↑やや向上	↑やや向上	NR	NR
D'Acquisto et al. (1992)	水泳	14-28	↑	↓	100m、400mタイムトライアル	4.0-8.0改善
Jeukendrup et al. (1992)	自転車	14	↑	NR	8.5km屋外タイムトライアル	7.2改善
Johns et al. (1992)	水泳	10-14	NR	↔	46-366m試合	2.0-3.7改善
Shepley et al. (1992)	ランナー	7	↑やや向上	NR	トレッドミルでの疲労困憊までの時間	6-22改善
McConell et al. (1993)	ランナー	28	NR	↑	5km屋内レース	1.2低下
Flynn et al. (1994)	ランナー	21	NR	↔	トレッドミルでの疲労困憊までの時間	↔
	水泳		NR		23mおよび366mタイムトライアル	約3改善
Houmard et al. (1994)	ランナー	7	NR	↔	5kmトレッドミルタイムトライアル	2.8改善
Stone et al. (1996)	ウェイトリフティング	7-28	NR	↔	試合	8.0-17.5kg改善
Kenitzer (1998)	水泳	14-28	NR	↓14日、↑21-28日	4×91m最大下セット	約4改善
Bonifazi et al. (2000)	水泳	14-21	↑	NR	100-400m競泳	1.5-2.1改善
Mujika et al. (2000)	ランナー	6	↑やや向上	NR	800m試合	↔
Smith (2000)	漕艇	7	↔	NR	500mシミュレートされたタイムトライアル	↔
Steinacker et al. (2000)	漕艇	7	↑やや向上	NR	2,000mタイムトライアルの試合	6.3改善
Rietjens et al. (2001)	自転車	21	NR	↔	漸増負荷試験	↔
Mujika et al. (2002a)	ランナー	6	↑	NR	800m試合	0.4-1.9改善
Papoti et al. (2007)	水泳	11	↑やや向上	NR	200mタイムトライアル	1.6改善

NR＝報告なし、↓減少、↑増加、↔変化なし。
I. Mujika, S. Padilla, D. Pyne, et al., 2004, "Physiological changes associated with the pre-event taper in athletes," Sports Medicine 34: 903. より許可を得て転載

みられなかった。この研究の著者は、テーパリング中に減少させたトレーニング量（25％）が不十分であったことや、回復によるプラスの適応が起こってパフォーマンスが向上するにはテーパリングの期間が短すぎたと結論づけている（Smith 2000）。Papotiら（2007）も、16歳の水泳選手において、11日間のテーパリングを行ったとき、血中乳酸のピーク値に統計的に変化がなかった（血中乳酸のピーク値はテーパリング前で6.8％、テーパリング後で7.2％であった）と報告している。これらの著者は、テーパリングは**筋内のクレアチンリン酸の超回復**が促進されたと推測している（Papoti et al. 2007）。

血中乳酸レベルがどのように競技選手の適応の指標となっているか

活動筋が炭水化物を利用したとき、乳酸が生成され、すぐに乳酸イオン（乳酸塩）と水素イオンに分解される。運動強度の増加は、乳酸の生成をより高める。乳酸は筋肉から血液へ拡散し、スポーツ科学者たちにより、生理的需要の指標として血中乳酸が用いられてきた。疲労した筋、あるいは炭水化物が不足した筋は、パワーと乳酸を何とか生み出そうとし（きついトレーニングを行っているときのように）、よく回復した筋は素早く強く力を出すことができ、乳酸を多く生み出すことができる（これはテーパリング中に起こるものである）。したがって、強度の高い運動後に血中乳酸値を測定することは、運動選手のテーパリングへの適応について価値ある情報を提供することになる。

最大下運動

最大下運動時の血中乳酸濃度は、試合に向けたテーパリング後のさまざまな反応を示している（表2.3）。Kenitzer（1998）は、女性水泳選手において、テーパリングの最初の2週間で、最大心拍数の80％での血中乳酸濃度が減少したが、続いての3週間と4週間で増加したと述べ、最適なテーパリング期間は2週間であるという仮説を導いている。対照的に、D'Acquistoら（1992）は、高校生の選手において、最大下水泳運動で血中乳酸値の低下がみられた（2週間のテーパリングで15～26％、4週間のテーパリングで26～33％）としている。これらの結果は、Costillら（1985）が述べた、2週間のテーパリング後、水泳の試合におけるパフォーマンスが平均3.1％向上したことに伴って最大下での乳酸が13％低下したという結果とも一致している。同様に、漕艇選手において、テーパリング後に血中乳酸濃度が4mMのときにパワー出力が8.0％高まったことが報告されている（Steinacker et al. 2000）。

より高い乳酸値を報告した研究者らと対照的に、Flynnら（1994）は大学生競技選手がランニングにおいて$\dot{V}O_2max$の75％の強度で、あるいは水泳において90％の強度での血中乳酸濃度に変化がみられなかったという。最大下での血中乳酸濃度に変化がなかったことは、走行または自転車での7日間にわたるテーパリングを行ったランナーでもみられ（Houmard et al. 1994）、また主要大会の前10日間または14日間にわたるテーパリングを行った大学生水泳選手（Johns et al. 1992）や、21日間のステップテーパリング後の自転車選手でも（Rietjens et al. 2001）、1週間または4週間のテーパリングを行った一流ウェイトリフティング選手でもみられた（Stone et al. 1996）。Van Handelら（1988）は、**血中乳酸値－泳速度曲線**の移動がわずかに起こり、テーパリング後に左へ戻るものの**乳酸の回復曲線**は影響を受けないと報告した。一方で、McConellら（1993）は、ランナーにおいて4週間のステップテーパリング後、$\dot{V}O_2max$の95％での運動時に血中乳酸がより高まると報告した。これら一貫しない知見は、テーパリングの期間やテーパリング中のトレーニングの種類の違いと関係していると考えられる。

一目でわかる

血中乳酸とテーパリング

最大運動後の血中乳酸濃度に関する、ここで報告された知見やその他の同様な結果（Chatard et al.

1988, Lacour et al. 1990, Telford et al. 1988)は、試合後のピーク血中乳酸値が無酸素的能力の指標となるかもしれないという主張（Lacour et al. 1990, Mujika et al. 2000）、またテーパリングによって引き起こされる生理的変化の鋭敏なマーカー（Mujika et al. 2000, Mujika et al. 2002a）となるかもしれないという主張を支持している。実際に、テーパリング後にピーク乳酸濃度がより高いことは、水泳やランニング、漕艇において、最大パフォーマンスの向上と関連している。対照的に、最大下の強度での運動においては、効率的なテーパリング後に血中乳酸濃度が変化しない、あるいは低下することは起こり得るだろう。

血中アンモニア

筋内アデノシン三リン酸（ATP）加水分解速度が、酸化もしくは非酸化過程でのアデノシン二リン酸（ADP）の再リン酸化の速度を上回るとき、ミオキナーゼ反応でATP再合成が起こる。この過程により、アデノシン一リン酸（AMP）の合成が起こり、これが脱アミノ化によってイノシン一リン酸とアンモニアが発生する（Lowenstein 1990, Sahlin and Broberg 1990, Tullson and Terjung 1991）。運動後の血中アンモニアレベルは、運動によって起こるアデニンヌクレオチド分解の指標として、またトレーニングストレスやオーバートレーニングのモニタリングのために用いられる（Warren et al. 1992）。

マーカーとしての血中アンモニア

高強度運動が行われたとき、エネルギー供給とATP需要の間にバランス不良が起こることがあり、これが最終的にはアンモニア生成を引き起こすことになる。運動中、分解された筋タンパク質が酸化される際にはアンモニアが生じ、これはとくに炭水化物の供給が制限されているときに起こる。したがって、血中アンモニア濃度は筋がADPからATPを合成する能力のマーカーとして用いられ、トレーニングストレスが増加した中でのタンパク質分解が増えたことの証拠としても用いられている。

Mujikaら（1996d）は、安静時アンモニア濃度は12週間の高強度トレーニングにより上昇した（65.6 μmol/L）後、4週間のテーパリングによりベースライン近くまで戻り（34.1 μmol/L）、テーパリング中は安定していたことを示した。しかしながら、血漿アンモニア値は試合でのパフォーマンスに影響しなかった。一流ウェイトリフティング選手の安静時および運動後の血中アンモニア濃度は、1週間または4週間のテーパリングによって変化しなかったが、試合でのパフォーマンスはそれぞれ8kgおよび17.5kg向上した（Stone et al. 1996）。同様に、一流漕艇選手におけるロウイングエルゴメータ500mタイムトライアルの最大運動時の血中アンモニアは、1週間のテーパリングの影響を受けなかった（Smith 2000）。テーパリングが、運動時の代謝や運動前のエネルギー基質利用能に潜在的な影響を与えると仮定すると、とくに高強度で継続時間の短い競技種目において、異なるテーパリング方法による血中アンモニアへの変化に関するさらなる研究が必要とされる。

筋グリコーゲン

筋グリコーゲン濃度は、テーパリング中に漸進的に増加することが示されてきた。Nearyら（1992）は、4日間のテーパリング後、筋グリコーゲン濃度が17%増加し、また8日間のテーパリング後には25%増加したことを示した。同じ研究グループが、男性自転車選手を対象に、2つの異なる7日間のテーパリング後の筋グリコーゲン濃度の変化を比較した（1つ目はトレーニング強度を最大心拍数の85～90%に維持し、トレーニングの継続時間を60分から20分へと漸進的に少なくしていく方法で、2つ目はトレーニングの継続時間は60分と一定だが強度を85%から55%へ漸進的に少なくしていく方法）。模擬的に行われた40kmタイムトライアルにおいて、トレーニング時間がより短く強度の高いテーパリングにおいて筋グリコーゲン濃度は34%増加し、パフォーマンスは4.3%向上した一方、トレーニング時間が長く強度が低いほうは筋グリコーゲン濃度は29%増加し、パフォーマンスは2.2%向上した（Neary et al. 2003b）。同様の高強度でトレーニング時間の短いテーパリングによって筋グリコーゲンの15％増加が引き起され（図2.6）、トレッドミル走でのパフォーマンスが22％向上したが、低強度で継続時間が中程度のテーパリングでは筋グリコーゲンに変化はみられず、パフォーマンス向上は6％であった（Shepley et al. 1992）。

月経周期が正常（**正常月経**）で**黄体期**に行われた6日間のテーパリング中、テーパリングの終わりの3～4日間、高炭水化物食（78％が炭水化物）を摂取すると、中程度の炭水化物食（48％が炭水化物）と比較して筋グリコーゲンレベルは13％高かった。テーパリング中、女性はグリコーゲンを超回復させることができるが、一般的には男性で報告されたのと同じくらいには超回復させることができないのが一般的である。同時に、$\dot{V}O_2max$の80～82％での自転車における疲労困憊までの時間は、8％増加した（Walker et al. 2000）。

ミネラル代謝

9人の自転車選手を対象に、6週間の量の多いトレーニング、18日間の高強度インターバルトレーニング、10日間の頻度を下げたテーパリングにおけるミネラル代謝（血漿中および24時間尿中カルシウム、マグネシウム、鉄、亜鉛、銅の安静値）が研究された。テーパリングにより尿中カルシウムが11.4％減少し、血漿カルシウム濃度が5.1％増加したが、今回研究対象となったそれ以外のミネラルは変化しなかった（Dressendorfer et al. 2002b）。腎性カルシウムの明らかな反動は、血漿カルシウムイオンの低下に伴って尿中カルシウムの濾過作用が減少したため、または血漿副甲状腺ホルモンの増加によって起こった可能性がある。この調整メカニズムとは無関係に、テーパリング中にインターバルトレーニングの頻度を低減させたことが、代償的にカルシウムの保持を引き起こしたと考えられる（Dressendorfer et al. 2002b）。

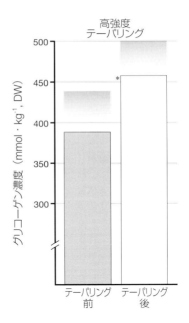

図2.6 高強度テーパリングの前後における外側広筋の安静時筋グリコーゲン濃度（N＝8）。値は平均±SD、乾燥重量（DW）単位で表した。＊テーパリング前後で有意差（$p<0.05$）
B. Shepley, J.D. MacDougall, N. Cipriano, et al., 1992, "Physiological effects of tapering in highly trained athletes. Journal of Applied Physiology 72 (Feb): 709. より許可を得て転載。Permission conveyed through Copyright Clearance Center, Inc.

一目でわかる

運動のためのエネルギーとテーパリング

　トレーニング負荷の低減により、毎日のエネルギー消費に影響を与えるので、競技選手はエネルギーバランスが悪くなったり、望まない体脂肪率の変化を避けるために、テーパリング中のエネルギー摂取には十分な注意が必要になる。運動中にパワーを発揮するための基質利用の割合は、通常はテーパリング中に変化しないが、筋グリコーゲン濃度を増加させるために炭水化物の割合が上昇することは起こり得る。テーパリング後にピーク乳酸濃度が増加することは、自転車、水泳、ランニング、漕艇などの競技のパフォーマンスにおいて能力を最大限引き出すことと関連している。テーパリング後、最大下での強度での運動中に血中乳酸濃度は変化しない、もしくは減少するかもしれない。血中アンモニア濃度は、テーパリング中のアデニンヌクレオチド分解の変化を評価するために測定されてきたが、その結果は決定的なものではなかった。

章のまとめ

　テーパリングに伴ってパフォーマンス向上を支える生理学的なメカニズムは、スポーツ科学者たちによってゆっくりと明らかにされようとしている。テーパリング中の最大酸素摂取量の増加は、テーパリング後のパフォーマンス向上に貢献するが、最大酸素摂取量が変化しなくてもパフォーマンス向上は起こり得る。テーパリング後に運動の酸素需要量が減少する（すなわち、動作の経済性がよくなる）ことも、パフォーマンス向上に貢献するが、この変化は能力の低い選手にみられるようだ。心臓機能や心臓容積、換気機能は一般的にはテーパリングの影響を受けず、変化がみられたとすれば、テーパリングそのものへの適応というよりは、これまでのトレーニングによる適応が遅れて現れたものだろう。

　テーパリング中のトレーニングの低減により、赤血球生成と溶血（赤血球の破壊）のバランスがプラスになるよう促進され、このことがトレーニングによるパフォーマンス向上に貢献していることが、血液学的な変化によって強く示されている。しかしながら、赤血球の生産には多くの鉄を必要とするため、赤血球生成の増加によって鉄状態の悪化を引き起こす場合がある。

　トレーニング負荷を低減させることが毎日のエネルギー消費に影響を与えるので、競技選手はテーパリング中のエネルギー摂取には十分な注意をして、エネルギーバランスが悪くなったり、望まない体脂肪率の変化を避けるべきである。運動中にパワーを発揮するための炭水化物や脂質利用の割合は、通常はテーパリング中に変化しないが、筋グリコーゲン濃度を増加させるために炭水化物の割合が上昇することは起こり得る。

　テーパリング後に最大乳酸濃度がより高いことは、水泳やランニング、漕艇を含めたさまざまな運動様式において、最大のパフォーマンスを向上させることと関連している。反対に、最大下の強度での運動においては、テーパリング後に血中乳酸濃度が変化しない、あるいは低下することが一般的である。血中アンモニア濃度は、テーパリング中のアデニンヌクレオチド分解の変化を評価するために測定されてきたが、その結果は結論に達するものではなかった。

第3章

テーパリングに伴う生化学的、内分泌的、神経筋的、免疫学的変化

Taper-Associated Biochemical, Hormonal, Neuromuscular, and Immunological Changes

　大きな大会に向けてアスリートがテーパリングを行っているとき、前章で分析項目として挙がった呼吸循環系および代謝の変化に加え、テーパリングプログラムに適応して他の生理学的な系に変化が度々起こる。その結果として、テーパリング中に生化学的、内分泌的、神経筋的、免疫学的変化が起こる。これらの変化は、パフォーマンス能力の改善に寄与し、そのためパフォーマンスの準備の指標として用いることができる。

生化学的な適応

　いくつかの生化学的なパラメーターが、試合前のテーパリング中に顕著な変化を示しているが、生理学的な回復とパフォーマンス能力向上のマーカーとしての有用性は限定的である。中でも、トレーニングストレスの生化学的マーカーとして最も広く用いられ、研究されてきたのが、血中クレアチンキナーゼ濃度である。

クレアチンキナーゼ

　血中クレアチンキナーゼ（CK）レベルは、トレーニングによって引き起こされる生理学的なストレスの指標として用いられてきた。クレアチンキナーゼは、筋の酵素であり、激しいトレーニングやエキセントリック運動を行った後、組織の細胞膜の透過性が変化した結果として血中濃度が高まることがある。クレアチンキナーゼが血中へ流出する度合いに影響を与える要因には、運動の継続時間と強度、運動様式、個人の体力レベルなどがある（Millard et al. 1985）。

> **クレアチンキナーゼ**
> 　クレアチンキナーゼは、筋肉のエネルギー産生に関わる重要な酵素であり、通常は筋細胞内にある。血中CKの上昇は、筋細胞の細胞膜が何らかの損傷により細胞の外にCKが漏れ出たことを示唆する。高強度トレーニング後、血中CK濃度が大きく高まることがあり、これは筋組織の分解のレベルが高まったことを示唆する。

　さまざまな研究において、テーパリング中にCKレベルが減少したことが示されている（表3.1）。Millard et al.（1985）は、4週間にわたるテーパリング前後で、大学生水泳選手男女各10人について、テーパリング後、男性においてはトレーニング後の血清CK値は70％、安静時の血清CK値は30％低かったこと、また女性においてはそれぞれ、28％、7％低かったことを報告している。テーパリング後のCK値の絶対値には、性別による違いはみられず、テーパリング中にそのシ

表3.1 テーパリングが血中クレアチンキナーゼ（CK）濃度に与える影響

研究（年）	選手	テーパリングの期間、日	血中CK濃度	パフォーマンスの測定	パフォーマンスの結果、%
Burke et al.（1982b）	水泳	28	↓	NR	NR
Millard et al.（1985）	水泳	28	↓	NR	NR
Yamamoto et al.（1988）	水泳	14-26	↓	NR	NR
Houmard et al.（1990b）	ランナー	21	↓	5K屋内レース	↔
Costill et al.（1991）	水泳	14-21	↓	競泳	約3.2改善
Flynn et al.（1994）	ランナー 水泳	21	↔ ↓	トレッドミルでの疲労困憊までの時間 23mおよび366mタイムトライアル	↔ 約3改善
Mujika et al.（1996d）	水泳	28	↓	100-200m競泳	0.4-4.9改善
Hooper et al.（1999）	水泳	14	↑やや向上	100mタイムトライアル	↔
Child et al.（2000）	ランナー	7	↓	シミュレートされたハーフマラソン	↔
Mujika et al.（2000）	ランナー	6	↔	800m試合	↔
Mujika et al.（2002a）	ランナー	6	↔	800m試合	0.4-1.9改善
Coutts et al.（2007a）	トライアスロン	14	↔	3km走タイムトライアル	3.9改善

NR＝報告なし、↓減少、↑増加、↔変化なし。

I. Mujika, S. Padilla, D. Pyne, et al., 2004, "Physiological changes associated with the pre-event taper in athletes," Sports Medicine 34: 905. より許可を得て転載

ーズンの最低のレベルまで下がった（図3.1）。これらの結果は、CKレベルがトレーニング強度というよりもトレーニング量の影響を受けることを示唆している。Yamamotoら（1988）もまた、水泳においてテーパリング中に減少させた日々のトレーニング量に相関して、テーパリング後のCKレベルが減少したことを見出している。

Flynnら（1994）は、3週間のテーパリング中、CKは38％低下したと述べている。Mujikaら（1996d）も、4週間のテーパリング中、血漿CKが43％低下したが、0.4％から4.9％の範囲にわたる水泳のパフォーマンス改善との相関関係はみられなかったと報告している。Costillら（1991）も、2～3週間のテーパリング後、CK値が28％低く、パフォーマンス改善の平均は3.2％であったと報告している。Burkeら（1982b）も、水泳選手においてテーパリング後にCKレベルが低下したものの、その値は高～中程度の範囲に留まったと報告している。

男性長距離選手では、模擬的に行われたハーフマラソンを、7日間のテーパリング後または通常のトレーニングの前後で測定したところ、2回目のハーフマラソン後において、テーパリングを行った群において血清CK値が低かった（Child et al. 2000）。この血流へのCK放出の減少は、筋力発揮の低下や酸化ストレスの減少、細胞外抗酸化作用の増加とは関係しないようだ。2回目のハーフマラソンの前にCKが安静時の値に戻り、運動によって引き起こされるケガへの耐性も同様だったように、テーパリングによって筋の回復が促進されたと推測されている。テーパリングが筋の損傷を減少させた科学的根拠があるにもかかわらず、ハーフマラソンのパフォーマンスに改善はみられなかった（Child et al. 2000）。3週間のステップテーパリングもまた、トレーニングを積んだランナーにおいて血清CKの減少という結果をもたら

したが、パフォーマンスに変化はみられなかった（Houmard et al. 1990b）。

　テーパリング後にCK値の低下を示した研究とは対照的に、Hooperら（1999）は、競泳選手たちにおける個人間変動が非常に大きく、統計的に有意な差は出なかったものの、2週間のテーパリング中、17%の血漿CKの増加を計測した。著者らは、CK値は信頼できるトレーニングストレスのマーカーとはいえず、選手の恒常的な状態というよりは、1回の運動に反応するものではないかと議論している。また、この著者らは個人間の変動が非常に大きかったことは、テーパリングに対する生理学的な反応に大きな差があることを示唆している。2週間のテーパリング後のトライアスロン選手（Coutts et al. 2007b）、6日間のテーパリング後の中距離ランナー（Mujika et al. 2000, Mujika et al. 2002a）においても、個人間変動が非常に大きく、統計的に変化がみられなかった。それにもかかわらず、血漿CKレベルは、テーパリング中の低強度で継続的な長距離トレーニングにより上昇し、このことから著者らは、中距離ランナーでは、テーパリング中に継続的なランニング量を減らすことで、試合前に運動によって引き起こされる骨格筋の損傷を制限できると示唆している。

　発表されている文献では血漿CK値がテーパリング中の急性のトレーニングストレスと筋損傷からの回復を評価するときに用いられる可能性はあるが、血漿CK値を個々の選手のパフォーマンス能力の目印とする妥当性については限定的であると示している。

その他の生化学的マーカー

　Yamamotoら（1988）は、テーパリングを2つに分け、男性水泳選手において血清グルタミン酸オキサロ酢酸トランスアミナーゼ、グルタミン酸ピルビン酸トランスアミナーゼ（GPT）を測定し、最初の4〜9日間のテーパリング中にGPTが減少したことを報告している。著者らは、この減少はテーパリング後のATP利用能が増加したこと、

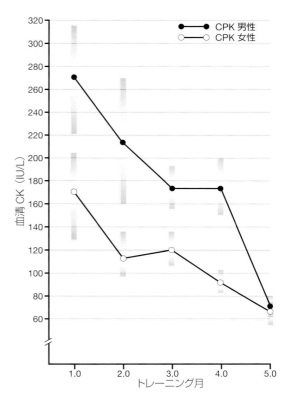

図3.1　1〜5カ月間の水泳シーズン中の運動後における血清クレアチンキナーゼ値。記号は値±SEM（平均値の標準誤差）を示す。
M. Millard, C. Zauner, R. Cade, et al., 1995, "Serum CPK levels in male and female world class swimmers during a season of training," Journal of Swimming Research 1: 12-16.より許可を得て転載。

細胞膜の機能が保たれたこと、血流への酵素の流出が抑えられたことが影響したと推測している。Banisterら（1992）は、2人の被験者を対象として28日間の通常のトレーニングに続く32日間のテーパリング中に、血清酵素活性（CK、乳酸脱水素酵素、アスパラギン酸アミノ基転移酵素）の上昇パターンが顕著に減少したことを報告している。

　トレーニングストレスやパフォーマンス能力の生化学的マーカーとされているその他の数値、たとえば血中尿素、尿酸、クレアチニンは、中距離ランナーにおける6日間のテーパリング（Mujika et al. 2000, Mujika et al. 2002a）、トライアスロン選手における14日間のテーパリング（Coutts et al. 2007b）では変化しなかった。血清尿酸値は、

長距離ランナーにおいて7日間のテーパリング中、変化しなかった（Child et al. 2000）。Costillら（1985）は、水泳選手において、そのシーズンの最高記録の90％という最大下における183m（200ヤード）泳で、血液pH、二酸化炭素分圧（PCO_2）、酸素分圧（PO_2）、重炭酸（HCO_3）、塩基過剰に関してテーパリングによる変化を検出することはできなかった。

一目でわかる

トレーニングストレスに関する生化学的マーカー

クレアチンキナーゼは、トレーニングによって引き起こされた生理学的ストレスを示すということで最も広く用いられてきた血液性状の指標である。トレーニングのテーパリングで血中CK濃度が減少することは、トレーニングストレスや筋損傷からの回復を示唆するものであるが、この減少が必ずしもパフォーマンス改善と関連しているわけではない。その他のトレーニングストレスやパフォーマンス能力に関する生化学的マーカーはテーパリングによる大きな影響を受けていない。

内分泌的適応

激しい身体運動は、内分泌系に短期的および長期的な変化をもたらすことが知られている（Bunt 1986; Galbo 1986; Viru 1992）。トレーニングによって引き起こされた生理学的ストレスに対する反応が起こるため、テストステロンやコルチゾール、カテコールアミン、成長ホルモンといったさまざまなホルモンがトレーニングストレスを測定し、トレーニング応答を評価し、パフォーマンス能力を予測するために用いられてきた。したがって、これらトレーニングストレスの内分泌的な指標は、競技シーズン中の異なる時期、たとえばテーパリング中などによって起こるトレーニング負荷の変化を反映し、ホルモンの変化が試合でのパフォーマンスと関連するだろう。

テストステロン、コルチゾール、テストステロン−コルチゾール比

テストステロン（T）とコルチゾール（C）の血漿レベルは、組織の同化および異化作用の活性を意味するといってよい。T：C比は、トレーニングストレスの指標であると言われているにもかかわらず（Adlercreutzet al. 1986, Kuoppasalmi and Adlercreutz 1985）、現在のところ得られる文献では、テーパリングに対するアンドロゲンとコルチゾールの反応については結論に達していない（表3.2）。

大学生ランナーおよび水泳選手を対象としたFlynnら（1994）による研究では、ランナーにおける総テストステロン（TT）、遊離テストステロン（FT）、TT：C比あるいはFT：C比に変化はみられなかった。一方、同じ研究で、水泳選手では、TTとFTはテーパリング中に元の値（ベースライン）に戻り、そのシーズンの高強度トレーニング期間を通して大きく変化しなかった。TT：C比およびFT：C比についてはとくに変化はみられなかった。興味深いことに、テーパリング中のTTおよびFTの変化は、基準泳中のパフォーマンスの変化と相関したが、TT：C比およびFT：C比では認められなかった（Flynn et al. 1994）。男性自転車選手における10日間の低減トレーニング中、血清テストステロンは5.3％増加し、24時間尿中コルチゾールは4.6％とわずかに減少し、このときパフォーマンスは1.2％改善した。さらに、血清テストステロン−尿中コルチゾール比はテーパリングによる変化はなかった（Dressendorfer et al. 2002a）。

ランナーにおいて3週間のステップテーパリングを行ったところ、テストステロンおよびコルチゾールの安静時血中レベル、TT：C比に変化はみられず（Houmard et al. 1990b）、同じく一流ウェイトリフティング選手において、1週間または4週間のテーパリング後、それらの数値や性ホルモン結合グロブリン（SHBG）に変化はみられなかったが、この間に試合でのパフォーマンスは8.0kgおよび17.5kgの改善がみられた（Stone et

表3.2 テーパリングが血中テストステロン濃度および血中コルチゾール濃度に及ぼす影響

研究（年）	選手	テーパリングの期間、日	血中テストステロン濃度	血中コルチゾール濃度	テストステロン・コルチゾール比	パフォーマンスの測定	パフォーマンスの結果、%
Houmard et al. (1990b)	ランナー	21	↔	↔	↔	5K屋内レース	↔
Costill et al. (1991)	水泳	14-21	↑	↓	NR	競泳	約3.2改善
Tanaka et al. (1993)	水泳	14	↔	↔	↔	NR	NR
Flynn et al. (1994)	ランナー	21	↔	↔	↔	トレッドミルでの疲労困憊までの時間	↔
	水泳		↑	↔	↔	23mおよび366mタイムトライアル	約3改善
Mujika et al. (1996d)	水泳	28	↔	↔	↔	100-200m競泳	0.4-4.9改善
Stone et al. (1996)	ウエイトリフティング	7-28	↔	↓	↔	試合	8.0-17.5kg改善
Bonifazi et al. (2000)	水泳	14-21	NR	↑	NR	100-400m競泳	1.5-2.1改善
Martin et al. (2000)	自転車	7	NR	↑	NR	漸増負荷試験	約6改善
Mujika et al. (2000)	ランナー	6	↔	↔	↔	800m試合	↔
Steinacker et al. (2000)	漕艇	7	↑やや向上	↑やや向上	NR	2,000mタイムトライアルの試合	6.3改善
Dressendorfer et al. (2002a)	自転車	10	↑やや向上	NR	NR	20kmシミュレートされたタイムトライアル	1.2改善
Mujika et al. (2002a)	ランナー	6	↑	↔	↔	800m試合	0.4-1.9改善
Maestu et al. (2003)	漕艇	14	↓	↑	NR	2000mエルゴメータタイムトライアル	変化なし
Coutts et al. (2007a)	トライアスロン	14	↔	↑	↑	3km走タイムトライアル	3.9改善
Izquierdo et al. (2007)	筋力トレーニング	28	↔	↔	NR	1RM筋力	2.0-3.0改善

NR＝報告なし、↓減少、↑増加、↔変化なし。
I. Mujika, S. Padilla, D. Pyne, et al., 2004, "Physiological changes associated with the pre-event taper in athletes," Sports Medicine 34: 907. より許可を得て転載。

表3.3　テーパリングが筋力とパワーに及ぼす影響

研究（年）	選手	テーパリングの期間、日	筋力とパワー	パフォーマンスの測定	パフォーマンスの結果、%
Costill et al.（1985）	水泳	14	↑	46-1,509m競泳	2.2-4.6改善
Cavanaugh and Musch（1989）	水泳	28	↑	46-1,509m競泳	2.0-3.8改善
Prins et al.（1991）	水泳	28	↔	NR	NR
Johns et al.（1992）	水泳	10-14	↑	46-366m競泳	2.0-3.7改善
Shepley et al.（1992）	ランナー	7	↑	トレッドミルにて疲労困憊までの時間	6-22改善
Gibala et al.（1994）	筋力トレーニング	10	↑	肘関節屈筋の筋力（随意収縮）	約7改善
Houmard et al.（1994）	ランナー	7	↔	5kmトレッドミルタイムトライアル	2.8改善
Martin et al.（1994）	自転車	14	↑	漸増負荷試験	8.0改善
Raglin et al.（1996）	水泳	28-35	↑	試合	2.0改善
Hooper et al.（1998）	水泳	14	↑	100m、400mタイムトライアル	↔
Hooper et al.（1999）	水泳	14	↔	100mタイムトライアル	↔
Trappe et al.（2001）	水泳	21	↑	試合	3.0-4.7改善
Trinity et al.（2006）	水泳	21	↑	50-1500m競泳	4.5改善
Papoti et al.（2007）	水泳	11	↑	200mタイムトライアル	1.6改善
Izquierdo et al.（2007）	筋力トレーニング	28	↑	1RM筋力	2.0-3.0改善

NR＝報告なし、↓減少、↑増加、↔変化なし。
I. Mujika, S. Padilla, D. Pyne, et al., 2004, "Physiological changes associated with the pre-event taper in athletes," Sports Medicine 34: 911. より許可を得て転載

神経筋の適応

　骨格筋組織の持つ並外れた可塑性により、機能的要求、神経筋の活動、内分泌的シグナルのさまざまなレベルで骨格筋組織を適応させることができ、機能的特徴と構造的組成を可逆的に変化させることができる（Gordon and Pattullo 1993, Hoppeler 1986, Kannus et al. 1992, Saltin and Gollnick 1983）。試合前のテーパリングにより、神経筋系への負荷は、直前トレーニングプログラム期間と比べて減少することが想定される。

筋力とパワー

　テーパリングの結果として、筋力とパワーが向上することが、異なる競技活動において共通してみられる（表3.3）。Costillら（1985）は、水泳選手のこうした向上について述べた初期の研究者である。この著者らは、2週間のテーパリングを行った17名の大学競泳選手においてスイムベンチでのパワーで18％の向上が、また実際の泳パワーにおいて25％の向上がみられたと述べている。泳パワーの向上は、3.1％のパフォーマンス向上と相関していた（r＝0.68）。低減トレーニングにより、収縮メカニズムあるいは筋線維動員の神経支配が変化することによって最大発揮張力の増加がもたらされた（Costill et al. 1985）。これらの結果と一致するように、Johnsら（1992）はテーパリングの10日後および14日後、牽引泳パワーが5％

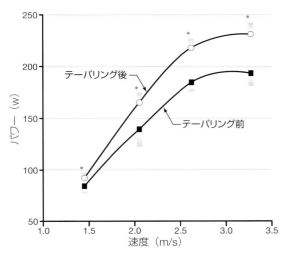

図3.7 テーパリング前後のスイムベンチにおける腕のパワーを、設定0（1.44m/s）、3（2.05m/s）、6（2.66m/s）、9（3.28m/s）で示す。＊テーパリングの前後で有意差あり（p＜0.05）。
S. Trappe, D. Costill, and R. Thomas, 2001, "Effect of swim taper on whole muscle and single fiber contractile properties," Medicine & Science in Sports & Exercise 33: 50. より許可を得て転載。

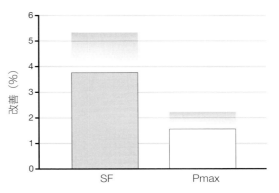

図3.8 11日間のテーパリング後における、水泳時の力（SF）と最大パフォーマンス（Pmax）の改善
M. Papoti, L.E.B. Martins, S.A. Cunha, et al., 2007, "Effects of taper on swimming force and swimmer performance after an experimental ten-week training program," Journal of Strength and Conditioning Research 21(2): 540. より許可を得て転載。

増加したことと、試合における2.8％のパフォーマンスの改善を観察した。国内および国際レベルの水泳選手における個々の平均腕および脚パワーは、4週間のテーパリング中増加を示し、とくに運動開始の最初の5〜24秒において増加がみられた（Cavanaugh and Musch 1989）。試合でのパフォーマンスは、テーパリング中に平均2.6％向上した。

　Raglinら（1996）もまた、4〜5週間のテーパリング中にピーク泳パワー（16％）、平均泳パワー（20％）が増加したと報告している。加えて、著者らは神経筋機能が23％増加したことを観察している。この機能は、一般的なα運動神経プール（訳注：プールは集合体のこと）の興奮性の指標である、ヒラメ筋Hoffmann反射により測定された。これらの変化は、パワーの変化と相関しており、試合での泳速度の2.0％の改善を伴っていた。この著者らは、神経学的な適応がしばしばテーパリングに続いて起こるパフォーマンス向上において役割を果たしている可能性があると結論づけている（Raglin et al. 1996）。さらに最近では、Trappeら（2001）が3週間のテーパリングの結果、

6人の男性大学生水泳選手において、スイムベンチ筋パワーが7〜20％、泳パワーは13％それぞれ増加し、試合でのパフォーマンスは4％向上したと述べている（図3.7）。これらの結果と合致するように、Papotiら（2007）は、週当たりのトレーニング量を48％低減させた11日間のテーパリング後、3.8％の泳力の増加と、200mタイムトライアルパフォーマンスにおいて1.6％の増加を観察した（図3.8）。水泳における力は、テーパリング前後ともに有意にパフォーマンスと相関していた。

　Trinityら（2006）は、一流水泳選手の2つのグループにおける最大腕パワーはテーパリング中にそれぞれ10％または12％の増加を示し、これらのパワー増加は、それぞれ4.4％と4.7％のパフォーマンス向上と相関していたことを見出した。興味深いことに、この著者らは最大力学的パワーがテーパリング中に全体の増加に対して第1週が50％、第2週が5％、第3週が45％というように二相性を示したことを観察している。この研究では、**二相性反応**というのが、個々の水泳選手の間でテーパリングに対する最も一般的な反応として

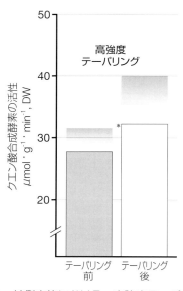

図3.11 外側広筋における、高強度テーパリング前後のクエン酸合成酵素の活性（N=8）。値は平均±SD、乾燥重量（DW）当たりの単位で表現している。＊テーパリングの前後で有意差あり、$p<0.05$。
B. Shepley, J.D. MacDougall, N. Cipriano, et al., 1992, "Physiological effects of tapering in highly trained athletes," Journal of Applied Physiology 72 (Feb): 709. より許可を得て転載。Permission conveyed through Copyright Clearance Center, Inc.

(Neary et al. 1992)。Shepleyら（1992）は、7日間の高強度かつトレーニング量の少ないテーパリングを行った9人の男性ランナーのグループにおいて、クエン酸合成酵素の活性が18％増加したことを観察した。この知見を考慮に入れ、そしてクエン酸合成酵素が有酸素的エネルギー供給過程において鍵となる酵素だとすると、研究者らは実験室でのパフォーマンス向上の一部は、高強度運動によって生じる細胞内温度や水素イオン濃度、乳酸濃度、活性酸素の上昇により潜在的に抑制の影響があるにもかかわらず、酸化的エネルギー産生の割合を高く保つ能力が高まったことに起因するとしている（Shepley et al. 1992）（図3.11）。

筋線維

テーパリングは筋線維に対して、さまざまな影響があるようだ。次に、テーパリングに関連する筋線維の大きさ（サイズ）、代謝特性、収縮特性の適応について考察する。

筋線維サイズ

男性大学生水泳選手において、3週間のテーパリング後、**タイプⅠ筋線維**径および断面積に変化はみられなかった。一方で、タイプⅡa筋線維径は11％増加し、断面積は24％増加した（Trappe et al. 2001）。男性自転車選手において、7日間にわたる高強度で（最大心拍数の85〜90％）、量の少ない（60分から20分に段階的に低減する）テーパリングを行ったところ、タイプⅠ筋線維の断面積に6.9％という中程度の増加が起こり、**タイプⅡ筋線維**にはより大きな14％という増加が起こった。テーパリングの量を多く（60分）、低強度（最大心拍数の85％から55％に段階的に低減する）にしたところ、タイプⅠ筋線維は7.0％、タイプⅡ筋線維は11％の増加を示し、これらは統計的に有意ではなかった（Neary et al. 2003b）。対照的に、Harberら（2004）は、クロスカントリーランナーにおいて、4週間のテーパリング中にタイプⅠ筋線維径が4％低下したが、タイプⅡa筋線維径に変化は起こらなかったと報告した。

代謝特性

異なる筋線維タイプの代謝特性について、テーパリングの影響を分析した研究で入手できるのは1つだけである。Nearyら（2003b）は、高強度で量の少ないテーパリング後、タイプⅠ線維では筋原線維のアデノシン三リン酸分解酵素（ATPアーゼ）が11％増加し、コハク酸デヒドロゲナーゼが12％増加したと報告した。タイプⅡ線維では、筋原線維のATPアーゼ、コハク酸デヒドロゲナーゼ、β－ヒドロキシアシルCoAデヒドロゲナーゼ、チトクローム酸化酵素が15〜16％増加した。これらの変化は、模擬的に行われた40km自転車タイムトライアルの記録で4.3％の向上に伴うものであった。量が多く低強度のテーパリング後には、タイプⅠ線維でチトクローム酸化酵素（10％）およびβ－ヒドロキシアシルCoAデヒドロゲナーゼ（17％）が増加したが、タイプⅡ線維ではβ－ヒドロキシアシルCoAデヒドロゲナーゼ（18％）のみが増加した。模擬的に行われたタイムトライ

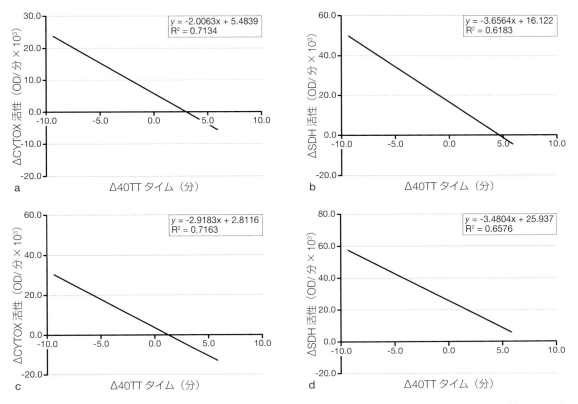

図3.12 全グループにおけるタイプⅠ（aおよびb）およびタイプⅡ（cおよびd）筋線維におけるチトクローム酸化酵素（CYTOX）とコハク酸デヒドロゲナーゼ（SDH）活性の変化と、40kmタイムトライアル（40TT）のタイム（分）。テーパリング後からテーパリング前の値を引いているためマイナスのデルタスコアはより早いエンデュランスタイムを示すが、酵素活性については減少を示す。

J. P. Neary, T. P. Martin, and H. A. Quinney, 2003, "Effects of taper on endurance cycling capacity and single muscle fiber properties," Medicine & Science in Sports & Exercise 35: 1879. より許可を得て転載。

アルでのパフォーマンスは、2.2％向上したが、統計的に有意差がなかった。タイプⅠとⅡを組み合わせたときのコハク酸デヒドロゲナーゼとチトクローム酸化酵素の活性は、どちらのテーパリング後においても、40kmタイムトライアルのパフォーマンスと相関があった（図3.12）。これらの結果は、代謝特性の変化が単一筋線維レベルで起こり、高強度テーパリングが行われたときにより明らかであり、全身の筋機能にみられるパフォーマンスの変化に貢献していることを表している。タイプⅡ線維は、テーパリングに対してより反応しやすいようであり、これはおそらく特異的な収縮特性と酸化酵素の活性を増加させる可能性がより高いことに起因するだろう（Neary et al. 2003b）。

収縮特性

テーパリング後の神経筋の適応は、単一筋線維レベルで起こる。三角筋に注目した研究でTrappeら（2001）は、トレーニングを積んだ大学生水泳選手において、3週間のテーパリング後に最大等尺性筋力が30％高く、短縮速度は67％速く、タイプⅡa筋線維の絶対パワーは250％高くなった。タイプⅠ線維でも短縮速度は32％増加した（図3.13）。平均して、タイプⅡ線維のピークパワーは、テーパリング前でタイプⅠ線維の2倍、テーパリング後で5倍となった。このような結果から、この研究の著者らは、筋の収縮特性の変化が、テーパリング後の筋全体の筋力とパワーに密接に関連しているという考察に至った（Trappe et al. 2001）。

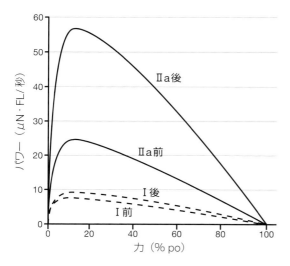

図3.13 テーパリング前後における、三角筋後部線維のタイプ I およびIIa力-パワーの複合的な曲線（絶対パワー）。15℃に保ち、アイソトニック負荷クランプを用いて測定した（力-速度-パワー関係）
S. Trappe, D. Costill, and R. Thomas, 2001, "Effect of swim taper on whole muscle and single fiber contractile properties," Medicine & Science in Sports & Exercises 33: 53. より許可を得て再掲。

　Harberら（2004）はクロスカントリーランナーにおいて、4週間にわたるテーパリングを行い、タイプII線維におけるピーク力が9％の増加を示したことを測定した。一方、最大筋力はタイプI線維で9％減少した。筋線維サイズで標準化した場合、最大筋力はどちらの筋線維タイプでもテーパリング前後で変化しなかった。単一のタイプI線維の最大短縮速度は、テーパリング中に17％減少したが、タイプIIa線維では変化しなかった。単一線維の絶対的パワーも、タイプI線維で25％減少したが、タイプIIa線維では変化しなかった。筋細胞の大きさで補正されたパワーは、テーパリング中にタイプI線維のみで15％減少した。この研究の著者らは、走トレーニングの量および強度を変化させると、筋細胞の生理学的変化を引き起こすが、トレーニング量を25％低減させるテーパリングと同時にインターバルトレーニングを67％増加させることは、単一筋線維におけるパワーと走パフォーマンスを安定して変化させるには、トレーニング負荷が不十分であると結論づけた（Harber et al. 2004）。

　最近の単一筋線維での研究とエクササイズトレーニングに関するレビュー記事で結論づけられているように、テーパリングは、タイプI線維の大きさと発揮張力特性への影響は比較的小さいが、タイプIIa筋線維はより反応するようであり、断面積が同等もしくは増加した結果、収縮のパフォーマンスが促進され、力とパワーが増加することが示されている。加えて、トレーニング量と強度の適切な調整をすることが、単一筋線維の収縮速度でプラスの変化を引き出すのに必要となるようだ（Malisoux et al. 2007）。

一目でわかる

テーパリングされた筋

　通常、高強度トレーニングによって抑制される筋力とパワーは、テーパリング中に増加し、競技選手のパフォーマンス能力の促進にも貢献する。筋線維の酸化酵素活性の増加や、単一筋線維のサイズ、代謝特性、収縮特性でのプラスの変化は、筋全体の筋力とパワー測定値や全身の筋機能にみられる変化と密接に関係している。

免疫学的反応

　急性の運動や、試合に向けた長期間にわたるトレーニングに対する、免疫系の幅広い範囲にわたる応答におけるさまざまな側面が示されている。すなわち、白血球数、とくに好中球やリンパ球サブセットの増加（McCarthy and Dale 1988）、好中球の呼吸性バーストの機能的活性やナチュラルキラー細胞の細胞傷害性の減少（Mackinnon 2000, Peake 2002）、マイトジェンによって引き起こされるTリンパ球の増殖反応の低下（Tharp and Preuss 1991）、分泌型免疫グロブリンAなどの粘膜免疫パラメーター濃度の減少（Gleeson et al. 1999, Gleeson and Pyne 2000）、遅延型過敏反応（T細胞の機能）の障害（Bruunsgaard et al. 1997）、循環中のインターロイキンファミリーや腫瘍壊死因子α、インターフェロンδといった循環中のサイトカインが変化しなかった、または増

加（Malm 2002）である。

　運動とトレーニングの免疫への効果について、現場や研究での関心が高いのにもかかわらず、試合に先立つテーパリング期中における選手の免疫学的変化を直接調べた研究は限られた数しか存在しない。そういった研究のほとんどは、運動により起こる細胞性および体液性免疫反応への運動直後や回復の最初の数時間といった急性効果について調べたものである。高強度トレーニング後に免疫反応の一時的抑制がみられることから、1990年代初めから中盤に、**Jカーブ**モデル（Nieman 1993）、**オープンウィンドウ**モデル（Hoffman-Goetz and Pedersen 1994）といった概念がつくられた。さらに最近では、免疫抑制を説明しうるメカニズムとして、Tヘルパーリンパ球のサブセットT_H1とT_H2における免疫的な制御調整に関心が向けられるようになってきた（Smith 2003）。運動やトレーニングによって引き起こされる最も一般的なサイトカインのパターンは、T_H1（細胞仲介型免疫）またはT_H2（液性免疫および抗体産生）の反応をアップレギュレートに導く特定のTヘルパー先駆細胞を活性化すると考えられる（Smith 2003）。トレーニングやテーパリング中における鍵となる免疫の制御メカニズムの経時変化について完全に明らかにするには、今後の研究が必要である。

　健康な競技選手における運動およびトレーニングによって引き起こされる免疫機能の変動は、相対的に一過性のものであるものの、数年にわたるトレーニング後の一流競技選手においては、継続的な上方および下方への変動によって免疫機能のベースラインレベルを回復することができず、長期的な免疫抑制と疾病のリスクを高める結果になると考えられる（Gleeson 2000, Smith and Pyne 1997）。競技選手における長期的な免疫抑制のエビデンスは、トレーニングを積んだ被験者と定期的な運動を行っていない者という被験者間の比較で直接的に示されたわけではないが、ある競技選手における特定のトレーニングインターバル中、あるいは試合前のテーパリング中の被験者内の変化を分析することからはより直接的な知見が得られる。選手およびコーチ、臨床家、研究者にとって鍵となる論点は、トレーニングに伴う免疫変化の量と影響する期間についてと、みられた変化が臨床的な問題と関連するかどうか、またトレーニングと競技パフォーマンスを損なうかどうかについてである。

免疫細胞

　さまざまなスポーツ種目の競技選手を対象に、トレーニングでの免疫細胞数や機能的活性について研究されてきた。これらの研究において、免疫指標は比較的安定しており、臨床的な科学的知見は乏しいものであった。短期的な高強度トレーニングにより、安静時免疫細胞数が減少するという対照研究のエビデンスは相当あるものの（Baj et al. 1994, Fry et al. 1992, Pizza et al. 1995, Verde et al. 1992）、トレーニング中の観察研究では、同じ知見を見出すことはできなかった。9人のトレーニングを積んだ自転車選手に対して、18日間のテーパリング前に実験的にトレーニング量と強度を操作した研究では、サイクリング効率の改善（6％）と、模擬的に行われた20kmタイムトライアルのパフォーマンス改善（6％）がみられたが、安静時の免疫状態（**リンパ球**サブセットの数と呼吸器疾患数）は、10週間のトレーニングを通じて変化しなかった（Dressendorfer et al.2002a）。16人のトライアスロン選手が4週間にわたって強度を高めるトレーニングとそれに続く2週間のテーパリングの間、血球数もまた安定しており（Coutts et al. 2007b）、12人の若い男性ランナーにおいて、40日間にわたる高強度および低強度の持久的トレーニング中に、リンパ球サブセット（CD4+およびCD4/CD8比）は一過性に減少し、この変化は、とくに量を増加させた（通常の2倍のトレーニング量）ときと比較して、トレーニングを増加させているとき（高強度1000mインターバル）にみられた（Kajiura et al. 1995）。

　少数の研究では、テーパリング中の免疫細胞の変化を直接調べている。国内および国際レベルの

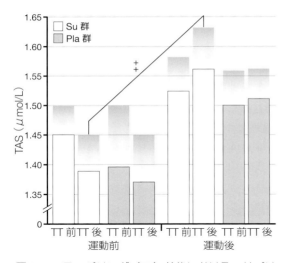

図3.14 テーパリング（TT）前後における、サプリメント投与群（Su、n＝7）とプラセボ投与群（Pla、n＝9）におけるトライアスロン選手の運動前後の血漿総抗酸化状態（TAS）の変化。‡p＜0.05 トリートメント、TT、運動による交互作用効果に有意差。
Palazzetti, A-S Rousseau, et al., 2003, "Antioxidant supplementation and tapering exercise improve exerciseinduced antioxidant response," Journal of the American College of Nutrition 22: 152. より許可を得て転載。Permission conveyed through Copyright Clearance Center, Inc.

水泳選手が8週間の高強度トレーニングの後に4週間のテーパリングを行い、リンパ球は増加傾向にあったが好中球の割合はテーパリング後に減少した（Mujika et al. 1996c）。リンパ球の増加は、テーパリング中のトレーニング量の減少と正の相関を示した（r = 0.86）。対照的に、9人の長距離ランナーにおいて6日間のテーパリング（高強度インターバルトレーニングの80％の低減が含まれる）を行ったところ、好中球（13％）、顆粒球（11％）という中程度だが統計的に有意な増加が引き起こされた。しかしながら、ここでみられた変化は免疫学的には有意であるとするには小さすぎると考えられる（Mujika et al. 1996c, Mujika et al. 2002a）。20人の大学水泳選手において、3週間のテーパリング（週に18～20時間のトレーニングを22週にわたって行った後トレーニング量と強度を50％低減させた）によって、総**白血球**数が増加したものの、**B細胞リンパ球**数の減少が引き起こされた（Wilson et al. 1996）。しかしながら、総**T細胞**数、**好中球**、リンパ球の増殖応答は同期間に変化はみられず、このことは全体的な免疫防御が大きく変化しなかったことを示唆している。

また、テーパリング中の抗酸化サプリメントの使用により、血漿抗酸化物質による保護を高め（Margaritis et al. 2003）（図3.14）、潜在的に免疫細胞の酸化と抗酸化の繊細なバランスが維持されるとも考えられる（Niess et al. 1999）。16人の男性トライアスロン選手が、管理されたテーパリングプログラムと二重盲検による抗酸化サプリメントの使用に関する研究に参加した。2週間のテーパリングで、安静時血中**グルタチオン**濃度、**赤血球スーパーオキシドジスムターゼ**（**活性酸素消去酵素**）、血漿抗酸化状態の減少が引き起こされたが、**脂質過酸化**や筋損傷マーカーについては変化がなかった。7人の男性長距離ランナーにおいては、7日間のテーパリングによって運動前や運動中の血清**フリーラジカル除去能**の改善が引き起こされることはなかった（Child et al. 2000）。さらに最近では、Vollaardら（2006）は、テーパリングによって酸化ストレスマーカーに安静時レベルでも、運動によって変化を引き起こすことがないことを見出した。まとめると、これらの研究はテーパリング中の小さく一時的な免疫細胞分布の変化を示すものであり、このことは何らかの実質的な臨床的意義のある結果とはいえないと考えられる。

免疫グロブリン

運動選手における運動によって引き起こされる水溶性免疫タンパクの変化については数多く説明されてきており、とくに効果的で特異的な免疫機能において重要な役割（Gleeson 2000）を持つ分泌型**免疫グロブリン**A（SIgA）、そして免疫細胞により放出される細胞内シグナルタンパク分子であり、炎症や免疫反応に重要な影響を及ぼす免疫調整性サイトカイン類（Suzuki et al. 2002）については説明されてきている。いくつかのトレーニング研究では、急激な運動後（Mackinnon and Hooper 1994）に、また長いトレーニングシーズンの後半（Gleeson et al. 1995, Gleeson et al.

1999）に、SIgA が顕著な減少を示し、それらは上気道感染のリスク増加と関連していた。一流水泳選手においては、7カ月のシーズンにわたって SIgA が1カ月あたり4％の減少を示し、40mg/L 未満という値が疾病リスク増加と関連していた（Gleeson et al. 1999）。対照的に、それ以外の水泳選手や漕艇選手の研究においては、これらの関連を示すことはできなかった（Gleeson et al. 2000, Mackinnon and Hooper 1994, Nehlsen-Cannarella et al. 2000, Tharp and Barnes 1990）。これらの異なった知見の解釈は、免疫パラメータにおける固有の生物学的変動や、実験デザインの方法論やサンプル採取、検査技術の違いを考慮する必要がある。トレーニングや試合前のテーパリングに対する水溶性免疫タンパク応答について、これらの矛盾する知見を解決するうえで今後の研究が必要となるのは明らかである。

サイトカイン

多くの研究において、運動による循環中のサイトカイン濃度に対する急性の影響について調べられている。しかし、トレーニングを積んだ運動選手のトレーニングやテーパリング中の縦断的な変化についてはわずかしか知られていない。**サイトカイン**は、先天的および後天的な生体防御の武器としての役割を持っており、本来、炎症を誘発あるいは抑制することができる（Malm 2002）。ほとんどの運動研究では、3つのサイトカインが注目されてきた。すなわち、インターロイキン1α（IL-1α）、インターロイキン6（IL-6）、腫瘍壊死因子βである。これらのサイトカインの血中濃度は、マラソンといった急性の運動に対して通常は変化しないか増加する（Ostrowski et al. 1999）。運動強度と種類がサイトカインに及ぼす影響については、矛盾する知見もある（Smith et al. 2000）。トレーニングを積んでいない男性において、伸張性（エキセントリック）筋活動に偏ったベンチプレスおよびレッグカールの運動後のサイトカイン応答のパターン（IL-6 および IL-10 が増加）は、激しい持久的エクササイズ（Ostrowski et al.

1999）よりも明らかには現れず、時間的に遅れて起こった（運動の72〜144時間後）（Smith et al. 2000）。この生物学的な意義については、サイトカインの免疫的な作用が、循環中の濃度それ自体というよりむしろ活性分子の濃度と抑制因子のバランスによって調整されると理解されていることからも、解釈が難しい。最近の研究では、IL-1 や IL-6 といったサイトカインが体循環やエネルギー代謝、骨格筋の運動への適応の間でコミュニケーションの連携を取っていることが示唆されている（Malm 2002）。運動選手におけるこれらの過程を支える生理学的なメカニズムを完全に理解するためには、トレーニングやテーパリング中にサイトカインがどのような経時的変化を示すかについて明らかにする研究が必要となる。

一目でわかる
免疫機能

ここで議論された研究は、知識としては全体の免疫的防御を抑制しないということであり、運動選手はピークトレーニング中の過剰な負荷には十分注意する必要があるが、全般的にみれば免疫的防御は影響を受けないことを知っておくことで、試合前のテーパリング中には自信を持ってトレーニングができるということを示唆するものである。これまでの研究のさまざまな知見から、細胞性および水溶性免疫パラメーターの1回限りの測定は、免疫抑制がひどくない限り有益ではないようだ。体系的な粘膜性および細胞性免疫能のモニタリング（Gleeson and Pyne 2000）や、臨床的因子やトレーニング因子、ライフスタイル因子（Konig et al. 2000）の見直し、実際の練習の組み立て方針に注意すること（Pyne et al. 2000）など、多面的なアプローチによって、テーパリング中の選手の健康管理により有効な手段を得ることができるだろう。競技に携わる選手やコーチ、医師は、テーパリング中によい健康状態を保つことが一流レベルのトレーニングにおいても両立し得ることに確信を持つことができるだろう。

章のまとめ

テーパリングプログラムの間には、生化学的・

表4.1 気分状態と努力感に対するテーパリングの効果

研究（年）	競技選手	テーパリングの期間、日	気分状態	努力感	パフォーマンスの測定	パフォーマンスの結果、%
Morgan et al. (1987)	水泳	28	↑	↓	NR	NR
Raglin et al. (1991)	水泳	28	↑	NR	NR	NR
Snyder et al. (1993)	自転車	14	NR	↓	NR	NR
Berglund and Safstrom (1994)	カヌー	21	↑	NR	NR	NR
Flynn et al. (1994)	ランナー 水泳	21	↔ ↑	↔ ↓	トレッドミルでの疲労困憊までの時間 23m、366mタイムトライアル	↔ 約3 ↑
Houmard et al. (1994)	ランナー	7	NR	↔	5kmトレッドミルタイムトライアル	2.8 ↑
Raglin et al. (1996)	水泳	28-35	↑	NR	大会	2.0 ↑
Berger et al. (1997)	水泳	7	↑	NR	NR	NR
Taylor et al. (1997)	水泳	NR	悪化	NR	大会	1.3 ↑
Hooper et al. (1998)	水泳	14	↑	NR	100m、400mタイムトライアル	↔
Berger et al. (1999)	自転車	14	↑	NR	4kmシミュレートされたタイムトライアル	2.0 ↑
Hooper et al. (1999)	水泳	14	↔	NR	100mタイムトライアル	↔
Martin and Andersen (2000)	自転車	7	NR	↓	漸増負荷試験	約6 ↑
Martin et al. (2000)	自転車	7	↔	NR	漸増負荷試験	約6 ↑
Steinacker et al. (2000)	漕艇	7	↑	NR	2,000mタイムトライアルの試合	6.3 ↑
Eliakim et al. (2002)	ハンドボール	14	↑	NR	4×20mスプリント、垂直跳び	2.1-3.2 ↑
Margaritis et al. (2003)	トライアスロン	14	↑	NR	30km屋外デュアスロン	1.6-3.6 ↑
Neary et al. (2003a)	自転車	7	NR	↔	20kmシミュレートされたタイムトライアル	5.4 ↑
Coutts et al. (2007b)	トライアスロン	14	↑	NR	3km走タイムトライアル	3.9 ↑

NR＝報告なし。↓減少、↑増加、↔変化なし。

I. Mujika, S. Padilla, D. Pyne, et al., 2004, "Physiological changes associated with the pre-event taper in athletes," Sports Medicine 34: 917. より許可を得て転載。

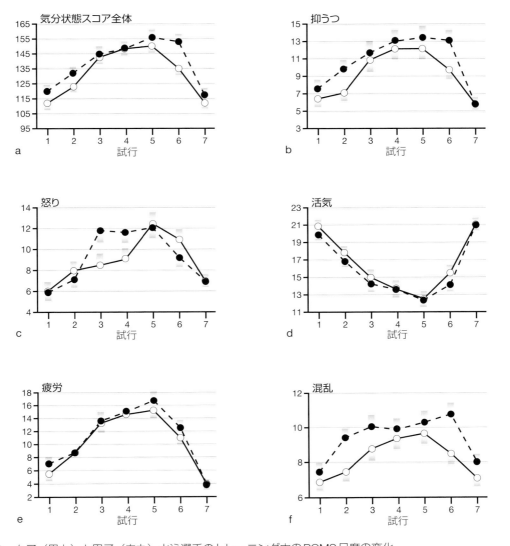

図4.2 女子（黒丸）と男子（白丸）水泳選手のトレーニング中のPOMS尺度の変化
J. S. Raglin, W. P. Morgan, and P. J. O'Connor, 1991, "Changes in mood states during training in female and male college swimmers," International Journal of Sports Medicine 12: 586. より許可を得て再掲。

POMSを用いた研究

　Morganら（Morgan et al. 1987, Raglin et al.1991）は初めて、大学生アスリートが4週間にわたってテーパリングを行ったときの**気分プロフィール検査（Profile of Mood States、POMS）**を調べ、全体的な気分状態の算出スコアの減少を報告した。全体的な気分状態のスコアの低下は、自覚的疲労や抑うつ（depression）、怒り（anger）、混乱（confusion）のレベル低下と関連していた。これらの変化は、活気（vigor）のレベル上昇と

も関連していた（図4.2）。

　Raglinら（1996）もまた、気分障害の減少がトレーニング負荷の減少と関連しており（図4.3）、これは男性および女性で同等だったと報告している。しかしながら、何人かのアスリートはテーパリングに反応せず、緊張（tension）のスコアが低下しないということが観察され、男性より女性のほうが高い値を示していた（Morgan et al. 1987, Raglin et al.1991）。実際に、テーパリング後、気分変数のうち緊張のみが、ベースラインより高

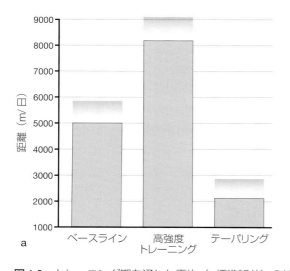
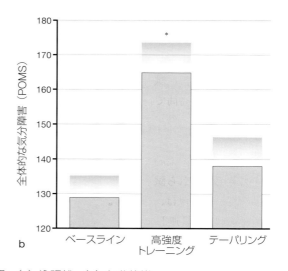

図4.3 トレーニング期を通した平均（±標準誤差）の結果。(a) 泳距離、(b) 気分状態。
J.S.Raglin, D.M.Koceja, and J.M.Stager, 1996, "Mood, neuromuscular function, and performance during in swimmers," Medicine & Science in Sports & Exercise 28: 374.

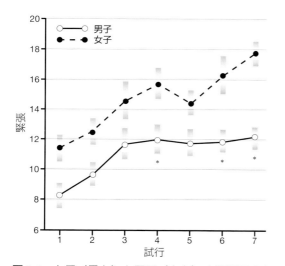

図4.4 女子（黒丸）と男子（白丸）水泳選手のトレーニング中のPOMS（緊張）の変化。
J. S. Raglin, W. P. Morgan, and P. J. O'Connor, 1991, "Changes in mood states during training in female and male college swimmers," International Journal of Sports Medicine 12: 587. より許可を得て再掲。

いままであった（図4.4）。緊張のスコアが高かったのは、差し迫った大きな大会への期待によって引き起こされた不安を反映しているのであろうと推測された（O'Conner et al. 1989）。

これまでに言及した知見と対照的に、Taylorら（1997）は、テーパリングによって引き起こされる気分状態の変化の性差について報告している。女子水泳選手におけるテーパリング中に達成された大会でのパフォーマンス向上は比較的小さく（1.3％）、緊張-不安の増加（56％）、抑うつ-落胆（218％）、混乱-困惑（86％）などの評価の増加と、活力-活動の評価の20％の低下によって示される、気分状態の悪化とおそらく関連している（Taylor et al. 1997）。

Flynnら（1994）は、男子水泳選手のグループにおいて、3週間のテーパリング後、全般的な気分状態が17％低下したことを報告している。Raglinら（1996）は、12名の女子大学生水泳選手において、4〜5週間にわたるテーパリングにより、同様の全般的な気分障害が16％低下したことを観察した。この低下は、平均泳パワーと中程度の相関があり（r = 0.34）、テーパリングに伴って20％増加した。大会時の泳速度も、2.0％改善した。Hooperら（1998）は、州レベルの水泳選手が1週間のテーパリング後、緊張、抑うつ、怒りが減少し、2週間後には全般的な気分障害が10％低下したこと、結果として最終的なタイムトライアルのパフォーマンスが100mで0.2％、400mで0.7％というように、わずかに向上したことを観察した。しかしながら、これに続く国際レベル

水泳選手での研究では、2週間のテーパリング後、全般的な気分障害に変化を見出すことはできなかった（Hooper et al. 1999）。別の研究では、若い競泳選手において、試合前のテーパリングの週の間、通常より短時間で行われた練習後に全般的な気分障害の急激な減少を示した。これら競泳選手においては、抑うつ、混乱、緊張のスコアの低下を含む、気分の短期的な効果がもたらされた。しかしながら、これら試合前のトレーニング中の急激な気分への貢献は、その後に続く大会でのパフォーマンスに関連しては現れなかったようだ（Berger et al. 1997）。

　全般的な気分障害は、自転車トラック種目の選手においても、オーバーリーチングを経て2週間のテーパリング後、21%の低下を示した。同時に、4 kmパシュートのシミュレーションにおいて、パフォーマンスが2.0%の改善と、平均パワー出力が2.3%増加したものの、心理学的な変数の変化とパフォーマンスの変化の間に関連を見出すことができなかった（Berger et al. 1999）。男性9名、女性5名の世界クラスのカヌー選手において、3週間のテーパリングで、POMSの全般的な気分スコアもまた低下し、それによってオリンピックの1週間前、POMSのスコアはオフシーズンのベースライン（基準値）と同等になった（Berglund and Safstrom 1994）（図4.5）。20名の長距離トライアスロン選手のPOMSスコアも、総トレーニング負荷を漸進的に32%から46%減少させた14日間のテーパリング後、10%から12%減少した（Margaritis et al. 2003）。対照的に、Martinら（2000）は、自転車選手が6週間の高強度インターバルサイクリング後の1週間のテーパリングにおいて、トレーニング負荷や各トレーニング期最後のパフォーマンス評価に違いがあるにもかかわらず、全般的な気分スコアおよび特定の気分状態スコア（すなわち緊張、抑うつ、怒り、活気、疲労、混乱）に変化を見出すことができなかった。これらの著者らは、相対的に大きな気分障害を持つアスリートはテーパリングによく反応するものの、そうでない場合には反応が悪く、これはPOMSに

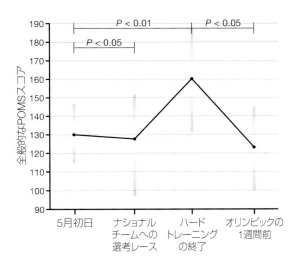

図4.5　世界クラスのカヌー選手における選択されたトレーニング期の全般的な気分状態のスコアの平均（±標準偏差）
B. Berglund and H. Säfström, 1994, "Psychological monitoring and modulation of training load of world-class canoeists," Medicine & Science in Sports & Exercise 26: 1038. より許可を得て転載。

よりテーパリングに対する反応を評価する精度が低いことを示唆している（Martin et al. 2000）。

回復－ストレス測定を用いた研究

　18日間の高強度トレーニング後にオーバーリーチの徴候を示す10名の世界クラス男子ジュニア漕艇選手において、1週間のステップテーパリングは回復を図るうえで十分であった。**アスリートのためのリカバリー・ストレス調査**（Recovery-Stress Questionnaire for Athletes）によって評価した身体的な問題の訴えや、身体的なリラクセーションは、テーパリング中にベースラインに戻った（図4.6）。負荷を徐々に上げていくロウイングテスト中の最大パワーは2.7%増加し、2000 mタイムトライアルのパフォーマンスは6.3%向上した（Steinacker et al. 2000）。同様に、Eliakimら（2002）は、ジュニアのハンドボール選手において、身体的コンディショニングの自己評価のスコアが、2週間の低強度トレーニング中に元のレベルに戻った（先行する高強度トレーニング中に、スコアは減少していた）ことを報告した。

　最近のトライアスロン選手を対象とした研究で

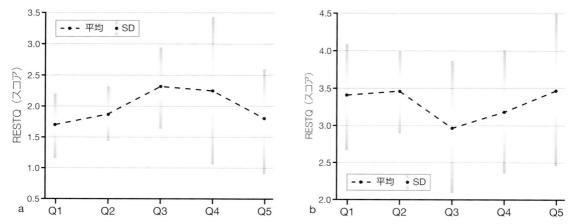

図4.6 回復−ストレス質問紙（RESTQ-Sport）の結果。それぞれトレーニング期の0から5の平均と標準偏差を示す。(a) RESTQ-Sportの身体的な訴えのサブスケール（下位尺度）、(b) RESTQ-Sportの身体的なリラクセーションのサブスケール

J. M. Steinacker, W. Lormes, M. Kellmann, et al., 2000, "Training of junior rowers before world championships. Effects on performance, mood state and selected hormonal and metabolic responses," Journal of Sports Medicine and Physical Fitness 40(4): 332 より許可を得て転載。

は、Couttsら（2007b）が4週間の通常のトレーニング、あるいは高強度のトレーニングに続いて、2週間の徐々に負荷を下げていくテーパリング中の選手の回復-ストレス状態を評価した。高強度トレーニング群では、通常のトレーニング群と比較して、テーパリング後に全体的なストレス量が顕著に低下し、全体的な回復量が増加した。回復−ストレス状態（総合的な回復から総合的なストレスを引いた差）は、トレーニング負荷の違いによる影響を受けた。加えて、ストレスの下位尺度であるエネルギー不足、身体的不調の訴え、体力とケガの比率は減少し、その一方で回復の下位尺度である体力／快調の比率は、高強度トレーニング群において増加した。

一目でわかる

テーパリングはどのように選手の気分状態に影響を与えるか？

Couttsら（2007b）は、心理学的な状態の改善は、テーパリング後のパフォーマンスに寄与する重要な因子であり、心理学的な回復測定において元の水準に回復するのに2週間のテーパリングで十分であることを報告した。

- テーパリングに伴うトレーニング負荷の軽減により、それまでの高強度トレーニングによって影響を受けた選手の気分状態の回復が促される。
- テーパリングは通常、自覚的疲労や抑うつ、怒り、混乱の減少を引き起こす。
- テーパリングは活気の感覚を促進する。
- 緊張は、参加する大会が押し迫ってくるため、テーパリングの間は減少しないかもしれない。
- これらすべての心理学的マーカーのストレスの減少と回復の促進により、テーパリングによってもたらされるパフォーマンス向上に貢献する。

努力感

疲労し、ストレス過剰となった競技選手は、あるトレーニング負荷を重い負担であると感じ、それをきつく感じるかもしれない。対照的にフレッシュでよく回復した選手は、同じトレーニング負荷を軽く楽であると感じるかもしれない。トレーニングに対する競技選手の認知は、**努力感**として示される。運動中の努力感は、多くの生理学的および心理学的変数の影響を受け（Borg et al. 1987, Noble and Robertson 2000, Watt and Grove 1993）、そのうちのいくつかはおそらくテーパリングの影響を受けている。最も広く使われ

ている努力感の測定は、**Borgの主観的運動強度**（RPE：Rating of Perceived Exertion）であり（Borg 1970, 1982）、トレーニングがテーパリングされた結果の変化が示されている（表4.1）。

主観的運動強度を用いた研究

努力感は、大学生水泳選手において、4週間のテーパリング後、男女共に減少した（Morgan et al. 1987）（図4.7）。Flynnら（1994）は、シーズン前の最大酸素摂取量の90％に相当する強度で泳いでいるときのRPEが、2週間のハードなトレーニング後、平均14という数値（ややきつい、からきつい）から、テーパリング後に平均9という数値（非常に楽）に低下したことを報告している。一方、これらの著者らは、8名の男子クロスカントリー選手において、シーズン前の$\dot{V}O_2max$の75％でトレッドミル走をしている間、トレーニング負荷は大きく変化したにもかかわらず、テーパリングに伴うRPEに変化を見出すことができなかった。7日間のテーパリングの前後で、長距離ランナーに最大酸素摂取量の80％でトレッドミル走を行わせた研究（Houmard et al. 1994）や、同じ期間のテーパリングの前後で男子自転車選手に20kmタイムトライアルをシミュレーションで行わせた研究（Neary et al. 2003b）で、RPEに変化はみられなかった。

その他の測定を用いた研究

心拍数と主観的運動強度の比率（HR：RPE）関係は、競技選手のテーパリングへの反応をモニタリングするうえで、より有効なマーカーとなり得る。Nearyら（2003a）は、トレーニング量を50％減らす7日間のステップワイズテーパリング後、HR：RPE比が4.5％減少し、パフォーマンスは5.1％向上したことを観察した。Martin and Andersen（2000）は、大学自転車選手において、1週間のテーパリング後、疲労困憊まで負荷を漸増させていったとき、HR：RPE比が3.2％減少し、これに伴ってパフォーマンスが6％改善したことを報告した（図4.8）。6週間の高強度インターバルトレーニングの間、HR：RPE関係の変化は、テーパリングに対してパフォーマンスがどのように反応するかを予測する強力な因子となった。一定のRPEに対するHRが最も減少した被験者は、

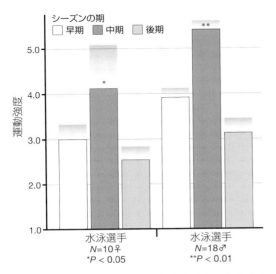

図4.7 選択されたマクロサイクル中のワークアウト強度の評価

W. P. Morgan, D. R. Brown, J.S. Raglin, et al., 1987, "Psychological monitoring of overtraining and staleness," British Journal of Sports Medicine 21: 109. BMJ Publishing Groupより許可を得て転載.

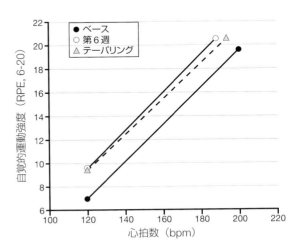

図4.8 漸増的運動テストのベースライン、第6週、テーパリングにおける心拍数と自覚的運動強度の関係

D.T. Martin and M. B. Andersen, 2000, "Heart rate-perceived exertion relationship during training and taper," Journal of Sports Medicine and Physical Fitness 40(3): 205. より許可を得て転載。.

テーパーに対し最大のパフォーマンス改善を示し（r = 0.72）、HR：RPE関係がテーパリングの有用性を評価する指標として妥当であることを確認するものとなった（Martin and Andersen 2000）。

同様のアプローチを用いて、Snyderら（1993）は、最大下運動を行っているときの乳酸濃度と主観的運動強度の比（HLa：RPE）が生理学的-心理学的な疲労の尺度となることを提案した。2週間のリカバリートレーニングの間、2週間前の高強度インターバルトレーニングの結果減少したHLa：RPE比の値は、通常の元の水準へと戻った。

> **一目でわかる**
>
> **テーパリングはどのように選手の努力感に影響を与えるか？**
>
> 　主観的運動強度（RPE）は、競技選手がどの程度テーパリングに反応するかを計測する有用なツールになり得る。以下は、競技選手のRPEが通常どのようにテーパリングの心理学的および生理学的な効果と関連しているかを示している。
>
> - テーパリングに伴うトレーニング負荷の軽減により、それまでの高強度トレーニングによって影響を受けた選手のRPEの回復が促される。
> - HR：RPE関係は、競技選手のテーパリングへの反応を監視するうえで、有用な指標となり得る。
> - 最大下運動中の乳酸濃度とRPEの関係も、生理学的-心理学的な疲労と回復の尺度となり得る。
> - 努力感の減少は、通常、テーパリング中のパフォーマンスの改善と関連している。

睡眠の質

睡眠は、日中の活動のカタボリック（異化）過程に続く代償的な働きであり、睡眠障害は過剰なトレーニング負荷やオーバートレーニングに伴うことがよくある。オーバートレーニングは、「トレーニングと回復の間、運動と運動能力、ストレスとストレス耐性の間のバランス不良である」（Lehmann et al. 1993, p.854）と定義される。テーパリング戦略が、低減させたトレーニング負荷によって特徴づけられるのならば、睡眠の質もまたテーパリングの影響を受け得るということも妥当であろう。習慣的に運動をする人たちを強制的に座ることを中心にした日には、睡眠のパターンと体温が変化した。運動負荷を低下させると、徐波睡眠圧は減少し、結果として低レベルの徐波睡眠は少なくなり、レム（REM：rapid eye movement、急速眼球運動）睡眠が増加した（Hague et al. 2003）。競技選手のテーパリング中の睡眠パターンを最もしっかり調べた調査では、女子水泳選手が、テーパリング中、睡眠開始時潜時、途中覚醒の回数、総睡眠時間、レム睡眠時間は変化しなかったことを示している。一方で、最も激しいトレーニングの間、全睡眠時間の31％であった徐波睡眠が、テーパリング後に16％に減少したことは、身体的な需要が減少するとともに、回復を促す徐波睡眠の必要性は減少することを示唆している。しかしながら睡眠中の体動回数はテーパリング後に37％低下し、それまでのトレーニング負荷の高いときと比較して睡眠中断が減少していることを示している（Taylor et al. 1997）（表4.2）。Hooperら（1999）は、7名の競技性の高い女子水泳選手において、オーストラリアの国内選手権に向けた2週間のテーパリング後、睡眠の質がわずかに改善したと報告した。測定は、水泳のトレーニングプログラムのうち、異なる3つの時期に行われた。すなわち、トレーニング開始時、ピーク時、テーパリング時である。測定の間隔は約3カ月であった。

> **一目でわかる**
>
> **テーパリングと睡眠**
>
> 　睡眠は、競技選手にとって最も重要な回復のメカニズムであるが、その質というのは高強度トレーニング中に変化することが頻繁にある。一方で、テーパリングの間、競技選手はよく眠れるようになる傾向があり、テーパリングに伴う身体的な需要の減少によって回復が促進され、試合でのパフォーマンスが最適化される。

表4.2　7名の運動選手の選択された睡眠の測定、平均±標準偏差

				有意レベル		
	開始時	ピーク	テーパリング	開始時−ピーク	ピーク−テーパリング	開始時−テーパリング
総記録時間、分	470.3±32.0	488.7±57.3	471.1±15.2	NS	NS	NS
総睡眠時間、分	451.1±29.7	472.1±60.8	458.4±14.1	NS	NS	NS
睡眠開始時潜時、分	19.3±3.5	16.6±5.6	16.9±8.8	NS	NS	NS
REM開始時潜時、分	73.3±37.6	64.3±16.0	60.7±8.9	NS	NS	NS
途中覚醒時間、分	4.4±6.4	9.0±13.8	9.1±5.3	NS	NS	NS
ステージ1と2、%TST	49.2±7.9	44.5±6.4	59.5±3.6	NS	$p < 0.05$	NS
徐波睡眠、%TST	28.7±5.1	29.4±3.2	18.4±4.3	NS	$p < 0.05$	$P < 0.01$
REM睡眠、%TST	16.7±4.0	18.3±4.0	17.2±2.5	NS	NS	NS
覚醒への移行	5±7	4±3	3±3	NS	NS	NS
体動の総回数	46±26	49±30	31±19	NS	$P < 0.01$	$p < 0.05$

NS＝有意差なし、REM＝急速眼球運動（rapid eye movement）、TST＝総睡眠時間
S.R.Taylor, G.G.Rogers, and H.S.Driver, 1997, "Effects of training volume on sleep, psychological and selected physiological profiles of elite swimmers," Medicine and Science in Sports & Exercise 29: 688-693.

期分けされた心理学的スキルのトレーニング

　期分けされたトレーニングという古典的な概念、すなわち主要な大会に向けてパフォーマンスを最適なものに導くために、年間計画が期分けされ、異なるトレーニング期で構成される概念は、最近ではスポーツ心理学において受け入れられてきている。イリノイ大学のGloria Balague教授は、期分けトレーニングの概念に従った、トレーニングのための心理学的スキルのモデルを提唱した（Balague 2000）。Balague教授は、スポーツパフォーマンスに関連する心理学的スキルは、身体的スキルと同様、トレーニングによって学ぶことができ、また改善することができると述べている。彼女（Balague）のモデルでは、心理学的スキルトレーニングの目標は、競技選手が学習とパフォーマンスを最大化することによってその潜在能力に到達する手助けをし、とくに選手のパフォーマンスのコントロールを高めることで（競技成績の）一貫性を高めることであると、初めて定義されている。彼女はさらに進めて、心理学的スキルを大きく3つに分類した。すなわち、基礎スキル（動機づけ、自己の気づき、対人スキルが含まれる）、パフォーマンススキル（セルフエフィカシー、身体的覚醒の自己規制、感情の認識と自己コントロール、注意の自己規制が含まれる）、促進スキル（ライフスタイルマネジメントとメディアスキルが含まれる）である。

　成功する心理学的スキルのピリオダイゼーション（期分け）の次の段階には、競技に何が求められるかを評価することと、心理学的スキル特性、不足、強み、弱みについて面接や観察、心理測定テストを用いて選手を評価することが含まれる。最終的には、それぞれ特有のトレーニング期の需要と、各期に競技選手が狙う目標に、密接に従うことにより各期での心理学的スキルのトレーニングの特定の概念が導入が可能となる。

　走幅跳と三段跳のための心理学的スキルのトレーニングの例を用いて、その著者は心理学的な必要条件と、各トレーニング期の技術的、戦略的、パフォーマンス目標に見合う介入手段について述

べている（表4.3）。この例では、試合前の期において、跳躍の一貫性を得ることが主な目標である。心理学的な目標により、競技選手がよいパフォーマンスと関連した要素を特定することができるようになり、それによってよいパフォーマンスを再現することができるだろう。これには、最適な覚醒水準、最適な注意、認識・感情の制御が含まれる。この期における主な介入の目標は、意識を集中することを学ぶこと、試合前のルーティンを開発すること、ジャンプ間の最も適応した行動を特定することである。この期におけるその他の課題のいくつかには、自分との対話、効果的な言葉がけ、エネルギーやリズム、自信を引き出すイメージを確立することが含まれる（Balague 2000）。

主な試合期の間、競技選手は変化する条件に適応できるよう、独立した、一貫したパフォーマンスを行う準備をすべきである。心理学的な見地から、競技選手は自身のスキルを信頼し、不測の事態が起こることを十分に予測し、反応できるよう柔軟であるべきである。介入は、試合でのしっかりとした計画をつくり上げることと、試合後に心理学的な集中やパフォーマンスを評価することを目標とし、必要であれば選手がわずかな調整を行うことができるようにすべきである。メディアスキルのトレーニングも、この期において必要となり得る（Balague 2000）。

表4.3 走幅跳のための準備計画

	8月	9月	10月	11月	12月	1月	2月	3月	4月
	一般的準備 →			特異的準備		試合前		大きな大会への移行	
	コンディショニング期		技術的練習		戦略的練習		パフォーマンス		評価および休息
	筋力、スピード、持久力		強調されたジャンプ期		一貫性		セルフマネジメント		評価
	リズム		アプローチ走		ジャンプのコーディネーション、ボード、ファウル				
心理学的な必要条件									
	動機づけ、痛み・疲労への耐性		運動感覚的制御		最適な覚醒		信頼		評価
	セルフエフィカシー（自己効力感）		ジャンプ期の気づき		最適な集中		柔軟性		再構築
	セルフアウェアネス（気づき）		エフィカシーの増加		認知・感情の制御		感情の制御		セルフエフィカシー
介入									
	目標設定、リラクセーションのトレーニング、イメージトレーニング		視覚化、リズムのワーク、改善についてのフィードバック		注意集中のワーク、試合でのルーティン、認識の再構築		試合に向けた計画、試合の評価、予測		評価、展望、放任
	認知的気づき		運動感覚的気づきのエクササイズ		ボード、自信エクササイズ		計画		セルフケア
	注意様式の評価				リラックス・元気の出る合図				

G. Balague, 2000, "Periodization of psychological skills training," Journal of Science and Medicine in Sport 3(3) : 234.より許可を得て転載。

> **一目でわかる**
>
> **心理学的スキルトレーニングの利点**
>
> 試合でのパフォーマンスは意識的な努力の結果だとすると、気分状態の促進や努力感の減少、睡眠の質の向上を含むポジティブな心理学的変化および動機づけの変化がテーパリング中に起こり、競技パフォーマンスへ価値ある貢献をすることができる。コーチや競技選手もまた、心理学的なトレーニング技術から得られる潜在的な利点に気づき、大きな大会に向けて競技選手の心理学的な状態を最適化にするためにこれらを最大限に活用すべきである。

章のまとめ

　心理学的要因や動機づけの要因が、試合で最適なパフォーマンスを達成するために重要な役割を果たし、大きな大会に臨むに当たってテーパリングは競技選手の心理状態を微調整する助けとなり得る。高強度トレーニングの間、競技選手の気分状態は、抑うつ、怒り、疲労、混乱といった感情や、活気が低い水準にあることによる負の影響を受けることがしばしばある。幸運なことに、そうした状況はテーパリング中にトレーニング負荷を軽減させることによって元に戻り得ることが、研究から示されている。テーパリングは、身体的な問題の訴えやストレスのレベルを下げ、それまでにオーバーリーチに達していた選手のリラクセーションや回復の増加と関連しており、これらの変化は、一般的にパフォーマンスの改善と並行して起こる。結果として、テーパリング前には難題にそして疲労を感じていたトレーニング負荷は、テーパリング後により軽く、簡単に感じることになる。テーパリング中の、より質のよい睡眠も、トレーニングと回復のバランスをよくすることに貢献し、試合に向けた身体的および心理学的な準備を促進する。競技選手の身体的および心理学的な準備は、気分状態、努力感、回復－ストレス、睡眠の質の質問紙など簡単な方法を用いて系統的に監視することができる。

Part II

Tapering and Athletic Performance
テーパリングと
競技パフォーマンス

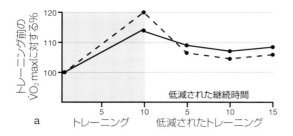
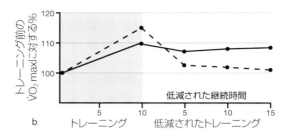

図5.4 10週間のトレーニングと、15週間にわたってトレーニング継続時間（量）を3分の1（実線）あるいは3分の2（破線）低減したときの（a）サイクリングと、（b）トレッドミル走の最大酸素摂取量（$\dot{V}O_2$max）への効果。

R.C. Hickson, C. Foster, M.L. Pollock, et al., 1985, "Reduced training intensities and loss of aerobic power, endurance, and cardiac growth," Journal of Applied Physiology 58 (Feb): 497.より許可を得て転載。Permission conveyed through Copyright Clearance Center, Inc.

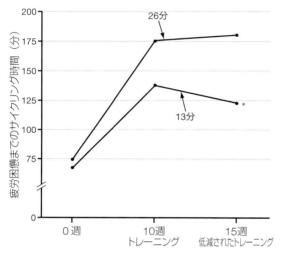

図5.5 10週間のトレーニングと、15週間にわたって3分の1（26分）および3分の2（13分）減少させ、強度は元のままのトレーニングが、自転車で疲労困憊になるまでの時間に与える影響。＊10週間のトレーニングに対して有意差あり、$p<0.05$。

R.C. Hickson, C. kanakis, Jr., J.R. Davis, et al., 1982, "Reduced training duration effects on aerobic power, endurance, and cardiac growth." Journal of Applied Physiology 53 (July): 228.より許可を得て転載。Permission conveyed through Copyright Clearance Center, Inc.

る（図3.2を参照）。

　同様のランナーの集団において、Shepleyら（1992）は、量の少ないテーパリングのほうが、中程度の量のテーパリングよりも生理学的およびパフォーマンス面での結果がよかったことを見出し、競泳選手においては、パフォーマンス向上と3週間のテーパリング中のトレーニング量の減少率に正の相関がみられた（図5.6、Mujika et al. 1995）。

　Bosquetらのメタ分析（2007）では、トレーニング量がテーパリングによって引き起こされた変化に与える影響について、一般的なスポーツのパフォーマンス（表5.5）、異なる運動様式（表5.6）において分析が行われた。

　先行研究での示唆（Houmard and Johns 1994, Mujika and Padilla 2003a）と一致するように、Bosquetら（2007）の研究では、トレーニング量の変化を時間積分した数値で評価したトレーニング量の減少に対し、パフォーマンス向上は鋭敏に反応した。トレーニング量の減少が小さくても大きくてもパフォーマンス上の利点は得られるが、最大のパフォーマンス向上は、テーパリング前のトレーニングに対して41〜60％のトレーニング量の減少において得られた。トレーニング量の減少の割合がパフォーマンスに与える全般的な影響について表した刺激－反応曲線は、図5.7のように示される。

　短距離および中距離水泳選手を対象としたテーパリング中の週あたり、また1回あたりのトレーニング量（距離）について、Stewart and Hopkins（2000）が報告している。

　テーパリング中の週あたりの泳距離は、その前のトレーニング期よりも顕著に少なく、1回あたりの泳距離も同様であった。この著者らは、ビルドアップ（強化）期からテーパリング終了まで、楽な泳ぎを除外した練習での泳距離の総計は、スプリントおよび中距離選手において相当減少していることを示した（図5.8）。

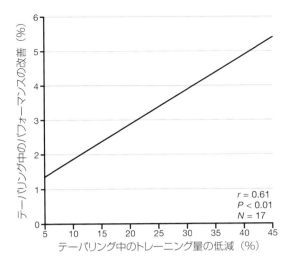

図5.6 一流水泳選手のグループにおける、3週間のテーパリング中のパフォーマンス改善と、テーパリング中のトレーニング量の減少の割合の関係（テーパリング前の週あたりのトレーニング量の平均 vs. 3週間のテーパリング中の週あたりの量の平均）。

I. Mujika, J.C. Chatard, T. Busso, et al., 1995, "Effects of training on performance in competitive swimming," Canadian Journal of Applied Physiology 20: 401. より許可を得て転載。

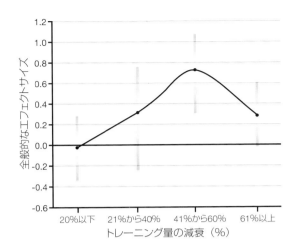

図5.7 テーパリング中のトレーニング量の減衰の割合がパフォーマンスに与える影響についての量－反応曲線。

L. Bosquet, J. Montpetit, D. Arvisais, et al., 2007, "Effects of tapering on performance: A meta-analysis," Medicine & Science in Sports & Exercise 39: 1358-1365. より許可を得て転載。

表5.5 テーパリング中のトレーニング量を減少させることが、テーパリングによって引き起こされるパフォーマンスへの全般的なエフェクトサイズに及ぼす影響

トレーニング量の減少	全般的なエフェクトサイズ（効果量）、（95%信頼区間）	n	p
≦20%	-0.02（-0.32, 0.27）	152	0.88
21～40%	0.27（0.04, 0.49）	90	0.02
41～60%	0.72（0.36, 1.09）	118	0.0001
≧60%	0.27（-0.03, 0.57）	118	0.07

L. Bosquet, J. Montpetit, D. Arvisais, et al., 2007, "Effects of tapering on performance: A meta-analysis," Medicine & Science in Sports & Exercise 39: 1358-1365. より許可を得てデータを転載。

表5.6 テーパリング中のトレーニング量を減少させることが、テーパリングによって引き起こされる水泳、ランニング、サイクリングにおけるパフォーマンスへの全般的なエフェクトサイズに及ぼす影響

トレーニング量の減少	水泳 平均（95%信頼区間）	n	ランニング 平均（95%信頼区間）	n	自転車ペダリング 平均（95%信頼区間）	n
≦20%	-0.04（-0.36, 0.29）	72	データなし		0.03（-0.62, 0.69）	18
21～40%	0.18（-0.11, 0.47）	91	0.47（-0.05, 1.00）**	30	0.84（-0.05, 1.74）**	11
41～60%	0.81（0.42, 1.20）*	70	0.23（-0.52, 0.98）	14	2.14（-1.33, 5.62）	15
≧60%	0.03（-0.66, 0.73）	16	0.21（-0.14, 0.56）	66	0.56（-0.24, 1.35）	36

*$p ≦ 0.01$、**$p ≦ 0.10$。

L. Bosquet, J. Montpetit, D. Arvisais, et al., 2007, "Effects of tapering on performance: A meta-analysis," Medicine & Science in Sports & Exercise 39: 1358-1365. より許可を得てデータを転載。

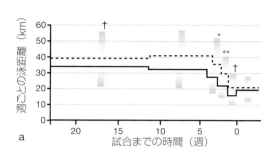
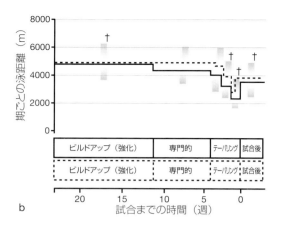

図5.8 コーチがスプリント（実線）および中距離（破線）の水泳選手に対して処方したトレーニング。データは24名のコーチの夏および冬のシーズンの平均である。エラーバーは標準偏差を示す。テーパリングは3つの期に分けられている。すなわち、初期、中期、後期である。*p＜0.05、†p＜0.001、前の期の値に対して有意差がある。
A. M. Stewart and W.G. Hopkins, 2000, "Seasonal training and performance of competitive swimmers," Journal of Sports Sciences 18 (11): 878. 出版社（Taylor & Francis Ltd., http://www.tandf.co.uk/journals）より許可を得て転載。

トレーニング量を顕著かつ漸進的に50％から90％まで減少させることの利点について、複数の研究者が、水泳、ランニング、自転車、トライアスロン、ストレングストレーニングを対象に報告している（Houmard and Johns 1994, McNeely and Sandler 2007, Mujika 1998, Mujika and Padilla 2003a）。

一目でわかる
量を減少させることによる負荷の低減

テーパリングによるトレーニング負荷の低減は計画されるべきであると自信をもって言うだけの十分な科学的エビデンスは存在する。ほとんどの競技選手では、トレーニング量をテーパリング前のトレーニングに対して41〜60％減少させることで最大のパフォーマンス向上が獲得されるが、トレーニング量の低減がそれよりも小さくても大きくてもパフォーマンス効果はある程度生じるということも、研究の大部分で示されている。これらトレーニング量の低減は、通常、トレーニングプログラムのすべての構成要素に影響を及ぼす。

頻度

Hickson and Rosenkoetter（1981）は、10週間の持久力トレーニングを行った個人が得た最大酸素摂取量にみられる20〜25％の向上を、トレーニング頻度を3分の1または3分の2下げた（これまでの週に6日から、週に4日または2日に。図5.9）にもかかわらず、少なくとも15週間にわたって効果が保持できる可能性があるという科学的知見を提供した。同様の結果が、筋力トレーニングを行った被験者でもみられた（Graves et al. 1988）。2〜4週間のトレーニング頻度の低減の結果、自転車選手やランナー、水泳選手を対象としたいくつかの生理学的およびパフォーマンス面での測定において維持または向上している（Mujika and Padilla 2003a）。たとえば、Johnsら（1992）は10日間および14日間のテーパリングの間、トレーニング頻度を50％に減少させた競泳選手において、パワーとパフォーマンスが向上したことを報告し、Dressendorferら（2002b）は、10日間のテーパリング中にトレーニング頻度を50％に減少させた後20km自転車タイムトライアルを模した練習において、有意な改善がみられたと

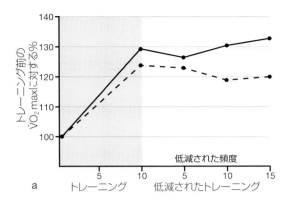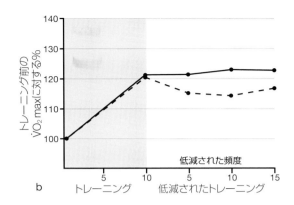

図5.9 10週間のトレーニングと、15週間にわたってトレーニング頻度を3分の1(実線)あるいは3分の2(破線)低減したときの(a)サイクリングと、(b)トレッドミル走の最大酸素摂取量($\dot{V}O_2max$)への効果。
R. C. Hickson, C. Foster, M.L. Pollock, et al., 1985, "Reduced training intensities and loss of aerobic power, endurance, and cardiac growth," Journal of Applied Physiology 58 (Feb): 497. より許可を得て転載。Permission conveyed through Copyright Clearance Center, Inc.

いう。

高度にトレーニングされた中距離ランナーにおいて、高頻度テーパリング(毎日のトレーニング頻度を維持)と中等度の頻度でのテーパリング(トレーニング頻度を33%低下させる、すなわちテーパリング中3日に1日休息日を設ける)を比較した唯一入手可能な報告では、6日間のテーパリング中、毎日トレーニングを行った場合には800mのレースで1.93%のパフォーマンス向上があった一方で、3日に1回休んだ場合にはパフォーマンス向上は0.39%と有意ではなかったと結論づけている。グループ間にテーパリングへの生理学的な反応に違いがみられなかったと仮定すると、テーパリング前後で系統的な心理的計測がされていないものの、過去の先行研究からの示唆(Houmard and Johns 1994, Kubukeli et al. 2002, Neufer 1989)に従うと、著者らはこの結果を練習中の潜在的な「感覚の喪失」によるものであると考察し

た(Mujika et al. 2002a)。

Bosquetら(2007)によると、トレーニング頻度を減少させることで有意にパフォーマンスを向上させることは示されていない(表5.7、5.8)。しかしながら、これらの著者らは、トレーニング頻度を減少させることがその他のトレーニング変数、とくにトレーニング量と強度に相互作用し、そのことがパフォーマンスに対してトレーニング頻度が与える正確な影響を特定することを難しくしていると指摘している。

Stewart and Hopkins(2000)は、24人の水泳コーチが単距離および中距離水泳選手に対して、期分けした(ピリオダイゼーションを行った)プログラムの各トレーニング期に行ったトレーニング頻度について報告した。表5.9に示すように、週あたりのトレーニング回数は、シーズンを通してかなり一定であった(試合後の時期を除く)。

これらを総合すると、ここで議論されている結

表5.7 テーパリング中のトレーニング頻度を減らしたとき、あるいは減らさなかったときのテーパリングによるパフォーマンス変化における全般的なエフェクトサイズ(効果量)への影響

トレーニング頻度の減少	全般的なエフェクトサイズ(効果量)、(95%信頼区間)	n	p
あり	0.24 (-0.03, 0.52)	176	0.08
なし	0.35 (0.18, 0.51)	302	0.0001

L. Bosquet, J. Montpetit, D. Arvisais, et al., 2007, "Effects of tapering on performance: A meta-analysis," Medicine & Science in Sports & Exercise 39: 1358-1365. より許可を得てデータを転載。

表5.8 テーパリング中のトレーニング頻度が、テーパリングによる水泳、ランニング、自転車へのパフォーマンス変化における全般的なエフェクトサイズ（効果量）への影響

トレーニング頻度の減少	水泳			ランニング			自転車ペダリング		
	平均（95%信頼区間）		n	平均（95%信頼区間）		n	平均（95%信頼区間）		n
あり	0.35（-0.36, 1.05）		54	0.16（-0.17, 0.49）		74	0.95（-0.48, 2.38）		25
なし	0.30（0.10, 0.50）*		195	0.53（0.05, 1.01）**		36	0.55（-0.05, 1.15）***		55

*p≦0.01、**p≦0.05、***p≦0.10。
L. Bosquet, J. Montpetit, D. Arvisais, et al., 2007, "Effects of tapering on performance: A meta-analysis," Medicine & Science in Sports & Exercise 39: 1358-1365. より許可を得てデータを転載。

表5.9 冬シーズンにおいて、スプリント（50mと100m）および中距離（200mと400m）水泳選手に対して24名のコーチが処方した週あたりトレーニングセッション数（平均±標準偏差）

	ビルドアップ（強化）		専門的		テーパリング		試合後	
	スプリント	中距離	スプリント	中距離	スプリント	中距離	スプリント	中距離
週あたりセッション数	6.8 ± 1.9	7.8 ± 2.0	7.3 ± 1.9	8.1 ± 1.7	6.6 ± 2.0	7.3 ± 2.0	5.0 ± 1.0	5.0 ± 1.2

A. M. Stewart and W. G. Hopkins, 2000, "Seasonal training and performance of competitive swimmers," Journal of Sports Sciences 18 (11): 877. 出版社（Taylor & Francis Ltd., http://www.tandf.co.uk/journals）より許可を得て転載。

果から、以下のことが示唆される。すなわち、トレーニングの適応は、中程度にトレーニングを積んだ個人において、極めて低いトレーニング頻度（テーパリング前の30～50%）で容易に維持され得るものの、高度にトレーニングを積んだ競技選手においては、より高いトレーニング頻度（80%超）が勧められる。とくに技術に依存するスポーツ、たとえば水泳、漕艇、スキー、カヤックなどで当てはまる（McNeely and Sandler 2007, Mujika and Padilla 2003a）。

一目でわかる
トレーニング頻度の低減

テーパリングのようにトレーニングを低減するとき、トレーニング頻度を減少させた結果を評価する研究では、このトレーニング変数が中程度のトレーニングを積んだ被験者と、高度にトレーニングを積んだ被験者では、それぞれ異なる影響を与えていることが示唆されている。前者では、テーパリング前の30～50%のトレーニング頻度で、生理学的およびパフォーマンス面の適応を容易に維持することができた一方で、高度にトレーニングを積んだ運動選手ではテーパリング前と同様のトレーニング頻度のほうがパフォーマンスを維持できた。それ以外では、それぞれの種目でより求められる「感覚」を失う危険性の増加があり、とくに技術に依存する、周期的な動作を行う種目であてはまる。

テーパリングの期間

個々の競技選手に対する最も適切なテーパリング期間を判断することは、コーチやスポーツ科学者にとって最も難しい課題の1つである。自転車およびトライアスロン選手が4～14日間の、中長距離ランナーが6～7日間の、筋力トレーニングでは10日間、水泳選手が10～35日間にわたるテーパリングプログラムを行った結果として、生理学的・心理学的およびパフォーマンス面でのプラスの適応が報告されている（Mujika and Padilla 2003a）。残念なことに、うまくいったテーパリングの利点と、トレーニングが不十分であることによるマイナスの結果を区分する期間の長さについては、明確にされていない（Mujika and Padilla 2000, Neufer 1989）。一連のパフォーマンステストから得られた血中乳酸濃度とパフォーマ

ンスタイムの変化を考慮すると、Kenitzer（1998）は女子水泳選手を対象とした場合、約2週間のテーパリングは、ディトレーニングが明らかとなる前の回復と代償をもたらす限度であると結論づけた。Kubukeliら（2002）は、最適なテーパリング期間は、それまでのトレーニング強度および量の影響を受ける可能性があり、より高い強度でより長い時間トレーニングした競技選手では、トレーニングの効果を最大化しつつトレーニングから十分に回復するためには約2週間が必要となり、高強度トレーニングの量を減らした選手では、適応の喪失を抑えるためにより短いテーパリングが必要であることを示唆している。

Stewart and Hopkins（2000）は、競泳選手の一シーズンでみたトレーニングのそれぞれの時期の継続期間について、短距離と中距離でわずかな違いがあることを特定した。すなわち、短距離ではほぼ4週間のテーパリングを行ったが、中距離では3週間未満であった。この研究から、標準的な水泳コーチは短距離水泳選手に対して、中距離水泳選手よりもわずかに長いテーパリングを処方することがわかる（表5.10）。しかし、最適なテーパリングの継続期間を確認するエビデンスは存在しない。

Bosquetら（2007）は、テーパリングの継続期間とパフォーマンス改善の間における刺激－反応関係を見出した（表5.11、5.12）。テーパリングの継続期間は8～14日間というのが、疲労の除去というプラスの影響と、適応の喪失（すなわちディトレーニング）というマイナスの影響の間の境界線であった。

パフォーマンス改善は、1週間、3週間、4週間のテーパリングの結果としても期待できるが、競技選手の中には、表5.11と5.12に95％信頼区間で示されているように、マイナスの結果を経験する可能性もある。テーパリング継続期間がパフォーマンスに及ぼす影響の刺激－反応曲線については、図5.10に示されている。

数人の著者らが、個々の競技選手にとっての継続期間を含めたテーパリング戦略を最適化する意図で数理的モデルを利用した（Fitz-Clarke et al. 1991, Morton et al. 1990, Mujika et al. 1996a, Mujika et al. 1996b）。これらの研究のうちの1つで、国内および国際レベルの水泳選手において、

表5.10 夏および冬シーズンにおいて、スプリント（50mと100m）および中距離（200mと400m）水泳選手に対して24名のコーチが処方した各トレーニング期の継続期間（平均±標準偏差）

	ビルドアップ（強化）		専門的		テーパリング		試合後	
	スプリント	中距離	スプリント	中距離	スプリント	中距離	スプリント	中距離
継続期間（週）	12.1 ± 3.8	12.4 ± 4.5	7.0 ± 3.9	7.7 ± 4.3	3.8 ± 2.2	2.7 ± 1.4	3.1 ± 1.9	2.8 ± 1.9

A. M. Stewart and W. G. Hopkins, 2000, "Seasonal training and performance of competitive swimmers," Journal of Sports Sciences 18 (11): 877. 出版社（Taylor & Francis Ltd., http://www.tandf.co.uk/journals）より許可を得て転載。

表5.11 テーパリングの継続期間が、テーパリングによって引き起こされるパフォーマンスの変化に対する全般的なエフェクトサイズに及ぼす影響

テーパリングの継続期間	全般的なエフェクトサイズ（効果量）、（95％信頼区間）	n	p
≦7日間	0.17（-0.05, 0.38）	164	0.14
8～14日間	0.59（0.26, 0.92）	176	0.0005
15～21日間	0.28（-0.02, 0.59）	84	0.07
≧22日間	0.31（-0.14, 0.75）	54	0.18

L. Bosquet, J. Montpetit, D. Arvisais, et al., 2007, "Effects of tapering on performance: A meta-analysis," Medicine & Science in Sports & Exercise 39: 1358-1365. より許可を得てデータを転載。

表5.12 テーパリングの継続期間が、テーパリングによる水泳、ランニング、自転車へのパフォーマンス変化における全般的なエフェクトサイズ（効果量）への影響

テーパリングの継続期間	水泳		ランニング		自転車ペダリング	
	平均（95%信頼区間）	n	平均（95%信頼区間）	n	平均（95%信頼区間）	n
≦7日間	-0.03（-0.41, 0.35）	54	0.31（-0.08, 0.70）	52	0.29（-0.12, 0.70）	47
8〜14日間	0.45（-0.01, 0.90）***	84	0.58（0.12, 1.05）*	38	1.59（-0.01, 3.19）**	33
15〜21日間	0.33（0.00, 0.65）**	75	-0.08（-0.95, 0.80）	10	データなし	
≧22日間	0.39（-0.08, 0.86）	36	-0.72（-1.63, 0.19）	10	データなし	

*$p ≦ 0.01$、**$p ≦ 0.05$、***$p ≦ 0.10$。
L. Bosquet, J. Montpetit, D. Arvisais, et al., 2007, "Effects of tapering on performance: A meta-analysis," Medicine & Science in Sports & Exercise 39: 1358-1365. より許可を得てデータを転載。

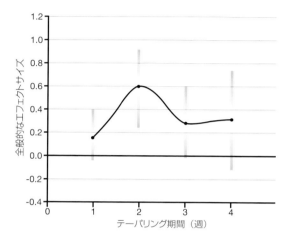

図5.10 テーパリングがパフォーマンスに与える影響についての量−反応曲線。
L. Bosquet, J. Montpetit, D. Arvisais, et al., 2007, "Effects of tapering on performance: A meta-analysis," Medicine & Science in Sports & Exercise 39: 1358-1365. より許可を得て転載。

理論的に最適なテーパリング継続期間の平均値は、選手間で大きなばらつきを伴い、12〜32日間であった（Mujika et al. 1996a）。このことは、テーパリングの継続期間は、トレーニングへの適応やトレーニングによって引き起こされた適応の喪失の特徴にしたがって、競技選手ごとに個別に決定されるべきである、という結論が導かれる。研究で報告された最適なテーパリング期間の個人間のばらつきのいくつかの原因は、トレーニング低減に対する生理学的・心理学的適応の違いや、テーパリングの前の数週間に過負荷の介入を行うか行わないかによる（Bosquet et al. 2007）。

最近の数理モデル化シミュレーション（Thomas et al. 2008）では、テーパリングに向けて行われたトレーニングが、個人に最適なテーパリング継続期間に大きく影響することを示唆している。過負荷をかけないトレーニングを行った場合には2週間のテーパリングが必要であるが、テーパリングの前に通常よりも20%多いトレーニングを28日間にわたって行った場合、3週間にわたってステップ状にトレーニングを約65%減少させる必要がある。しかしながら、徐々に減少させるテーパリングの場合、テーパリング前のトレーニングがどのようなものであれ、ステップテーパリングと比較して必要とされる期間はより長くなり、トレーニングの低減もより小さくなる。テーパリング前のトレーニングが、最適なテーパリングの継続期間に与える影響は、蓄積された疲労の軽減という点で明らかであろう。テーパリング前の過負荷トレーニングは、より長い回復が必要とする大きな負荷となる。それにもかかわらず、より高いトレーニング負荷はより高いレベルでの適応を最大にするものの、効果を生み出すために長い時間がかかるため、トレーニングへのプラスの適応によってその影響も説明することができる（Thomas et al. 2008）（第7章の「コンピュータシミュレーション」のセクションも参照）。

Milletら（2005）は、トレーニングが競技選手に及ぼす心理的な影響を評価する新しい方法として、トレーニング負荷と不安や自覚的疲労度の関係を、数理モデルを用いて説明した。ここでは4名のトライアスロン選手が対象となった。自覚的

疲労が元の状態に戻るまでの時間は15日間であり、過去の研究者らがテーパリングに最適であるとモデル化された時間に近いものであったという結果が観察された（Busso et al. 1994, Busso et al. 2002, Fitz-Clarke et al. 1991）。この研究の著者らは、不安と自覚的疲労度を評価する簡単な質問が、最適なテーパリングの継続時間を調整するうえで利用できると結論づけている（Millet et al. 2005）。

一目でわかる

テーパリング継続期間の決定

テーパリングの継続期間を決定することは簡単ではない。現時点までの科学的な報告では、短くて4日間、長くて5週間のテーパリングによる生理学的およびパフォーマンス面での好影響が示されている。競技選手が準備している運動種目の継続時間や強度が、テーパリングの継続期間を決定づけるということを示す研究は存在しない。最近の調査によると、テーパリング前にオーバーリーチに達している競技選手は、トレーニング量をより大きな割合で減らすのではなく、より長いテーパリングを必要とする。ほとんどの競技選手は、2週間のテーパリングの恩恵を受けるが、より短い、あるいはより長いテーパリングが最適な競技選手もおり、これは個々の体力喪失と疲労の消失の特徴によって決まる。これら個人的な状態に対して、不安や自覚的疲労度を評価する簡単な質問を用いることができる。

環境的要因とテーパリング

国際的な大会に向けて準備する競技選手は、パフォーマンス能力にマイナスの影響を与え得る環境的要因へ対応を求められることがしばしばある。長距離の旅行で複数の標準時間帯（タイムゾーン）を超えて移動したり、高温や低酸素（訳注：気圧が低く酸素が取り込みにくくなる環境を示す）といった特徴のある環境への挑戦は、明らかに競技選手の快適さを損ない、特異的な生理学的適応が求められる。そういった環境で行われる重要な大会に向けたトレーニングとテーパリングの問題に対しても、特異的な適応が必要となる。

オーストラリアやスペインのバスク州、英国の研究者らは、このような国際レベルの競技選手がしばしば直面する、テーパリングとパフォーマンスのピーキング、環境的要因の相互作用について対処してきている（Pyne et al. 2009）。

タイムゾーンを越える移動、ピーキングと時間生物学

オリンピック選手は、練習や試合を目的として、頻繁に大陸間を移動する必要がある。長距離のフライトは、旅の疲れ、休息と睡眠によってすぐに解消される比較的一時的な不快感（transient malaise）を引き起こす。複数の経線（訳注：地球上の経度を示す線で南北方向を結んでいる）をまたぐことで、人間のサーカディアンリズム（概日リズム）の脱同調が引き起こされ、この症状は時差ボケとして知られている。この症状は、どのくらいのタイムゾーンを越えたか、フライトの方向、出発および到着時刻、個人的要因に依存し、数日間にわたって持続する（Waterhouse et al. 2007b）。時差ボケの経験に伴って、視床下部に位置する内因性の「体内時計」が新しい現地時刻に合うまで、パフォーマンスに関連する一連の値は損われる。筋力、反応時間、主観的な覚醒を示す主観的な状態の悪化が報告されている（Reilly et al. 2001）。

脱同調の間、時差ボケに対処するうえで推奨される方法の1つは、トレーニング負荷を低減させることである（Reilly et al. 2007a）。この低減は、時差ボケによる生理学的な能力の一時的な低下を補い、トレーニングにおけるケガのリスク（とくに複雑な練習が行われようとする場合）を避けることができるだろう。事実上、時差ボケの不快感に対処する必要性から、再調整が行われるまで一時的なテーパリングが課せられることとなり、その継続期間は主にフライトの方角と、どのくらいの数のタイムゾーンを移動したのかによって決まる。時差ボケによって課せられるトレーニング負荷の修正には、トレーニングプログラム全体と試

合に向けたテーパリングの状況に応じて考慮する必要がある。

　試合のための移動で多くの経線を越えるときには、競技選手が体内時計を調整するのに必要な時間にテーパリングを組み入れることができる。競技選手にとって、試合前に新しいタイムゾーンに完全に調整するための十分な時間をとることは理にかなっている（Waterhouse et al. 2007b）。再調整は、テーパリングに必要不可欠な、低減されたトレーニング量の一部となる。競技選手が東へ移動した後には、活動の時間帯を前進させる必要があるにもかかわらず間違って後退させてしまわないよう、朝に行う練習は推奨されないことから、最初の数日間は、トレーニングを行うタイミングに余裕を持つべきである（Reilly et al. 2005）。また、出発する空港に到着する時点で疲れていると、その後の調整が遅くなってしまう可能性があるため、搭乗の前に地元で激しくトレーニングを行うことにあまり意味はないようだ（Waterhouse et al. 2003）。同様に、出発前の数日にわたって体内時計をずらしていこうとすることはパフォーマンス（したがってトレーニングの質）を下げることになり、逆効果である（Reilly and Maskell 1989）。

　たとえ体内時計の障害と回復プロセスの間の相互作用について完全に解明することができないにしても、テーパリングは、時差ボケとともにある計画として進めていくべきである。これらの相互作用には、睡眠、消化、免疫といった複数の機能が関係している。睡眠の質は、身体の回復過程において必要不可欠な構成要素であるが、新しい時間帯に合わせようとしているとき、一日のうちの不適切なタイミングで昼寝をすることは、再同調を遅らせる可能性があるが（Minors and Waterhouse 1981）、いくつかの状況においては、約30分の短い昼寝は回復をもたらすこともある（Waterhouse et al. 2007a）。免疫反応の抑制は、時差ボケそのものよりも睡眠障害に関連しているようだ（Reilly and Edwards 2007）。

　消化に関するサーカディアンリズムは大部分が外因性であり、時差ボケにはエネルギー摂取の低下より、むしろ主に食欲がないことが伴っている（Reilly et al. 2007b）。したがって、体内時計を再調整するための行動的なアプローチは、テーパリングに伴うトレーニングの修正と一致するだろう。競技選手やコーチ、マネージャー、サポートスタッフは、移動によるストレスを最小限にするための戦略を、国際的な長距離移動の出発前や移動中、目的地に到着したときに実行すべきである。

暑熱および高地環境

　テーパリングは、競技選手の習慣的なストレッサーを取り除く、あるいは最小限にすることと深く関係しており、それによって生理的なシステムが能力を回復させたり、あるいは超回復をもたらすことを可能にする。暑熱や寒冷、高地といったどのストレッサーであっても、さまざまな環境的因子が、競技選手のテーパリングの過程に及ぼす相互作用についての科学的な情報は、非常に少ない。高地による気候的なストレスや移動による疲れ、時差ボケが及ぼす追加的な影響についての実験的な研究は不足している（Armstrong 2006）。これらの問題を扱ううえで実験デザインを適切に行うことが非常に難しく、現場で関連要因を制御することに研究者が課題に直面することが大きく影響して、知識の不足が生じている。それにもかかわらず、競技選手の、あるいはチームでの年間計画にテーパリングが計画されたときには、環境因子は系統的な方法で検討されるべきである。

　高地トレーニングであれ、暑さに安全に馴化するための暑熱へのトレーニングであれ、合宿（トレーニングキャンプ）を行うことは、移動スケジュールによって起こる問題とは、また異なるタイプの問題を突きつけられることになる。高地と暑熱環境の両方とも、主な目的である移動によって競技選手たち自身が極端なストレスにさらされるという不利な条件となる。その原理は、新しい環境への適応から引き出される生理学的な恩恵が、おそらくテーパリング中に試合でのパフォーマンス向上に変換されることである。高地と暑熱の両

方の条件において、たとえ相対的な生理的ストレスが普段と同じであったとしても、絶対的な運動強度は必然的に低下する。この生理学的な負荷と生体にかかる物理的な負荷のかかり方が同じにならないということは、とくに運動強度は軽度から中程度で、暑熱あるいは高地を初めて経験した不慣れな状態において、陸上でのスポーツにおけるテーパリングに伴うメカニズムに関して、まだ知られていない結果を示すかもしれない。試合前に暑熱環境でテーパリングを行うことは、暑熱ストレスに遭遇した場合に、推奨されるトレーニング量が減少することと同様である。暑熱環境で運動を行うことに伴うグリコーゲン利用の増加は、トレーニング負荷つまりトレーニング強度と継続期間の両方の減少によって補われる（Armstrong 2006）。運動選手は暑熱に対して馴化すべきである。そうでないと、来たる試合においてパフォーマンスが損なわれるだろう。冬季スポーツの試合においては、気候条件に対して備えることと、適切な衣服を着用する、必要に応じてシェルターを探す、体内の水分量を取り戻すといった行動的な手段によって、初期の利尿を回避すれば、同様の問題は起こらない。

　高地においては、最大酸素摂取量は、現地の環境の気圧にしたがって減少する。即時的な結果としては、ある相対的な有酸素的負荷としての運動強度あるいはパワー出力の低下がみられる。高地での最初の数日間、低酸素条件への反応として、呼吸の増加が起こり、これにより呼吸性のアルカローシス（訳注：血液性状がアルカリ性になること）が起こる。この症状は、徐々に腎性代償により通常は自己制御される。競技選手は、高地リゾートにおけるトレーニング合宿では、初期馴化としてトレーニング負荷が増加する前に、トレーニング負荷が減少することはやむを得ないと認識している。乾燥した空気と初期の利尿作用に血漿量の変化が組み合わさることで、追加の水分補給が必要となった（Rusko et al. 2004）、運動時の基質としての炭水化物利用の増加（Butterfield et al. 1992）や、睡眠時無呼吸の傾向（Pedlar et al. 2005）がみられることは、通常テーパリングが実施される環境とは逆となる。この例では、トレーニング負荷を減少させることがテーパリングの代わりとはならない。高地への曝露に伴う免疫反応の低下によって、疾病という追加的なリスクが存在する。典型的な14〜21日間の高地滞在の過程において、最大心拍出量も、トレーニングの質が阻害された結果として減少することがある。したがって、環境因子との望まない相互作用（不明であれば）を避けるために、高地トレーニング合宿は年間計画の中で戦略的に実施すべきである。

　高地トレーニングは、コンディショニングを目的として、多くのスポーツの一流レベルで行われている。たとえば一流水泳選手や漕艇チームにおいては、その効果に説得力のある科学的知見がないにもかかわらず、よい実践例として受け入れられている。高地で行われる試合に向けた準備の必要性とは別に、現場で実践する人たちから、高地トレーニングは平地でのパフォーマンスを向上させるものとして受け入れられている。平地へ戻るのにいつが最適なタイミングであるかは不明であり、この問題はわずかな例外を除き、現場の研究者からは他の要因に比べて相対的に軽視されている（Ingjer and Myhre 1992）。競技選手らは、高地トレーニング後、トレーニングを減少させるようアドバイスされてきており、このことがテーパリングの１つの方法を形づくっている。この効果の程度や個人間のばらつきについては、適切に検討されていない。

一目でわかる

環境要因への対処とテーパリング

　複数のタイムゾーンを超えて時差がある場所を移動したり、暑熱や高地といった環境因子は、競技選手の国際レベルの大会に向けた準備を妨げる可能性がある。

　複数の経線をまたぐことで、体内時計の脱同調と、それにより時差ボケとして知られる症候群、すなわち筋力、反応時間、主観的な覚醒状態への悪影響が引き起こされる。時差に対処する手段として、トレ

ーニング負荷を減少させることが勧められてきており、このトレーニング負荷の減少は競技選手のテーパリングプログラムに統合されるべきである。

　テーパリングと、暑熱や寒冷、高地といった環境的なストレッサーとの相互作用については研究されてきていない。新しい環境への適応から引き出される生理学的な恩恵が、テーパリングの間に、試合でのパフォーマンスの向上へと移行される。試合前に暑熱環境でテーパリングを行うことは、暑熱ストレスに遭遇した場合にトレーニング量を減らすよう提唱されていることと矛盾しない。同様に、高地トレーニング合宿において、最初にトレーニング負荷を減少させることが通常は必要となり、このこと自体がテーパリングを形づくっている。

章のまとめ

　トレーニング強度を維持すること（すなわち「質の高いトレーニング」）は、トレーニングによって引き起こされる適応をテーパリング中も保持・向上するうえでもちろん必要であるが、その他のトレーニング変数を減少させてパフォーマンスを最適化するための十分な回復を考慮すべきということも明らかである。これまで見てきたように、トレーニングレベルの高い競技選手において、トレーニング量を減少させることは、生理学的・心理学的、パフォーマンス面でのプラスの反応を引き出すようである。最近の科学的な文献の分析によると、トレーニング量に関して安全な選択としては、41～60％減少させることであるが、パフォーマンスへの効果は、トレーニング量の低減が小さくても大きくても生じる。

　トレーニングレベルの高い競技選手において、ディトレーニングや「感覚の喪失」を抑えるうえでは、高いトレーニング頻度（80％超）が必要となるようだ。反対に、トレーニングによって引き起こされる適応は、中程度にトレーニングを積んだ人では、極めて低いトレーニング頻度（30～50％）で容易に維持される。

　テーパリングの最適な継続期間は未だにわかっていない。実際に、4～28日間にわたるテーパリングの結果として、生理学的あるいはパフォーマンス面でのプラスの適応が期待されるものの、競技選手においては、完全に活動しないことによるマイナスの影響が容易に現れる。特定の競技選手個々の適応状況に確信が持てない場合、最適なテーパリングの期間として2週間というのが誰にでも合うテーパリング継続期間となるだろう。McNeely and Sandler（2007）は、自らの経験に基づき、週あたりの練習時間にテーパリングの継続期間の推奨ガイドラインを作成した。それらのガイドラインは、今後科学的検証を必要とするが、表5.13に示す。

　競技選手が国際大会に向けた準備をする際、複数の時間帯を移動したり、暑熱や高地といった環境因子は、テーパリングを妨げる可能性がある。複数の経線をまたぐことで、体内時計の脱同調と、それにより時差ボケに加え、筋力や反応時間、主観的な覚醒状態への悪影響が引き起こされる。トレーニング負荷を減少させることは、競技選手が時差に対処する助けとなり、このトレーニング負荷の減少は、テーパリングプログラムに統合されるべきである。

　テーパリングと、暑熱や寒冷、高地といった環境的なストレッサーとの相互作用については、研

表5.13　主なテーパリングにおけるトレーニング時間

週あたりトレーニング時間	主なテーパリング（日）
6-10	7
11-15	14
>15	21-30

E. McNeely and D.Sandler, 2007, "Tapering for endurance athletes," Strength and Conditioning Journal 29 (5): 21. より許可を得て転載。

究がこれから進むところである。ストレスのある環境への適応という生理学的な恩恵が、テーパリングの間に、試合でのパフォーマンスの向上へと移行されるだろう。試合前に暑熱環境でテーパリングを行うことは、暑熱ストレスに直面した場合に推奨されるように、トレーニング量を減らすことと矛盾しないだろう。高地トレーニング合宿においても、最初にトレーニング負荷を減少させることが必要となり、このこと自体がテーパリングを形づくっている。

第6章

パフォーマンス改善のための
テーパリングをデザインする

Designing the Taper for Performance Improvements

　テーパリングの最終的かつ主要な目標は、試合でのパフォーマンスを最適化することである。水泳、ランニング、自転車、漕艇、トライアスロンを含むさまざまな競技スポーツ選手に漸進的なテーパリングを行ったほとんどの研究で、有意なパフォーマンスの向上が報告されている。実際の試合でのパフォーマンスの変化を測定している研究者がいる一方、実験室あるいはフィールドでのパフォーマンス測定を基準に報告している研究者もいる。本章では、これらのパフォーマンス改善の程度や、潜在的にパフォーマンスに影響を与える因子、試合の結果に関する意義について述べる。

さまざまなスポーツで観察されたパフォーマンス向上

　テーパリングによって引き起こされるパフォーマンス向上は、筋力やパワーのレベルの増加、神経－筋や血液学的・ホルモン機能の改善、心理学的状態（第2章～第4章を参照）といったさまざまな寄与によるものであり、通常は試合でのパフォーマンス測定で0.5%から6%の範囲であるが、試合以外の基準での測定では22%に達することがある（表6.1）。パフォーマンステストや、特定の試合における実際のパフォーマンスとの関係の妥当性を確立することは重要である（「テーパリングによって引き起こされたパフォーマンス向上の意義」のセクションを参照）。

　オリンピックの水泳選手を観察した研究で、Mujikaら（2002b）は、2000年のシドニーオリンピックに向けた（一般的にテーパリングに続く）トレーニングの最後の3週間（おおよそテーパリングに一致）における99回の個々の水泳大会でのパフォーマンスの変化について報告した。全水泳選手の試合に向けた3週間の中での全般的なパフォーマンスの変化は、2.18 ± 1.50%であり、低下は最大で－1.14%、向上は最大で6.02%であった。テーパリング後、99回行われた計測のうち、91回は早くなり、8回では記録が遅くなった。パフォーマンスの改善は大会間では有意な差はみられなかったが、400m自由形（改善の平均が最も小さかった種目）の0.64 ± 1.48%から、200mバタフライ（改善の平均が最も大きかった種目）の2.96 ± 1.08%の範囲にわたっていた（表6.2）。

　Mujikaら（2002b）による研究で示された、男性水泳選手においてテーパリング中に引き出された2.6%のパフォーマンス改善は、テーパリングに関して過去に公表された文献の値より、いくらか小さいものであった。たとえば、Costillら（1985）は、17名の大学生男子水泳選手において、2週間のテーパリングの結果として得られた平均的なパフォーマンスの改善は3.1%であったと報告した。

表6.1 トレーニングを積んだ競技選手におけるテーパリングがパフォーマンスに与える影響

研究（年）	選手	テーパリングの期間、日	パフォーマンスの測定	パフォーマンスの結果、%
Costill et al. 1985	水泳	14	50～1,650ヤード（46～1,509m）の試合	2.2～4.6 ↑
Cavanaugh & Musch 1989	水泳	28	50～1,650ヤード（46～1,509m）の試合	2.0～3.8 ↑
Houmard et al. 1989	ランナー	10	漸増負荷試験	変化なし
Houmard et al. 1990a	ランナー	21	5000m室内レース	変化なし
Costill et al. 1991	水泳	14～21	試合	約3.2 ↑
D'Acquisto et al. 1992	水泳	14～28	100、400mタイムトライアル	4.0～8.0 ↑
Jeukendrup et al. 1992	自転車	14	8.5km屋外タイムトライアル	7.2 ↑
Johns et al. 1992	水泳	10～14	50～400ヤード（46～366m）の試合	2.0～3.7 ↑
Shepley et al. 1992	ランナー	7	トレッドミルにて疲労困憊までの時間	6～22 ↑
McConell et al. 1993	ランナー	28	5000m室内レース	1.2 ↓
Flynn et al. 1994	ランナー 水泳	21	トレッドミルでの疲労困憊までの時間 25ヤード（23m）、400ヤード（366m）タイムトライアル	変化なし 約3 ↑
Gibala et al. 1994	筋力トレーニング	10	肘関節屈筋の筋力（随意収縮）	約7 ↑
Houmard et al. 1994	ランナー	7	5kmトレッドミルタイムトライアル	2.8 ↑
Martin et al. 1994	自転車	14	漸増負荷試験	8.0 ↑
Zarkadas et al. 1995	トライアスロン	14	5kmのフィールドでのタイムトライアル走 漸増負荷試験	1.2～6.3 ↑ 1.5-7.9 ↑
Mujika et al. 1996b	水泳	28	100～200mの試合	0.4～4.9 ↑
Raglin et al. 1996	水泳	28～35	試合	2.0 ↑
Stone et al. 1996	ウェイトリフター	7～28	試合	8.0～17.5kg ↑
Taylor et al. 1997	水泳	報告なし	試合	1.3 ↑
Hooper et al. 1998	水泳	14	100m、400mタイムトライアル	変化なし
Kenitzer et al. 1998	水泳	14～28	4×100ヤード（91m）最大下セット	約4 ↑

研究（年）	選手	テーパリングの期間、日	パフォーマンスの測定	パフォーマンスの結果、%
Berger et al. 1999	自転車	14	4kmシミュレートされたパシュート	2.0 ↑
Hooper et al. 1999	水泳	14	100mタイムトライアル	変化なし
Bonifazi et al. 2000	水泳	14〜21	100〜400mの試合	1.5〜2.1 ↑
Child et al. 2000	ランナー	7	シミュレートされたハーフマラソン	変化なし
Martin & Andersen 2000	自転車	7	漸増負荷試験	約6 ↑
Mujika et al. 2000	ランナー	6	800m 試合	変化なし
Smith 2000	漕艇	7	500mシミュレートされたタイムトライアル	変化なし
Steinacker et al. 2000	漕艇	7	2,000mタイムトライアルの試合	6.3 ↑
Trappe et al. 2001	水泳	21	試合	3.0〜4.7 ↑
Rietjens et al. 2001	自転車	21	漸増負荷試験	変化なし
Dressendorfer et al. 2002a, 2002b	自転車	10	20kmシミュレートされたタイムトライアル	1.2 ↑
Eliakim et al. 2002	ハンドボール	14	4×20mスプリント、垂直跳び	2.1〜3.2 ↑
Mujika et al. 2002a	ランナー	6	800m 試合	0.4〜1.9 ↑
Maestu et al. 2003	漕艇	14	2,000mエルゴメータタイムトライアル	変化なし
Margaritis et al. 2003	トライアスロン	14	30km屋外デュアスロン	1.6〜3.6 ↑
Neary et al. 2003a	自転車	7	20kmシミュレートされたタイムトライアル	5.4 ↑
Neary et al. 2003b	自転車	7	40kmシミュレートされたタイムトライアル	2.2〜4.3 ↑
Harber et al. 2004	ランナー	28	8km屋外レース	1.1 ↑
Neary et al. 2005	自転車	7	20kmシミュレートされたタイムトライアル	4.5 ↑
Trinity et al. 2006	水泳	21	50〜1,500m 試合	4.5 ↑
Vollaard et al. 2006	トライアスロン	7	15分シミュレートされたタイムトライアル	4.9 ↑
Coutts et al. 2007a	トライアスロン	14	3km走タイムトライアル	3.9 ↑
Izquierdo et al. 2007	筋力トレーニング	28	1RM筋力	2.0〜3.0 ↑
Papoti et al. 2007	水泳	11	200mタイムトライアル	1.6 ↑

↑は向上を示し、↓は低下を示す。

表6.2 最終の3週間のトレーニング (3FT) 前後のパフォーマンスの時間

種目	男性 n	F3T前	F3T後	変化率 (%)	女性 n	F3T前	F3T後	変化率 (%)	全体 n	変化率 (%)
50m自由形	4	22.89 ± 0.40	22.49 ± 0.33	1.73 ± 1.60	6	26.87 ± 0.74	26.33 ± 1.01*	2.06 ± 1.53	10	1.93 ± 1.48
100m自由形	8	52.01 ± 1.65	50.66 ± 1.72**	2.59 ± 1.49	5	57.94 ± 1.82	56.58 ± 1.42**	2.33 ± 0.69	13	2.49 ± 1.21
200m自由形	6	114.83 ± 5.57	111.05 ± 4.20**	3.25 ± 1.56	4	121.96 ± 0.78	120.14 ± 1.38	1.49 ± 1.13	10	2.55 ± 1.61
400m自由形	2	239.17 ± 11.35	234.78 ± 9.28	1.82 ± 0.78	2	255.44 ± 0.00	256.80 ± 1.78	-0.53 ± 0.70	4	0.64 ± 1.48
800m自由形					3	525.22 ± 1.84	519.64 ± 3.23	1.06 ± 0.89	3	1.06 ± 0.89
100m背泳	4	57.89 ± 3.42	56.20 ± 2.11	2.82 ± 2.18	4	63.34 ± 0.84	62.63 ± 0.75	1.09 ± 2.06	8	1.96 ± 2.17
200m背泳	2	121.09 ± 2.19	118.60 ± 1.43	2.05 ± 0.59	4	136.39 ± 2.68	134.81 ± 1.70	1.15 ± 0.77	6	1.45 ± 0.80
100m平泳ぎ	5	67.17 ± 5.19	65.24 ± 4.66*	2.84 ± 1.73	5	73.93 ± 6.70	72.50 ± 6.49*	1.92 ± 1.26	10	2.38 ± 1.51
200m平泳ぎ	3	136.47 ± 2.54	133.08 ± 0.71	2.45 ± 2.35	3	148.78 ± 0.98	147.13 ± 1.41	1.11 ± 1.59	6	1.78 ± 1.94
100mバタフライ	6	55.45 ± 1.65	54.24 ± 1.85**	2.19 ± 1.01	5	62.61 ± 3.24	60.96 ± 3.41*	2.64 ± 2.06	11	2.39 ± 1.50
200mバタフライ	5	122.13 ± 2.12	118.59 ± 1.91***	2.90 ± 0.58	4	132.71 ± 2.76	128.65 ± 2.10*	3.04 ± 1.63	9	2.96 ± 1.08
200m個人メドレー	4	127.02 ± 2.81	122.92 ± 0.74*	3.20 ± 1.63	2	140.76 ± 1.86	137.59 ± 2.62	2.25 ± 0.57	6	2.88 ± 1.38
400m個人メドレー	1	261.4	260.31	0.42	2	288.91 ± 3.08	283.77 ± 3.19	1.78 ± 0.06	3	1.33 ± 0.79

値は平均±標準偏差。F3T前に対して有意差あり。*p < 0.05、**p < 0.01、***p < 0.001。

I. Mujika, S. Padilla, and D. Pyne, 2002, "Swimming performance changes during the final 3 weeks of training leading to the Sydney 2000 Olympic Games." International Journal of Sports Medicine 23: 585. より許可を得て再掲。

同様に2～3週間のテーパリングを行った24名の男子水泳選手を対象とした研究では、3.2%のパフォーマンス改善を観察した（Costill et al. 1991）。Johnsら（1992）も、10～14日間のテーパリングによって平均で2.8%±0.3%のパフォーマンス改善を報告した。

前の段落で述べた研究と、Mujikaら（2002b）による研究のパフォーマンス改善の違いは、後者の研究が対象とした水泳選手のレベルがより高かったことが一部影響しているだろう。実際に、高校生水泳選手において、テーパリングに伴って平均パフォーマンスの最大の向上（7.96%と5.00%、それぞれ100mと400m）が報告されており（D'Acquisto et al. 1992）、一方で、国内および国際レベルの男子水泳選手は、4週間のテーパリング中のパフォーマンスの変化は2.6%（Cavanaugh and Musch 1989）、2.32%±1.69%（Mujika et al. 1996b）であったことを報告している。Bonifaziら（2000）は、国際レベルの男子水泳選手において、2つの連続したシーズンで、2～3週間にわたるテーパリングの効果を分析した。パフォーマンスは最初のシーズン中に1.48%向上し、次のシーズン中に2.07%向上した。これらの研究結果を考え合わせると、国際レベルの水泳選手は通常、平均してパフォーマンスの改善は1.5%から2.5%の範囲であることが示されている。

図6.1に、さまざまな距離の種目に参加した男女の、テーパリング（トレーニングの最終の3週間）に伴うパフォーマンス改善の割合を示す。分析された泳距離はいずれも有意差がなく、この結果は試合の泳距離により、異なるエネルギー供給系が代謝的に貢献しても、3週間のテーパリング中により得られる潜在的なパフォーマンス向上に影響を与えないことを示唆している。この示唆は、継続時間が数秒間（例：1RMの筋力測定あるいは25ヤード〔23m〕全力泳データ）から約1時間（例：40km自転車タイムトライアル）にわたるさまざまなスポーツでのパフォーマンスに基づいた測定によって、同様のパフォーマンス改善が観察された報告（表6.1）からも強く理解できる。

同様に、自由形とそれ以外の泳法（背泳ぎや平泳ぎ、バタフライ、個人メドレー）の種目間で、パフォーマンス改善の程度に差がなかった（図6.2）ことは、技術的およびバイオメカニクス的な側面が必ずしもテーパリングの結果としてパフォーマンスに影響を与えていないということを示唆している。加えて、14の異なる国、例としてはナイジェリアの0.13%±0.28%からスワジランドの3.98%±2.18%の範囲にわたる水泳選手を対象にしても、テーパリングに伴うパフォーマンスの変化には、有意差はみられなかった。

テーパリングについて最も詳細に研究されている水泳という競技において、種目にかかわらずパフォーマンスが改善することが数人の研究者により報告されている。男性の水泳選手においては、Costillら（1985）が100ヤード（91m）自由形（n＝2）と200ヤード（182m）バタフライにおいて2.2%、200ヤード個人メドレー（n＝5）において4.6%の改善を観察した。Johnsら（1992）は、100ヤード平泳ぎ（n＝1）において最小となる

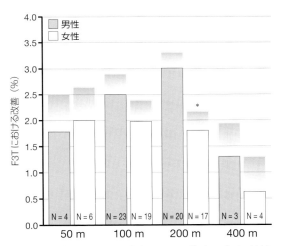

図6.1 最終の3週間のトレーニング（F3T）における、男女50m（自由形のみ）、100m（自由形、背泳ぎ、平泳ぎ、バタフライ）、200m（自由形、背泳ぎ、平泳ぎ、バタフライ、個人メドレー）、400m（自由形と個人メドレー）の各種目におけるパフォーマンス改善の割合。*男女間で有意差あり（$p<0.05$）。値は平均値±標準誤差。

I. Mujika, S. Padilla, and D. Pyne, 2002, "Swimming performance changes during the final 3 weeks of training leading to the Sydney 2000 Olympic Games." International Journal of Sports Medicine 23: 584. より許可を得て再掲。

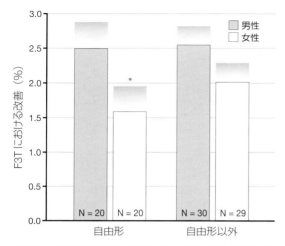

図6.2 最終の3週間（F3T）の、男女の自由形とそれ以外（背泳ぎ、平泳ぎ、バタフライ、個人メドレー）の各種目におけるパフォーマンス改善の割合。＊男女間で有意差あり（p＜0.05）。値は平均値±標準誤差。
I. Mujika, S. Padilla, and D. Pyne, 2002, "Swimming performance changes during the final 3 weeks of training leading to the Sydney 2000 Olympic Games." International Journal of Sports Medicine 23: 584. より許可を得て再掲。

2.0％の改善、最大で100ヤードおよび200ヤード自由形（n＝2）において3.7％の改善を報告した。同様の値がCavanaugh and Musch（1989）により報告され、50ヤード（46m）自由形と200ヤード平泳ぎでそれぞれ2.0％（n＝6）と3.8％（n＝4）の間であった。これらのすべては、男子の50m（n＝4）および200m（n＝6）自由形でそれぞれ1.73％、3.25％というMujikaら（2002b）の報告と類似していた。もう一度繰り返しとなるが、これらの結果は、水泳の異なる種目間にわたって、テーパリングによる比較的一貫した改善がみられることを支持している。

一目でわかる
目標設定のためのデータの使用

さまざまなスポーツや距離、種目を横断するようなパフォーマンスの変化について報告されたデータは、重要な試合に向けたテーパリング期の前にコーチや競技選手が個々のパフォーマンスレベルに基づいて現実的なパフォーマンス目標を設定するうえで量的なフレームワークを提供する。下記がその例である。

- 100m平泳ぎの一流選手のタイムは、テーパリング前に62.00秒であった。効果的なテーパリングの結果、その選手の試合でのパフォーマンスは約3％の改善、つまりタイムでは60.14秒となる可能性がある。もしテーパリングプログラムがとくに効果的でなかった場合、その改善は0.5％に留まり、タイムでは61.69秒である。一方で、とくに効果的なテーパリングによって6％の改善が引き起こされた結果、この選手は58.28秒という世界記録を叩き出すことになるのだ！
- 高度にトレーニングされた5000m走の選手は、テーパリング前の小さな大会における記録は14分10秒であった。テーパリング後に12分45秒になると期待するというのは、10％の改善という少々ありそうもない記録であり、非現実的な目標であろう。このランナーにとって、より期待できそうなタイムとしては、14分6秒（0.5％の改善）から13分19秒（6％の改善）の間となるだろう。

個人差

これまでの節で述べたように、Mujikaら（2002b）の研究における8名の水泳選手は、オリンピック大会中のパフォーマンスは、その3週間前に行われた試合と比較して改善しなかった。表6.1にみられるように、さまざまなスポーツやパフォーマンス測定において、テーパリング中にパフォーマンスが変化しなかったことが報告されている。テーパリング中にパフォーマンス向上がみられなかったことは、テーパリング戦略が十分に計画されていなかった、あるいはトレーニング削減による生理的および心理的な反応の個人差、もしくはこれら両方の組み合わせの結果という可能性がある。残念ながら、研究者らによって用いられるテーパリング戦略の詳細についての記述が不完全であったり、グループ統計をより理解するうえで必要となる個々の反応のデータが欠如していたり、あるいは観察という研究デザインの性質上、これらの潜在的な影響を与える因子の特定の効果について、多くのケースでは確認することができない。

たとえば、Mujikaら（2002b）は、観察研究と

いう性質上、研究サンプルから水泳選手の母集団に適用され得る結果の解釈や結論の解釈に関連するいくつかの制限について議論している。分析された2つの大会（すなわち、テーパリング前後）において、体系的な、あるいは一貫した、生物学的または心理的計測は行われていない。したがって、観察されたパフォーマンス改善に寄与する可能性のある、すべての議論されたメカニズムは、過去に公表された水泳のテーパリング研究で報告されたデータに照らして考慮されているものの、むしろ推測的である。

　テーパリングに伴うさまざまなパフォーマンス変化と関連する潜在的な生理学的および心理学的メカニズムについては、第2章から第4章で十分に述べた。とはいえ、英国のエセックス大学生物科学部およびヘリオットワット大学生命科学部の研究者らによってテーパリング後の共通してみられるパフォーマンス改善のメカニズムについては興味深い見解（Vollaard et al. 2006）が発表され、これはテーパリングへの反応における個人差の一部を説明し得るものである。これらの著者は、研究デザインがどのようなものであれ、運動パフォーマンスにおけるトレーニング方法の影響について調査した研究においては、被験者に何を行ったかをブラインド（盲検）とすることが不可能であることから、方法論的な問題の影響を必然的に受けることを適切に指摘した。多くのトレーニングを積んだ競技選手は、テーパリングの潜在的なよい影響について気づいており、またトレーニング負荷の増加あるいは減少について知っていることは、テーパリングを調査した際にみられたパフォーマンス向上の少なくとも一部を説明するうえでプラセボ効果を無視することができない（Vollaard et al. 2006）。これらの著者によると、期待効果は、観察されたテーパリングの有効性に対して考え得るメカニズムの1つとなるだろう。もちろん、この可能性については調査する価値があり（Vollaard et al. 2006）、もしこのことが確認されると、期待効果もまた個々のパフォーマンス結果のばらつきに強く関連している可能性が考えられる。

> **一目でわかる**
>
> **個人のテーパリングへの適応を評価する**
>
> 　これまでの章で述べてきたように、生理学的（例：ハプトグロビン、網状赤血球、テストステロン、コルチゾール、血中乳酸、クレアチンキナーゼ）および心理学的（例：気分プロフィール検査、リカバリー-ストレス質問紙、自覚的運動強度）マーカーがテーパリング中に変化することが示されており、これらの変化は時々パフォーマンスの変動と相関する。このことは、テーパリングの効果を計測するうえで助けとなるだろう。しかしながら、これらマーカーのほとんどは、非常に侵襲的で手間がかかり、大きな費用がかかるうえ、十分に特定できるものではない。私の経験上、テーパリングへの選手の適応について非常に有用な情報を提供し得る、特定のもので、非侵襲的で、比較的単純で、まったくお金のかからない2つのツールがあり、1つは高精度の時計（ストップウォッチ）であり、もう1つは言葉によるコミュニケーションである。

性差による影響

　テーパリングによるパフォーマンス結果について性別による影響が存在する可能性についてシステマティックな研究は乏しいが、いくつかの報告において、男性と女性に関する個々のデータが示されている。Mujikaら（2002b）による研究では、オリンピック前のテーパリングにおいて、パフォーマンス改善の平均の割合は、男性水泳選手のほう（2.57％ ± 1.45％）が女性（1.78％ ± 1.45％）より有意に高かった。加えて、200m種目においては、男性のほうが女性よりも改善した（2.91％ ± 1.38％ vs. 1.80％ ± 1.35％、$p < 0.05$）（図6.1）。自由形とそれ以外の泳法（背泳ぎや平泳ぎ、バタフライ、個人メドレー）の種目間で比較すると、自由形種目において、男性のほうが女性よりも改善した（2.54％ ± 1.50％ vs. 1.60％ ± 1.33％、$p < 0.05$）（図6.2）。女性水泳選手に関する報告では、Mujikaら（1996a）は、100m平泳ぎ（n = 1）における0.47％から100mバタフライ（n = 1）にお

ける5.42％の間のパフォーマンス改善がみられたこと、一方でMujikaら（2002b）は、400m自由形（n = 2）では0.53％のパフォーマンス低下、200mバタフライ（n = 4）では最大のパフォーマンス改善が得られたことを観察している。

Mujikaら（2002b）による調査が単に観察的研究であり、また動機づけや剃毛、異なる水泳着の着用、食事などの因子についてコントロールされなかったと考えると、とくに生物学的・心理学的測定がなされていない限り、女性における平均的なパフォーマンス改善の割合が有意に小さいことへの明らかな説明がつかない。

Mujikaら（2002b）による観察とは反対に、国内および国際レベルの水泳選手を対象とした研究で、試合期で3、4、6週間にわたる連続した3つのテーパリングを行ったところ、それぞれ2.58％ ± 1.96％、2.95％ ± 0.93％、2.56％ ± 2.19％の改善がみられた。これらの値は、男性における値である3.12％ ± 1.15％、3.42％ ± 2.19％、1.60％ ± 0.92％と有意差はなかった（Mujika et al. 1996a）。Hooperらは、国際レベルの男女水泳選手において、一貫して0.1％から0.7％という有意差のないわずかなパフォーマンス改善を観察しているが、男女で分けた値については報告されていない（Hooper et al. 1993、Hooper et al. 1998、Hooper et al. 1999）。同様に、Smith（2000）は、6名の女性と10名の男性の一流漕艇選手において、1週間のテーパリング後のパフォーマンス改善の大きさにわずかな性差も報告していない。

しかしながら、最適なテーパリングの継続期間についての性別による影響は示唆されている。実際に、Kenitzer（1998）は、女性水泳選手に対して、より長いテーパリングではパフォーマンス指標が悪化し始めるため、テーパリングの継続期間として2週間を勧めている。さらに、異なる研究者らは、女性水泳選手において、テーパリング中に得られた相対的に小さな1.3％のパフォーマンス改善は、気分状態の悪化の影響を受けていることを示唆している（Taylor et al. 1997）。しかしながら、先述の結果は、数理モデル化に基づいて決定されたテーパリングの最適な継続期間において性差は観察されなかったとするMujikaら（1996b）の研究や、テーパリング中の男女水泳選手において、自覚的運動強度、総合的な気分スコア、総合的な気分障害に関する変化は同様であったとするMorganら（1987）やRaglinら（1991）の報告とは対照的である。テーパリングや性差、気分状態、試合での競技パフォーマンスの相互作用にさらなる光を当てるには、今後研究を重ねることが必要となる。

一目でわかる

性差を考慮するためのデータの使用

テーパリングの効果の男女差の存在に関する入手可能な研究では、結論は出ていない。すなわち、男性においてはより大きなパフォーマンス向上がみられたという研究がいくつかある一方で、多くの研究では性差はみられなかった。また最適なテーパリング継続期間は女性において2週間以内であるべきだという研究がある一方、モデル化研究において最適化された継続期間では男性との差はみられなかった。さらに、女性において、テーパリング中に気分状態の悪化を示唆する研究者がいる一方、男女で同一の変化であったと述べる研究者がいる。テーパリングプログラムを男女で変えるべきであるとする研究成果はなく、また適応やテーパリングがパフォーマンスに与える効果に男女差が存在するとする研究成果はない。

テーパリングによって引き起こされたパフォーマンス向上の意義

表6.1で報告されたパフォーマンスの変化率は、やや小さいように見えるが、テーパリングによってもたらされる変化は統計的に有意ではないと報告する科学的文献がある。テーパリングによって引き起こされるパフォーマンスの改善は、統計学的な観点からは小さく、有意差がない場合が多いかもしれないが、試合での結果に関連する実践的な条件としては価値があるだろう（Hopkins et al. 1999, Mujika et al. 2002b）。試合でのパフォー

マンスにおける典型的な被験者内のばらつきの約半分の改善でも、トップアスリートがメダルを獲得するチャンスを十分に大きくする。それらの実際の改善の程度は、トラック競技のスプリンターで0.9%（Hopkins et al. 1999）、高度にトレーニングを積んだ水泳選手で1.4%（Stewart and Hopkins 2000）、クロスカントリーランナーで1.5%、マラソンランナーで最大3%まで（Hopkins and Hewson 2001）であった。それ以外に重要な考慮事項は、研究室あるいはフィールドでのパフォーマンス測定は、試合そのものよりパフォーマンス測定における信頼性が低く、それらの測定結果の改善が必ずしも試合での同じようなパフォーマンスの向上と解釈することは難しいだろう（Hopkins et al. 1999）。

　Mujikaら（2002b）の研究において、テーパリングに伴うパフォーマンス改善の変化率は、オリンピックのメダル獲得者、決勝進出選手、準決勝進出選手、予選ラウンドの選手において類似していた。このことは単一グループとして考えると、男性、女性、すべての水泳選手で当てはまった。しかしながら、予選ラウンドのみに出場した水泳選手のパフォーマンス改善は男性のほう（2.84% ± 1.67%）が、女性（1.23% ± 1.44%）と比較して大きかった（図6.3）。しかし、ここが重要な部分である。すなわち、この著者らは男女すべてのオリンピック水泳競技の決勝において、1位から4位まで（金メダリストからメダルを取れなかった選手まで）、そして3位から8位まで（銅メダルから決勝出場まで）のパフォーマンス時間の違いを割合として計算した。1位と4位のタイムの違いの割合は、全体で1.62% ± 0.80%だった（男性1.48% ± 0.67%、女性1.77% ± 0.90%）、3位と8位では2.02% ± 0.81%だった（男性1.69% ± 0.56%、女性2.35% ± 0.91%）。

　Mujikaら（2002b）の研究において観察された、テーパリングに伴う水泳タイムの改善は、オリンピック種目における金メダリストとメダルを獲得できなかった選手の差や銅メダリストと決勝で一番遅かった選手の差が、テーパリング中に得られた水泳タイムの平均的な改善よりも小さかったため、パフォーマンス条件としては、その価値が高いと考えられた。言い換えると、テーパリングで大きく成功することによって、オリンピック決勝でラストだった選手が銅メダルを取れるようになる、あるいはメダルを取れなかった選手が金メダルを取れるようになり得るということなのだ！もちろん、これはほかの決勝進出選手がテーパリング戦略でそれほど成功しなかった場合であるが。

　Bosquetら（2007）は、パフォーマンスが複雑なシステム（複雑系）であり、全体は各部分を足し合わせたものではないため、特定の種目のパフォーマンスそのものが、テーパリング介入の効果を評価するうえで最も適した測定となると指摘した。このことが、これらの著者が、テーパリングがパフォーマンスに及ぼす影響についてのメタ分析から、パフォーマンス能力を評価するために実際の試合あるいはフィールドでのパフォーマンスに基づいたデータ測定以外の方法を用いたすべての研究を除外した理由である。Bosquetらは、Cohen（1988）の尺度を用いてテーパリングによ

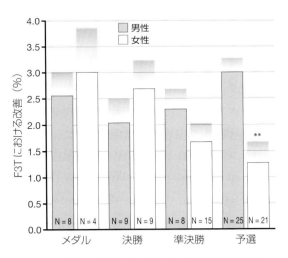

図6.3　最終の3週間（F3T）の、男女のオリンピックのメダル獲得者、決勝進出選手、準決勝進出選手、予選ラウンドの選手におけるパフォーマンス改善の割合。**男女間で有意差あり（$p < 0.01$）。値は平均値±標準誤差。
I. Mujika, S. Padilla, and D. Pyne, 2002, "Swimming performance changes during the final 3 weeks of training leading to the Sydney 2000 Olympic Games." International Journal of Sports Medicine 23: 585. より許可を得て再掲。

って引き起こされた変化の効果量を解釈し、期待されたパフォーマンス改善は「小さい」というのが最も頻繁にあり、たまに中程度であった。差を割合にした場合、パフォーマンス改善の平均は1.96％であった。この差は、母集団が競技レベルの高い選手でない場合は意味を持たないだろう。しかしながら、テーパリング介入後に期待される改善は少ないかもしれないが、2000年のシドニーオリンピックの水泳種目における先述の例を示したように（Mujika et al. 2002b）、大きな大会で成功を収めるうえで大きな影響を持つかもしれない（Bosquet et al. 2007）。

一目でわかる

なぜテーパリングを行うか？

うまくデザインされたテーパリング戦略によって、通常はパフォーマンスが改善するが、奇跡が起こるわけではない！ 最後のテーパリングの現実的なパフォーマンス目標は、試合における約3％のパフォーマンス改善とすべきだろう（通常は0.5〜6.0％の範囲である）。このサイズのパフォーマンス向上は小さいように見えるかもしれないが、スポーツの種類、種目の距離、選手の競技レベルにかかわらず、試合での順位に大きな影響を与え得る。

章のまとめ

テーパリングプログラムをデザインするとき、コーチや競技選手は、現実的なパフォーマンス目標を設定できるように、テーパリングの効果を大きな試合後に評価できるよう、競技選手のパフォーマンスレベルを認識しておくべきである。非現実的な期待を設定することは、競技選手の心理学的な状態や動機づけにマイナスの影響を及ぼす可能性があり、常に避けるべきである。

一連の主要なトレーニングで記録したタイムは、競技選手がテーパリングに適応したことを示す優れた指標となるかもしれない。また競技選手とコーチとの間で頻繁にコミュニケーションを取ることが、生物学的なマーカーや心理学的尺度よりも状況を把握するうえで価値ある情報をもたらすことがある。これら簡単な指標に基づいて、テーパリングプログラムは個別化と洗練を進めていくことができる。

コーチや競技選手は、テーパリングによって引き起こされるパフォーマンス向上という結果がたとえ小さいにしても、低く見積もるべきでない。金メダルには、ほんの数cm、一瞬で手が届くかもしれないのだ！

第7章

数理的モデル化からの洞察

Insights From Mathematical Modeling

コーチやアスリートにとって、最も重要な目標は、身体的、技術的、心理的能力を高め、パフォーマンスを最高レベルにし、そのシーズンのまさにその瞬間（すなわち、主要競技の各試合）に得られる最大のパフォーマンスを確実に得るため、正確に管理されたトレーニングシステムを構築することである。しかし、トレーニングの過程を通して、競技選手のトレーニングへの適応をどのようにして評価すればよいだろうか。

テーパリング研究にシステム理論を適用する

トレーニングの結果を分析するための記述的な実験手順を発展させる試みとして、Banisterらはパフォーマンスとトレーニングプログラムの間の関係について数理的分析を行った（Banister et al. 1975, Calvert et al. 1976, Morton et al. 1990）。この種のモデル分析はシステム理論に基づいている。Busso and Thomas（2006）によって示されているように、システム理論とは動的な過程を数理的モデルにあてはめようとするものである。このシステムは、少なくとも1つの入力と1つの出力によって特徴づけられる実体（エンティティ）であり、伝達関数と呼ばれる数学的な方法に関係している。出力は、入力として表される刺激に対するシステムの反応であり、実際の生体の観察からの推定で得られたパラメータによるシステムの振る舞いは、伝達関数によって特徴づけられる。

この種の数理的モデル化は、競技パフォーマンスに適用される場合、システムの出力を、システムの入力となる過去のトレーニングによって変化するパフォーマンスを考慮した全身的な考え方に基づくトレーニング反応として記述することを意図している（Busso and Thomas 2006）。数理的モデルの開発に関するさまざまな研究により、競技パフォーマンスを最適化するテーパリングの効果に対する我々の理解が進むこととなった（Busso 2003, Fitz-Clarke et al. 1991, Mujika et al. 1996a, Thomas and Busso 2005, Thomas et al. 2008, Thomas et al. in press）。

時間をかけて行われたトレーニング負荷による

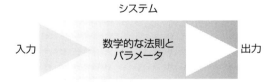

図7.1 伝達関数と呼ばれる数学的な法則と、観察から推測されるパラメータのセットによって、1つの入力に1つの出力が反応することを特徴とするシステム。

T. Busso and L. Thomas, 2006, "Using mathematical modelling in training planning," International Journal of Sports Physiology and Performance 1(4): 401.より許可を得て転載。

図7.2 トレーニングのシステムモデル。すべてのモデル変数は任意の単位の「トレーニングインパルス（impulse）」で測定される。基準パフォーマンスはポイントのスコアへと変換される。
E.W. Banister and J.R. Fitz-Clarke, 1993, "Plasticity of response to equal quantities of endurance training separated by non-training in humans," Journal of Thermal Biology 18: 588. より許可を得て転載。

パフォーマンス変動をモデル化することによって、トレーニングを減少させることとパフォーマンスを最大化することの関連性が示されてきた。このアプローチは、パフォーマンスは2つの対立するトレーニング効果、すなわち体力への適応というプラスの効果と、疲労というマイナスの効果の間のバランスであるということを想定している（図7.2）。このモデルは、数式の中に定数や個人差を組み込んでおり、ある競技選手のトレーニングへの反応を特徴づける。モデルの変数は、あるトレーニングプログラムへの反応に基づいて、選手個々に適用される。数学的解析から得られた指標に関する知見により、特定のトレーニングの継続期間にわたって、疲労と適応の指数を計算することができる（Thomas and Busso 2005, Thomas et al. 2008）。

水泳選手のトレーニングデータに対して、テーパリングによって引き起こされたパフォーマンス向上を説明するうえで、Mujikaら（1996a）によってこの計算が適用された（第1章のテーパリングの目的、第5章のテーパリングの継続期間の項目を参照）。このアプローチは、理論的に最適なテーパリングの継続期間を特定するため（Fitz-Clarke et al. 1991）、またトライアスロン選手においてみられたデータと一致する概念として（Banister et al. 1999, Zarkadas et al. 1995）、徐々にトレーニングを減少させることがステップ状に減少させるより効果的である可能性を確証するために用いられた（第1章のテーパリングモデルの項目を参照）。それ以外の適用として、実際に行ったトレーニングではなく、トレーニングを変化させたときのパフォーマンス変化のシミュレーションがある（Fitz-Clarke et al. 1991, Morton et al. 1990, Morton 1991, Thomas and Busso 2005）。

一目でわかる

システムモデル

数理的モデルは、トレーニングとパフォーマンスとの関係を記述するために開発されてきた。このアプローチでは、競技選手が経験した実際のトレーニング負荷がシステムにおける入力であり、実際のパフォーマンスがシステムにおける出力になる。そしてトレーニングのプラスとマイナスの影響（体力と蓄積疲労）が、トレーニングとパフォーマンスに関連したシステムの振る舞いを特徴づける関数となる。このモデルには、定数と個々の選手のトレーニングへの特異的な反応を特徴づけるさまざまな変数が組み込まれている。これらの変数を知ることで、研究者はテーパリングの効果と最適な継続期間を説明し、理論的なトレーニング負荷がパフォーマンスに与える影響を予測するためにこのモデルを用いることができる。

疲労と適応モデル

テーパリングの効果は、運動の繰り返しによって引き起こされる、疲労と適応の時間的経過の違いによるモデル研究において表すことができる。トレーニングのプラスとマイナスの影響に基づく刺激−反応関係を確定するために、トレーニングとパフォーマンス測定が行われた（Banister et al. 1975）。モデルで予測したパフォーマンスは、それぞれ疲労（マイナス）と適応（プラス）に起因する2つの対立する関数の間のバランスであると考えられた。28日間の激しいトレーニングの後に、トレーニング総量を低減して厳密に行われた実験では、繰り返しのトレーニングにより、適応よりも大きな疲労の蓄積が引き起こされ得るということが示された（Morton et al. 1990）。高強度トレーニングを行っている間、適応よりも疲労が大きいことにより、一過性のパフォーマンスの低下が引き起こされる。続いてトレーニング負荷を

減少させることにより、疲労（マイナスの影響）が適応より素早く消失することを可能とし、パフォーマンスによる評価でのピーキングを引き起こす（Morton et al. 1990）。図7.3に、トレーニング刺激への反応における、疲労と体力の増加と減少という概念を示している。

第1章で述べたように、18名の一流水泳選手における3つのテーパリングを含む1つの競技シーズンにわたって、Mujikaら（1996a）によってトレーニングへの反応がモデル化されている。この研究は、3あるいは4週間にわたって徐々にトレーニングを減少させることで、競技選手の適応を損なうことなく繰り返しトレーニングを行うことで生じる疲労が軽減することを示した。トレーニングによるわずかなプラスの影響が間違いなくパフォーマンス改善に寄与しているものの、テーパリングに伴って観察された試合でのパフォーマンスの向上は、トレーニングのマイナスの影響が減少したことが大きく貢献している（図7.4）。

このテーパリングによる効果の一般的なスキームは、そのモデルの妥当性が長距離走（Banister and Hamilton 1985）、トライアスロン（Banister et al. 1999）、ウェイトリフティング（Busso et al. 1990, Busso et al. 1992）、ハンマー投（Busso et al. 1994）といったさまざまな競技で検証されているため、広い範囲の競技に適用可能である。モデルの予測の適合を示す指標は、このモデル構造によって、さまざまな異なる競技でのトレーニングに対する反応の現れ方にふさわしいものであったことを示した。

Banisterのモデルの代替的なモデルとして、Avalosら（2003）は、高度にトレーニングされた水泳選手が3つの連続するシーズンにおけるトレーニングがパフォーマンスに及ぼす影響について研究する際に、線形混合モデル（linear mixed model）を用いた。このモデル化の手法により、競技選手ごとのモデルをつくる代わりに、研究者は、被験者の不均一性を考慮に入れることができるよう、モデルの変数が個人で変えられるモデルとして、全般に共通する行動モデルを構築する

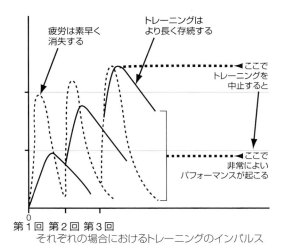

図7.3 それぞれの場合におけるトレーニングのインパルスによる適応と疲労の増加と減少。
E.W. Banister and T.W. Calvert, 1980, "Planning for future performance: Implications for long term training," Canadian Journal of Applied Sports Science 5: 172. より許可を得て転載。

（Avalos et al. 2003）。その調査では、競技選手が、あるトレーニング刺激に対して反応するさまざまな性質とともに、個人の短期的、中期的、長期的なトレーニングへの適応における個人の性質について注目していた。トレーニングへの個人の適応は、経時的には安定しておらず、そのために時間経過の中で繰り返し同等のトレーニング負荷を適用したとしても、必ずしも同等の反応が期待されるわけではない（Avalos et al. 2003）。

続いての調査で、この著者らはオリンピックレベルの水泳選手におけるトレーニングの残留効果とトレーニング効果が生じなくなる閾値についてモデル化した（Hellard et al. 2005）。この著者らは、残留効果を決定するために、短期（試合前の0、1、2週）、中期（試合前の3、4、5週）、長期（試合前の6、7、8週）におけるパフォーマンスといくつかのトレーニング変数を用いて重回帰分析を行った。トレーニングがさらなる適応を引き出すことのない閾値を含めた修正モデルも調査において検証された。テーパリングとピーキングに関して、この検証の主な結果は、トレーニング中の低強度トレーニング負荷は、パフォーマンスに対して放物線的に関連しており（図7.5）、

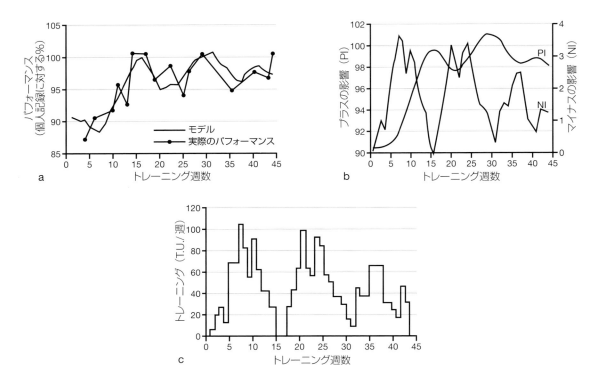

図7.4 1つの被験者におけるモデルの適用。(a) モデルと実際のパフォーマンスの間の適合性。(b) プラスの影響（PI）とマイナスの影響（NI）の変化。(c) 週ごとのトレーニング量。PIとNIは同じ種類の単位で表現されており、パフォーマンスに対して用いられる。T.U.＝トレーニング単位（training unit）。

I. Mujika, T. Busso, L. Lacoste, et al., 1996, "Modeled responses to training and taper in competitive swimmers," Medicine & Science in Sports & Exercise 28: 255. より許可を得て転載。

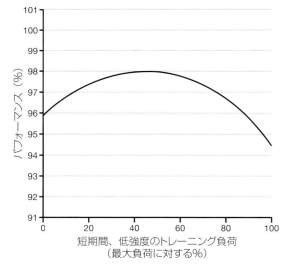

図7.5 水泳選手の全グループにおける短期間、低強度のトレーニング負荷とパフォーマンスの放物線状の関連。縦軸のパフォーマンスは、各選手の個人記録に対するパーセンテージで表現されている。横軸のトレーニング負荷は、この研究における各選手の最大のトレーニング負荷に対するパーセンテージで表現されている。

P. Hellard, M. Avalos, G. Millet, et al., 2005, "Modeling the residual effects and threshold saturation of training: A case study of Olympic swimmers," Journal of Strength and Conditioning Research 19(1): 71. より許可を得て改変。

テーパリング期間における低強度トレーニングは最大トレーニング負荷に対して40％から50％減少させるべきであり、それより高くても低くても最適なパフォーマンス結果を阻害する可能性を示している（Hellard et al. 2005）。このことは、ほかの研究者によるさまざまな競技で報告された結果とも一致する（第5章を参照）。

一目でわかる

疲労と適応モデル

疲労と適応モデルによると、1回のトレーニングへの反応の中で、適応より疲労のほうが増加する。トレーニング負荷が減少したとき、疲労は適応よりも速やかに消失し、パフォーマンスのピーキングが可能となる。一流競技選手に適用された場合、このモデルはテーパリング中にパフォーマンスのピークを示すが、これは主に疲労の消失によるものであり、適応もまた増加し、パフォーマンス向上に寄与している。数理モデルは、テーパリングに対する個人の適応の性質、そして経時的な適応の不安定性にも注目した（すなわち同じテーパリングプログラムが、同じ適応を必ずしも毎回引き出すとは限らない）。

さまざまな刺激-反応モデル

Banisterら（1975）のモデルは、身体的トレーニングへの適応と疲労に関する個々の反応について記述し、パフォーマンスはこれら2つの因子の間のバランスによって決まると仮定している。それらの反応は、モデルの変数（定数）によって決まり、トレーニングプログラムへの実際の反応から選手ごとに適するものとなった。これら変数の推定により、トレーニングスケジュールへの反応について実際に経験することなく予測することができるようになった（Morton 1991）。この手法により、テーパリングの最適な継続期間に関する有用な情報がもたらされ、競泳選手では通常は2から4週間の間が最適であること、またステップ状にトレーニングを減少させるより、漸進的に減少させたほうが効果的であることが示された。

しかしながら、Banisterら（1975）により提唱されたモデルには疑問が生じている。なぜなら、トレーニング量に対する反応が、それまでのトレーニングに伴う蓄積した疲労とは独立していると、このモデルでは仮定しているためである。このことは、テーパリング前のトレーニングの激しさによらず、トレーニングの継続期間は同一であるべきということも示唆している。さらにいえば、その独自のモデルに基づくならば、試合前の2週間ほどのトレーニングは、パフォーマンスに対して害を及ぼす可能性があり、パフォーマンスを最大化するためにテーパリング期間のトレーニングは完全に中止すべきであるということになる（Fitz-Clarke et al. 1991）。これらの仮定は、ディトレーニング（トレーニング中止）（Mujika and Padilla 2003b）およびテーパリング（Mujika and Padilla 2003a, Mujika et al. 2004）に関する研究成果に基づいた科学的な知見に明らかに矛盾している。したがって、時間によって変数が影響を受けない線形モデルによる評価では、トレーニング方法が大きく変わったときに、トレーニングによって引き起こされる疲労に関する反応が不完全に出現する可能性がある（Busso et al. 1997, Busso et al. 2002, Thomas and Busso 2005）。

初期の線形モデルの限界を克服するため、Banisterのモデルの変数を時間経過に合わせて変動させるよう、再帰的最小二乗法アルゴリズムが適用された（Busso et al. 1997, Busso et al. 2002）。これら最初の研究は、単一の1回のトレーニングへの応答は、それ以前のトレーニング回数の難しさによって変動し得るということを示した。これにより、Busso（2003）は非線形モデルの計算式を提案することとなった。その新しい計算式は、あるトレーニング回数によってもたらされた疲労の増加が、それまでのトレーニング回数の激しさに依存することを前提に、トレーニングに伴う疲労の蓄積が考慮されている。厳しいトレーニングの繰り返しの後に続くトレーニングは、より低いトレーニング負荷でのトレーニング後における同じトレーニングよりも大きな疲労をもたらす可能性がある。言い換えると、あるトレーニ

験したトレーニングの分析が可能となった。図7.8に、1名の参加者に数理化モデルを適用した結果を示している。この水泳選手のトレーニングへの反応は、グループ全体の代表的なものであり、テーパリング後にマイナスの影響が減少し、プラスの影響が増加したときに、最高のパフォーマンスを記録したことを示している（Thomas et al. 2008）。

しかしながら、このモデルによる解析は、よりよい個人パフォーマンスのいくつかを低く見積もったり、より低いパフォーマンスを高く見積もったりすることがある。実際のトレーニング条件で高度にトレーニングを積んだ対象に対する適合性は、体力レベルの低い対象に対してコントロールされた実験室でのトレーニングから得られたものより低い（Busso 2003）。こうした矛盾について考えられる理由としては、おそらく、非競技選手では、標準的な実験室条件でより頻繁なパフォーマンス評価が行われているであろうことと、一流選手が行う実際のトレーニングの性質が複雑であり、それによってトレーニングプログラムに含まれるすべてのトレーニング変数を正確に定量化することが妨げられることが挙げられる（Hellard et al. 2006, Mujika et al. 1996a, Taha and Thomas 2003, Thomas et al. 2008）。

基本的なトレーニングに関する洞察やモデル化という方法論から得られた適応に関する知識があるにもかかわらず、モデル解析による制限は、コーチや競技選手にとって、この方法がトレーニングプログラムをデザインするときに用いる基礎的な手段とみなされない。Busso and Thomas (2006) が最近示したように、競技トレーニングに対する生理的な適応といった動的な過程をモデル化するために行った強力な単純化は、トレーニングプログラムをデザインする際に必要なこととわずかに一致する。

これまでに示唆されてきたように、さまざまな刺激-反応モデルの構築によって、テーパリングの効果について新たな説明がもたらされてきた。このモデルでは、パフォーマンスのピーキングについて、テーパリング中に行われたトレーニングのプラスの影響によるものであると説明する（Mujika et al. 2004, Thomas and Busso 2005）。モデルによる計算では、高強度トレーニングに伴う一過性のパフォーマンス減少はトレーニング量への反応の変化に起因し（Busso 2003）、その一方で、徐々にトレーニング負荷を減少させることによって、競技選手がより効果的にトレーニングに反応できるようになることが示されている。したがって、テーパリングに伴うパフォーマンスのピーキングは、過去のトレーニングからの回復とトレーニングへの耐性の回復の両方から生じる（第1章のテーパリングの目的の項目を参照）。トレーニングの強度を高くすることは、トレーニングのプラスの影響を遅らせる。続いてトレーニングを減少させることで、過去のトレーニングに対して遅れて起こった反応と、テーパリング中に行ったトレーニングへの早い反応の組み合わせにより、パフォーマンス向上が促される。この観察により、テーパリング中に十分な量のトレーニングを維持することが重要であることが注目される。

生理学的な見地から、運動量とパフォーマンスの間の刺激－反応関係の変化は、トレーニングに対する神経内分泌的な反応と関連している可能性がある（Mujika et al. 2004）。高強度のトレーニングに伴う内分泌系と自律神経系の調整により、トレーニングに対する身体の適応能力が低下することがある（Kuipers 1998, Viru and Viru 2001）。トレーニングを減少させることに伴う神経内分泌学的環境の変化により、回復や適応のプロセスに対して修正や増強が起こり得る。これにより、テーパリング期間中のトレーニング負荷は、パフォーマンス向上のための身体の適応を維持もしくは増加することが可能となる（Mujika et al. 2004）。

一目でわかる

さまざまな刺激－反応モデル

さまざまな刺激－反応モデルは、あるトレーニングによって生み出される疲労が、それまでのトレーニングの激しさによって大きくなって長く続き、こ

の影響はトレーニングが減少すると回復するということを仮定している。このことは、競技選手が十分に休むことで、トレーニング耐性が増加することを示唆しており、したがってテーパリング中に行ったトレーニングがパフォーマンスのピーキングにより大きく寄与する可能性がある。このモデルは、トレーニングとテーパリングへの反応について、疲労と適応モデルよりもうまく示すことができており、過去のトレーニングからの回復だけでなく、トレーニングへの耐性の再構築の結果として、テーパリング中のパフォーマンスのピーキングを説明するのに役立っている。しかしながら、モデル化は私たちがトレーニングプログラムの効果を理解するのに貢献するにもかかわらず、コーチや競技選手にとっては、モデル化という方法論が特定のトレーニングとテーパリングプログラムを計画するための有用な現場のツールとなるには、まだまだ時間が必要である。

コンピュータシミュレーション

これまでのモデル解析によって得られた指標を用いて、研究者は、仮説的な要請としてトレーニングを想定したシステムの反応を、コンピュータシミュレーションで予測することができる（図7.9）。したがって、そのシステムの構造がわかっていれば、ある入力に対する出力、あるいは、ある出力に対する入力を探すことによって予測すること、あるいは問題を制御することが可能である（Busso and Thomas 2006）。

テーパリングの効果と最適なテーパリングのデザインについて深く観察するために競技トレーニングの反応がコンピュータシミュレーションによってモデル化されてきた。線形モデルを用いた研究で指標を使って、あるトレーニングへの反応としてのパフォーマンス変化を予測し、試合前に休息もしくはトレーニングを減少させる際の重要なスケジュールを立てるために用いられてきた（Fitz-Clarke et al. 1991）。加えて、最適な改善を生み出すうえで、ステップvs指数関数的テーパリングの相対的な効果の違い、また指数関数的減衰の速い vs 遅いの違いによるテーパリングの相対的な有効性が、この方法によって見出されており、シミュレーションによる予測は実験的にトライアスロン選手において検証されている（Banister et al. 1999）（第1章のテーパリングモデルの項も参照）。

Busso（2003）によって行われた非線形モデルが、最適なテーパリングの特徴に影響する要因、すなわちトレーニングを減少させるときの継続期

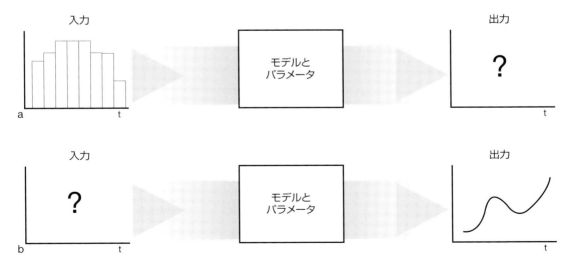

図7.9 ある状況下において、システムの振る舞いを予測するために1つのモデルを用いることを模式的に示す。モデルの仕様とパラメータの推測は過去の観察によるものであり、2種類の理論的な分析が可能である。（a）ある入力からモデルの出力を評価する（予測）と、（b）ある出力を引き出す入力の研究（コントロール）である。
T. Busso and L. Thomas, 2006, "Using mathematical modelling in training planning," International Journal of Sports Physiology and Performance 1(4): 403. より許可を得て転載。

間や程度、形などを分析するために用いられてきた。Thomas and Busso（2005）は、Busso（2003）による研究の6名の参加者におけるさまざまな仮説的なテーパリング戦略への反応の予測を、彼らの理論的な研究の基礎とした。Thomas and Busso（2005）は、最適なテーパリングの特徴は、それまでのトレーニングによっておそらく決まるため、テーパリングの最適化というのは、トレーニングの減少の程度と、継続期間の間において、できる限り最善となる妥協案が必要であることを示した。シミュレーションによると、テーパリング前に高強度トレーニングを行うことは、よりよいパフォーマンスを促進するが、おそらくトレーニング負荷をより大きく、またより長い時間にわたって減少させる必要があるだろう。さらに、テーパリングの前に過負荷トレーニングを行っている場合、トレーニングを徐々に減らす方法がステップ状に減らす方法よりも、より高いパフォーマンスがもたらされた。

それにもかかわらず、モデルによって引き出された理論的に最適となるテーパリングの特徴は、入手可能な文献から得られたデータとうまく一致しなかった（Mujika and Padilla 2003a）。これらの不一致は、モデルで使われたデータが、競技選手ではない人によるコントロールされた実験に由来していることと、テーパリングに関するほとんどの研究では、主に競技選手を対象としていることによって生じている可能性がある。したがって、実際のトレーニング状況で競技選手から得られるモデルの指標を用いて、理論的研究の結果を再検討する価値があることが示唆されている（Busso and Thomas 2006）。

これがまさに、Thomasらが2つの追加的な研究において行ったことである。Thomasら（2008）は、前に行っているトレーニングに応じた最適なテーパリングの特徴を再検証するため、8名の一流水泳選手の実際のトレーニングとパフォーマンスデータをモデルにあてはめ得られた指標を用いて、コンピュータシミュレーションによる予測を行った。この著者らは、この一流選手の母集団において、トレーニングを最適に減少させることに伴うパフォーマンス向上が、疲労の消失に加えて、さらなる適応が起こった結果として生じたかどうかも確認した。そのコンピュータシミュレーションでは、テーパリングの前に過負荷トレーニングを行っていない場合、最適なテーパリングには平均して16日間以上、トレーニングは65％減少させることが必要となることが示された。もしテー

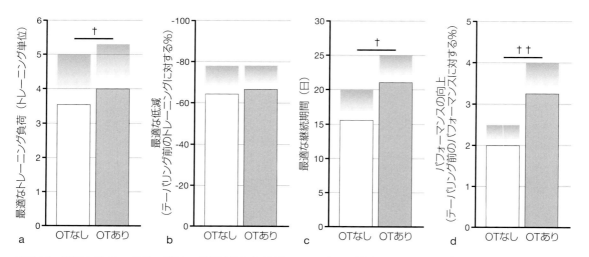

図7.10 適切なステップテーパリングの特性に与える、テーパリング前のトレーニングの影響。値は平均±s_x。先行する過負荷時間（OT）のある場合とない場合の間に有意差あり。†$p < 0.05$ and ††$p < 0.01$

L. Thomas, I. Mujika, and T. Busso, 2008, "A model study of optimal training reduction during pre-event taper in elite swimmers," Journal of Sports Sciences 26(6): 650. より許可を得て転載。Permission conveyed through Copyright Clearance Center, Inc.

パリングの前に4週間の高強度トレーニングを行った場合、最適なトレーニング量の減少割合については有意な差がなかった（67%）ものの、より長い継続期間を維持する必要があった（22日間）。非競技者の被験者において観察された通り（Thomas and Busso 2005）、最適な段階的にトレーニング量を減らすテーパリングに伴って、平均パフォーマンスの向上は最大に達し、それは過負荷トレーニングを行った場合は、行わなかった場合よりも有意に大きかった（個人記録の101.4% vs 101.1%）。テーパリングの最初から比較すると、過負荷トレーニング後のステップテーパリング中のパフォーマンス向上（3.60%）は、過負荷トレーニングの後に行わない場合（1.99%）よりも有意に大きかった（図7.10）。テーパリングの前に過負荷トレーニングを行っても行わなくても、2つの徐々にトレーニング量を減らす（すなわち線形的および指数関数的）テーパリングにおいては、トレーニングを減少させるのはステップ状にトレーニング量を減らすテーパリングよりも有意に小さく、継続期間はより長くする必要があった。

パフォーマンスとトレーニングのプラスとマイナスの影響を組み合わせて分析することで、テーパリングはとくに疲労を取り去る働きをするが、テーパリング中にさらなる適応が起こる結果として、テーパリングの前に過負荷トレーニングを行うことに利点があることが示された（図7.11）。図7.11に示すように、最適なテーパリングはトレーニングのマイナスの影響（つまり蓄積された疲労）を徹底的に取り除くべきであり、テーパリング前の過負荷トレーニング後であっても同じ考え方で

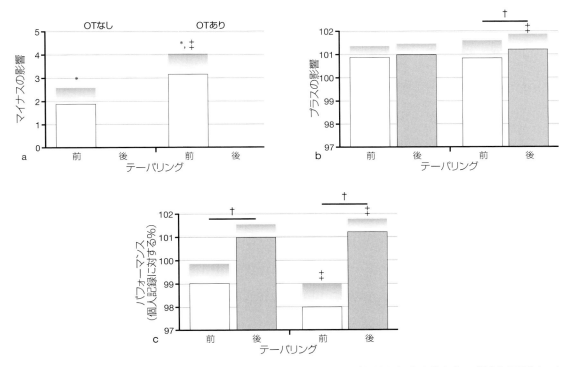

図7.11 適切なステップテーパリングに先行する過負荷トレーニングを伴う場合と伴わない場合に及ぼす、トレーニングの（a）マイナスの影響および（b）プラスの影響、（c）パフォーマンスに対してそれぞれ与える影響。パフォーマンスへのプラスの影響、マイナスの影響については同じ単位を用いた。値は平均±s_x。有意差あり（$p < 0.05$）：*0から（NI）、†テーパリング前（Pre）とテーパリング後（Post）の間、‡過負荷トレーニングを伴う場合と伴わない場合の間。

L. Thomas, I. Mujika, and T. Busso, 2008, "A model study of optimal training reduction during pre-event taper in elite swimmers," Journal of Sports Sciences 26(6): 650. より許可を得て転載。Permission conveyed through Copyright Clearance Center, Inc.

ある。テーパリング前の過負荷トレーニングによって、より高い適応に達する可能性があり、テーパリング前のパフォーマンスは過負荷によって阻害される可能性があるものの、過負荷トレーニングに続く最適なテーパリング後には、より大きなパフォーマンス向上が実現できる。

まとめると、Thomasら（2008）の一流水泳選手を対象としたコンピュータシミュレーション研究では、テーパリング前の過負荷トレーニングがパフォーマンスを最大化するのに不可欠であるが、テーパリングには特定条件が必要であるということが示された。テーパリング前に過負荷トレーニングを行っていない場合には2週間のテーパリングが必要なのに対して、テーパリング前に28日間にわたって通常のトレーニングから20％増加させると、ステップ状に負荷を減らすテーパリングとして約3週間にわたって約65％減少させる必要がある。テーパリングの前に過負荷トレーニングを行った場合、線形的または指数関数的といった徐々に負荷を減らすテーパリングは、ステップ状に負荷を減らすテーパリングよりも好ましいものの、期間は2倍近く長くかかることになる。これらの知見によって、トレーニングに対する個人の反応やテーパリング戦略の最適化における独自のモデル化アプローチの関連性が確認されることとなった（Thomas et al. 2008）。

Thomasら（in press）は、続いて行われたモデル化研究において、コンピュータシミュレーションを用いて、テーパリングの最後にトレーニング負荷を増加させる二相性テーパリングが、古典的な線形テーパリングよりも効果的であるという仮説を検証した。テーパリングの最後の3日間、トレーニング負荷を20％から30％増加させることで最適化されるということが、この調査の主な結果であった。古典的な線形テーパリングと比較して、こういった二相性テーパリングの利点は非常に小さく、これは追加的な適応であり、疲労の除去は妨げられないと研究では説明されている（第1章のテーパリングモデルも参照）。

ここで報告された理論的な結果は、コーチや競技選手に伝えるトレーニングの最終的な推奨例とする前に、実験により検証が必要だというのは明らかである。それにもかかわらず、数理モデルとコンピュータシミュレーションから得られる考え方は、競技選手とコーチにとって、試合、とくに複数日にわたる試合に向けた準備において、現場的な示唆をもたらす。数理的モデル化が有望な方法であるものの、特定の競技選手に対してコーチらがトレーニングプログラムを立案・実行する手助けになるにはまだ時間がかかるというのも明らかである。この目標を達成するために、有効なモデルの限界を克服する新しいモデル化戦略を開発することが必要である（Busso and Thomas 2006, Hellard et al. 2006, Taha and Thomas 2003）。

一目でわかる

コンピュータシミュレーションの使用

テーパリングの効果についての深い考えを得るために、また最適なテーパリングを立案するために、これまでに決定されたモデルによる指標を用いてコンピュータシミュレーションが行われてきた。最適なテーパリングの継続期間や、徐々にトレーニング量を減らすテーパリングとステップ状にトレーニング量を減らすテーパリングのどちらが適しているかどうかについて確証を得る際に、線形モデルパラメータに基づくシミュレーションが貢献してきた。最近、一流水泳選手の最適なテーパリングの特性を評価するためにさまざまな刺激－反応モデルから得られた指標を使い、4週間にわたってトレーニング負荷を20％増加させ競技選手をテーパリングの前にオーバーリーチに至らせることで、パフォーマンスを最適化し得るが、疲労を除去しさらなる適応を引き出すには、より長いテーパリングを必要とすると予測されている。コンピュータシミュレーションにおいて、テーパリングの最後の3日間、トレーニング負荷を20％から30％増加させることは、疲労の除去を妨げず、追加的なトレーニングによる適応を引き出すことでパフォーマンスを改善させるということも予測されている。もちろん、これらの予測は、コーチや競技選手へ提供する最終的なトレーニングの推奨とする前に、実験による確認が必要とされる。

章のまとめ

　数理的モデルは、テーパリングプログラムの理解と最適化に対して大きく貢献してきた。これらのモデルは、競技選手をトレーニング入力に対して疲労と適応によって反応するシステムとみなし、これら2つの相対する機能の差が、パフォーマンスという出力を引き出すとしている。このモデルは、各競技選手によって異なる指標も組み込んでいる。線形的な疲労と適応のモデルが、テーパリング中のパフォーマンスは主に疲労の除去によってテーパリング中にパフォーマンスをピークにすることを明らかにし、最適なテーパリング継続期間のための枠組みを確立するために用いられてきた。しかしながら、線形モデルは、あるトレーニング負荷はシーズン中のいつでも同じ疲労をもたらすという仮定に基づいており、これが主な限界となる。適用されてきた代替となる数理化モデルでは、テーパリングに対する適応の個別性と、実際にこの適応が時間とともに変化することに着目している。

一目でわかる
数理的モデル化の賛否

　数理的モデル化がトレーニング全般、とくにテーパリングに対する競技選手の反応を理解するのに貢献するにもかかわらず、コーチや競技選手にとって、最適なトレーニングプログラムを立案し、パフォーマンス結果を予測する上で有用な現場のツールとなるまでには、モデル化の方法論はより洗練される必要がある。それにもかかわらず、競技選手やコーチ、スポーツ科学者は、以下のDawkins（2006）のコメントを心に留めておくべきである。「もちろん世界のモデルにはよいものもあれば悪いものもある。しかしよいものであっても近似しているにすぎない。シミュレーションでは、現実に何が起こるかを正確に予測することはできないが、よいシミュレーションはむやみに試行錯誤を行うよりはるかに好ましい」（p.58）。この点において、1990年代後半に私（訳注：Mujika）たちが数理化モデルアプローチを用い、フランスの一流水泳選手のグループに対して、コーチがテーパリングプログラムを立案し、よい結果を得る手助けしたことに触れるのは意味のあることだろう。水泳選手のほとんどが、その年の、そのシーズンで必要なときに、その年のベストパフォーマンスを得ることができ、現場のツールとしてコーチや競技選手に提供されたこの方法について、彼らは「むやみに試行錯誤を行うよりも非常に好ましい」と言っていた。

　さまざまな非線形的なトレーニング刺激―反応関係によるモデルは、線形に変化する疲労と適応を考慮したモデルの主な限界を克服するために開発され、テーパリング前のトレーニング負荷への反応に対するモデルから算出される時間的指標の変化をもたらすこととなった。この方法では、モデルは、競技選手が実施したテーパリング前のトレーニングに依存して、一定のトレーニング負荷が異なるレベルの疲労をもたらすことを仮定する。競技選手が疲労を回復できるようなよい休息が取れている場合、このモデルは、テーパリングによってもたらされるパフォーマンス向上が、疲労の除去だけでなく、テーパリングの中で生じるトレーニングに対する耐性と適応の増加によるさらなる体力向上によるものであることを説明することに貢献する。

　それ以外に、数理的モデルを適用することによって、コンピュータシミュレーションを行い、理論的なトレーニングプログラムへの反応を予測したり、理論的なパフォーマンスの出力に達するために必要なトレーニングの入力を決定することができた。最適なテーパリングの継続期間とモデルを確立し、テーパリングの前の過負荷トレーニング（すなわち競技選手をオーバーリーチさせる）や、あるいはテーパリングの最後におけるトレーニング負荷の最終的な増加がどのようにテーパリングの方法やパフォーマンス結果に影響するのかについての理論的な予測をする上でも、これらのシミュレーションは貢献してきた。これらの理論的な予測は、実験により確認または否定される必要がある。

第8章

チームスポーツのテーパリングの独特な側面

Unique Aspects of Team Sport Tapering

トレーニングのピリオダイゼーションは、個人種目の競技選手において、そのシーズンで最も重要な試合でピークに達することができるようにする方法である。こういった競技選手は通常、数カ月にわたる激しい練習とその後の低減されたトレーニングにより、体力とパフォーマンスがピークに達して、狙いとするレースや選手権大会において最高潮となる。これまでの章でみてきたように、それらの戦略の生理学的、心理学的、パフォーマンスにおける利点は、現在までに十分に確立されている。しかしながら、チームスポーツの競技選手にとって、このアプローチが常に最も適しているとは限らない。実際に、個人種目の競技選手は、常に最大の利益を求めるためとはいえ、重要な目標を目指すために期待よりも低いパフォーマンスになることを受け入れたり、大きな目標に関係のない試合を欠場することすらあるのに対して、チームスポーツの競技選手は、優勝を目指して戦いたい、ここぞというときには、通常、毎週のように高いレベルでのパフォーマンスが求められる。

なぜチームスポーツにおけるテーパリング＆ピーキングの研究がそれほど少ないのか？

最近、Pyne et al.（2009）によってレビューされたように、科学的論文におけるテーパリングに関する実験的および観察的研究は、主に個人競技（大部分は持久的な競技）および種目において行われたものがほとんどである。個人競技が注目されるのには、2つの主な理由がある。1つ目は、これらのスポーツにおいては、生理的能力や基本的なトレーニング要素（量や強度）と、競技でのパフォーマンスとの間に中程度から高い相関関係があることである。2つ目は、これらの要因は、チームスポーツの生理的要求や、トレーニング、パフォーマンスという多面的な性質と比較すると、特定し定量化することがより容易であるからである（Mujika 2007a）。チームスポーツは、パフォーマンスに貢献する身体的、生理学的、心理学的、技術的、戦術的要因の組み合わせと関わりがあることは明らかである。ほとんどのチームスポーツにおいて、十分に発達したスピード、加速、パワー、持久力、アジリティ（敏捷性）が求められるとすると、効果的なテーパリングは、これら特性の多く、またはすべてを改善させるだろう（Mujika 2007b）。

簡単に言えば、世界におけるチームスポーツのファンや一般的な人たちの間での人気ほど、スポーツ科学者の間での関心は高くないようである。チームスポーツに直接関連したテーパリングとピーキングの理解や最適化に対して、スポーツ科学

が貢献できる部分はごくわずかである。

2007年の論説で、Mujika（2007a）は、このチームスポーツに関する研究の明らかな不足について考えられる理由として、この種の研究は行うことが格別に難しいということを示唆している。その中で、Mujikaはテーパリングとチームスポーツについて研究しようとするときに解決すべき、いくつかの主要な問題を挙げている。

- ランニング、水泳、サイクリング、漕艇、多種にわたる跳躍、投擲、挙上といったさまざまな運動様式を持つほとんどの個人競技と比較して、チームスポーツのパフォーマンスの生理学的な決定因子は、明確に理解されているわけではない。生理学的な性質を特定することは必要条件ではあるが、チームスポーツでは、競技に参加する選手にとって唯一求められるものではないということは明らかである。
- チームスポーツの世界において、パフォーマンス自体を定義することは難しい概念である。水球、あるいはサッカー、バスケットボールにおけるパフォーマンスとは何か？　ゴールやポイントをより多く得ることだろうか？　試合の間、相手よりもプレーのテンポを高く保つことだろうか？　実際の試合という高いプレッシャーの中で、スキルやパフォーマンスを示せることだろうか？　スポーツ科学者たちは、正確で、定量化でき、数値的データを扱うことに慣れており、それらが競技選手のパフォーマンスの潜在能力を示すことになり得るものの、チームスポーツの枠組みにおける実際のパフォーマンスにとっては、相対的に抽象的な概念である。
- トレーニングの定量化は、質の高いスポーツ生理学的研究の重要な側面である。とくにトレーニング負荷が生理的反応と適応に与える影響、そして測定とパフォーマンス能力の関係を評価する上で重要である。しかし、チームスポーツのトレーニングには一般的に多様なトレーニング活動が含まれており、本当にさまざまな環境条件の下で行われることがよくあり、同様にトレーニングに対する反応や適応についても個人間の差が大きい。これらの問題が、さまざまなトレーニング変数を定量化された単位にまとめることを難しくしている。
- このほかのチームスポーツの研究における難しさは、国内および国際試合の試合期が長いことである。たとえば、主要なヨーロッパのサッカークラブの選手は、通常国内（リーグ戦、カップ戦）と国際試合（チャンピオンズリーグあるいはUEFA杯）を8月中旬から5月中旬、あるいは6月まで戦う。ヨーロッパあるいはワールドカップといった代表チームの試合は、国内の大会のすぐ後に続いて隔年で行われる。この日程だと、一流レベルの選手はシーズン中に60以上の試合に参加することになる。この条件では、すでに選手が過負荷になっているところへ追加的な身体的な要求をもたらすような実験研究を行うことは難しい。
- 多くのチームスポーツにおいて、相対的にケガのリスクが高いことが、試合期の中で縦断的研究を実施することを難しくしている。チームスポーツ研究に固有の大きな困難はあるが、チームスポーツと密接に関わって働くスポーツ科学者らは、そういった問題の考えられる解決策を検討する必要があるだろう。そのとき初めて、スポーツ生理学、テーパリング、パフォーマンスピーキングにおける、いくらか忘れられているものの、非常にエキサイティングな分野へ、スポーツ科学者が強く貢献することが可能となる。本章では、いま述べたように研究を行うことが難しいにもかかわらず、存在する限られた研究について議論する。

単一および複数のピーキング

複数のピーキングという文脈でテーパリングを直接検討した研究はない。ほとんどの個人競技では、大きな大会には予選、準決勝、決勝が含まれ、場合によっては数日、ときにはプロの自転車ロードのグランドツアーのように数週間にわたることもある。チームスポーツでは、ほとんどの国内および地域の大会は、4～8カ月のシーズンにわた

って1週間あたり1回以上行われる。複数のピーキングの分野についての研究がなく、競技選手やチームが効果的なテーパリングからパフォーマンスへの効果がどのくらいの頻度で得られるか知られていないため、この点について信頼できるアドバイスを行うことは不可能である（Pyne et al. 2009）。それ以外にチームスポーツで鍵となる検討事項は、世界選手権やワールドカップ、オリンピックといった大きな国際試合に向けた代表チームの準備である。チームスポーツのテーパリングには、通常シーズンのピーキングや大きなトーナメントに向けたさまざまな変更が含まれる（Mujika 2007b）。その環境で処方された選手の身体的な準備については、実験的研究というよりも、むしろ、その環境で処方された試行錯誤によって発展するものである。

研究によって試合に向けて効率的なテーパリング戦略を開発することができるのであれば、数少ない研究は、チームスポーツが競技での優位性を得る可能性を強調することになるだろう。チームスポーツのためのテーパリングとピーキングについて、2つの競技における状況が思い浮かぶ。すなわち、リーグ型の試合期に向けて可能な限りよいコンディションにするシーズン前のトレーニング、そしてオリンピックや世界選手権といった大きな国際トーナメントのためのピーキングである。

レギュラーシーズンのためのテーパリング＆ピーキング

ほとんどのコーチは、チーム内のすべての選手たちのフィットネスレベルを、シーズン中のある期間にわたって、最高の状態にしておくことは単純にできないことを理解している。しかし、試合期が始まるときに選手の身体的能力を確実に最適なものとするうえで、シーズン前に時期に分けて考えたコンディショニングプログラムを処方することは重要である。

最近の研究では、Couttsら（2007a）は、セミプロ（半職業的）のラグビーリーグの選手において、シーズン前の意図的なオーバーリーチとテーパリングが、筋力、パワー、持久力、いくつかの生化学的反応にどのような影響をもたらすのかについて調べた。選手らは、回復期を限った6週間の徐々に負荷を変える過負荷トレーニングを行い、その後7日間徐々にトレーニング量を減らすテーパリングを行った。過負荷の期間後、マルチステージフィットネステストにおけるランニングのパフォーマンスは有意に低下（12.3%）し、その他の筋力、パワー、スピードパフォーマンスの測定は減少傾向であった（−13.8%から−3.7%の範囲）。血清テストステロン対コルチゾール比、クレアチンキナーゼ、グルタミン酸、グルタミン対グルタミン酸比といったいくつかの生化学的指標にも有意な変化がみられた（$p<0.05$）。テーパリング後、ハムストリングスの最大トルクと等速性パワーの有意な増加がみられ、同様に、マルチステージフィットネステストや垂直跳び、3RMスクワット、3RMベンチプレス、チンアップ、10mスプリントのパフォーマンスの増加、すなわち実践的には最低限重要な変化がみられた。さらに、すべての生化学的指標がベースラインの値に戻る傾向にあった。著者らは、筋力やパワー、持久力が過負荷トレーニング後に減少したことは、オーバーリーチの状態を示していると結論づけた。パフォーマンスが低下したことの最も可能性の高い説明は、同化と異化のバランスが低下し（異化のほうに傾き）、筋ダメージが増加したというものである。しかしながら、続いて行った徐々にトレーニング量を減らすテーパリングで、筋力やパワー、持久力の超回復が引き起こされた可能性があることが示されており、これは同化の増加と筋ダメージの減少とが関連している（Coutts et al. 2007a）。

繰り返しのスプリント能力は、ほとんどのチームスポーツにおいて求められる基本的なパフォーマンスであるが、これもまた時期を分けて実施されたトレーニングとテーパリングを通して促進される。Bishop and Edge（2005）は、レクリエーションレベルのチームスポーツの女性選手におい

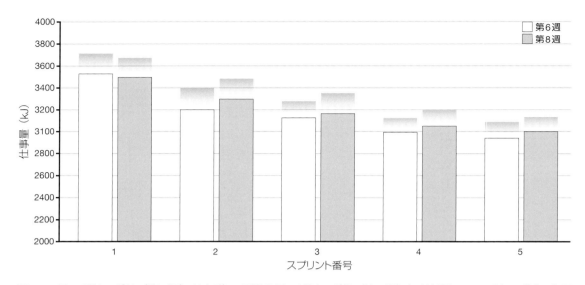

図8.1 テーパリング前（第6週）および10日間のテーパリング後（第8週）における、5×6秒スプリントテストで記録された総仕事量（kJ）。データは、平均±標準誤差。
D. Bishop and J. Edge, 2005, "The effects of a 10-day taper on repeated-sprint performance in females," Journal of Science and Medicine in Sport 8(2): 205. より許可を得て転載。

て、6週間の高強度トレーニングに続いて行った10日間の指数関数的にトレーニング量を減らすテーパリングが、繰り返しのスプリントパフォーマンスに与える影響について調査した。被験者らは、テーパリングの前後で繰り返しのスプリント能力（5回×6秒の最大自転車スプリントを30秒ごとに行う）を調べた。図8.1に示すように、10日間のテーパリングにより、総仕事量（4.4%、$p = 0.16$）、ピークパワー（3.2%、$p = 0.18$）には有意ではないものの増加がみられ、仕事量の低下率に有意な減少がみられた（10.2% ± 3.5% vs. 7.9% ± 4.3%、$p < 0.05$）。

一目でわかる
チームは個人選手の集まりでもある

本章で述べた調査は、基本的なトレーニングの原則を示しており、これは個人種目の競技選手に効果的であり、チームスポーツにも適用できる。したがって、コーチングおよびコンディショニングスタッフは、シーズン前のトレーニングプログラムをデザインする際に、これらの原則を考慮すべきである。一度シーズンが始まると、チームがシーズン前の時期を分けて行われたトレーニングプログラムに成功し、それにより到達した体力水準を維持できるかどうかは、試合間の時間や移動、対戦相手の競技力、ケガ、試合時間、試合への身体的な適応、回復、個々の選手のトレーニングといった複数の要因によって決まる。シーズン初期の体力とパフォーマンスレベルを保持、あるいはさらに改善するうえで、これらの変数のすべてをチームのシーズン中のトレーニング計画に統合する必要がある。

大きなトーナメントに向けたテーパリング＆ピーキング

ワールドカップのような主要な国際トーナメントに先立って、自身のクラブで戦うプロのサッカー選手は、テーパリングの機会が少なくなるため、ほとんどがパフォーマンス不足となってしまうようだ（Ekstrand et al. 2004）。ほとんどの主要な国際トーナメントは、クラブレベルの長い試合期の終わりに行われる。選手のピークパフォーマンスを引き出して代表チームで戦うために、選手が休息し体力水準を再構築することができるよう、国内の試合日程を前倒しする国もある。それ以外にも、選手たちが代表チームに加わるときまで、競争力の高い状態を保つことができるよう国内シ

表 8.1　デンマークサッカー代表チームにおける、ユーロ 2004 に向けた 2 つの 9 日間のトレーニングスケジュール（フェイズ 1 および 2）

日	フェイズ 1		フェイズ 2	
	午前	午後	午前	午後
1	Yo-Yo IE2 テスト、技術戦術練習	有酸素的高強度トレーニング（6×2 分）、プレー 20 分	Yo-Yo IE2 テスト、技術戦術練習	スピードトレーニング、技術戦術練習、プレー 20 分
2	フリー	技術戦術練習	フリー	有酸素的高強度トレーニング（6×2 分）、技術戦術練習、プレー 20 分
3	技術戦術練習	スピードトレーニング、技術戦術練習、スピード持久力維持トレーニング	技術戦術練習	スピードトレーニング、技術戦術練習
4	フリー	技術戦術練習、プレー 30 分	グループ C：スピード持久力向上トレーニング	親善試合（夜）
5	フリー	スピードトレーニング、有酸素的高強度トレーニング（8×2 分）	フリー（移動）	フリー（移動）
6	フリー	技術戦術練習、グループ C：有酸素的高強度トレーニング（6×2 分）、	有酸素的高強度トレーニング（3×5 分）、プレー 30 分	フリー
7	フリー	親善試合	技術戦術練習	スピードトレーニング、技術戦術練習、スピード持久力向上トレーニング
8	フリー	グループ A：リカバリートレーニング、グループ B：スピードトレーニング、プレー 20 分	フリー	技術戦術練習
9	フリー	有酸素的高強度トレーニング（8×2 分）、プレー 20 分	Yo-Yo IE2 テスト、技術戦術練習	スピードトレーニング、技術戦術練習、プレー 20 分

J. Bangsbo, M. Mohr, A. Poulsen, J. Perez-Gomez, and P. Krustrup, 2006, "Training and testing the elite athlete," Journal of Exercise Science and Fitness 4 (1): 1-14. より許可を得て転載。

ーズンを遅らせるという方法もある。いずれの戦略も賛否両論あり、科学的文献が不足しているので、大きなトーナメントに向けた最適なピーキング法については、結論が出ていない。

　Bangsbo ら（2006）は、近年デンマークの代表チームが 2004 ヨーロッパ選手権に向けた準備プログラムについて述べた。クラブのシーズン終了後、選手たちは選手権に向けた準備の前に 1〜2 週間休息を取った。準備は 18 日間にわたって続き、9 日間ごとの 2 つのフェイズ（時期）に分けられた（表 8.1）。

　高強度エクササイズの程度はどちらも似たようなものであった（すなわちトレーニング強度は維持された）が、フェイズ 2 ではトレーニングの総量は減らされた（すなわちトレーニング量は少なくした）（表 8.2）。これは個人競技の選手の研究に基づいて推奨される前述のテーパリング方法と一致している（Mujika and Padilla 2003a）。

　その著者らは、トレーニング中に戦術的要素として行われる高強度の仕事の程度については、選手間の個人差が大きいため、とくに体力向上を目的として行われていないトレーニング時間の中であっても、個々における身体的なトレーニング負荷の注意深い評価は必要不可欠であることを強調

回復と選手の体力の再構築が、国内シーズンの間に求められる高強度トレーニングの維持と国内シーズンの間に得られた体力の活用との間で、どちらを選択するかという問題に直面することになる。どちらのアプローチも有効であり、その選択は国内シーズン後に選手が示している疲労のレベルと、国内試合の終了から国際試合の開始までの時間の長さによって決まる。

チームスポーツの文脈におけるテーパリングとピーキングについての追加的な情報は、第12章で読むことができる。そこでは大きな成功を収めたチームスポーツのコーチが、国際大会に向けた準備で達成した際の見方や特異的なトレーニング、パフォーマンスをピークにする戦略について情報を共有してくれている。

Part III

Elite Sports Figures on Tapering and Peaking
一流の競技における テーパリングと ピーキングの形

第1部では、私たちは理論的基礎、すなわち大きな大会に向けたテーパリングとピーキングについて何がわかっているか、テーパリングとは何か、コーチや選手、研究者が競技におけるパフォーマンスを最適化することを意図したテーパリングモデルの違い、テーパリングによってもたらされる生理的・心理的な変化について、議論してきた。第2部では、私たちは4つの章にわたって、テーパリング期間中に行われるトレーニングの修正、テーパリングによって起こりうるパフォーマンスへの影響、我々が数理的モデルからテーパリングについて学んできたことやチームスポーツのためのテーパリングとピーキングについて知っていることについて議論した。

　今がまさに、試合に向けたテーパリングとピーキングについて、また、さらなる実践的側面について議論するときである。成功したコーチや選手に直接聞くことより、よい方法があるだろうか？　第3部では、私たちは、数人の世界クラスのコーチや選手に、大きな大会に向けてピークに至るために行ったテーパリングのアプローチについて聞いた。彼らの寄稿は4つの章に振り分けられており、それぞれ持久的競技、スプリントとパワー種目、プリシジョン（精度を競う）競技、チーム競技を取り上げている。

　第1部、第2部とは対照的に、第3部では科学的研究という根拠ある知見には基づいていない。したがって、テーパリングとピーキング戦略が生理的および心理的、パフォーマンス的な変数に及ぼす正確な影響について、的確には記述や定量化されていない。一方で、これらの一流選手やコーチが次の4つの章でシェアしてくれる体験談は、スポーツの実際の世界を反映しており、試合に向けた準備として行うさまざまなアプローチがどのように世界という舞台で好成績をもたらすかについて明らかにしている。選手やコーチは、これらの大きく成功した仲間たちが示した観点のいくつかを確認し、有用なティップス（小さなヒント）や考えるための材料を見出し、これら世界クラスの競技者像によりもたらされた豊富な情報から刺激を得ることだろう。

第9章

持久的個人競技のためのテーパリング

Tapering for Individual Endurance Sports

　これまでの章で集めることができたように、入手可能な科学的文献におけるテーパリングに関する知識のほとんどは、研究の種類が実験的もしくは観察的であるかにかかわらず、個人の持久的競技や種目に関係している。それらには、水泳、サイクリング、ランニング、ロウイング（ボート競技）、それらの組み合わせであるトライアスロンといった異なるさまざまな運動様式が含まれる。このように研究が個人種目に集中する理由は、主に2つある。1つ目は、そういった競技においては、生理的な能力、トレーニング量や強度といった基本的なトレーニング要素と、試合でのパフォーマンスとの間に、中程度から強い相関関係があるということである。2つ目は、個人競技に関連したトレーニングとパフォーマンス要因の特定と定量化が、チーム競技に関連した同じ要因に比べて簡単であるためである（Pyne et al. 2009）。

Bob Bowman
水泳の世界チャンピオン選手のテーパリング

　レベルの高い競争の世界では、最高が求められるときに、競技選手が最高な状態にあるということは、非常に重要なことである。これは、オリンピックの競技種目では、4年ごとの最高点に至るオリンピック大会において、身体的に、心理学的に、感情的にエネルギーのピークが達成される必要があることを意味している。競技パフォーマンス向上のために、科学と技術をその種目に特化させ、それらをより活用することは、コーチや選手が長期・短期計画の両方に成功するうえで不可避である。以下のセクションでは、水泳において大きな大会に向けてピーキングに導くためのステップについて、また1人のコーチがテーパリングをどのように計画するかについて考えていく。

計画

　世界レベルのパフォーマンスに到達しようと考えるとき、ある1つのことが明らかになる。それは、計画の失敗は、失敗することを計画しているということである。コーチは、4年計画をまとめたすべての要素の一覧表を持っておき、その広範な枠組みの中で短期的な目的を形づくる必要がある。何よりもまず、重要視すべきは選手である。その選手は、国際試合で経験を積んでいるのか、あるいは比較的新参者なのか？　その選手の技術的な強みと弱みは？　身体的な強さやパワー、持久力は？　全体的な健康やきつい負荷に耐える能力があるか、といったことも考慮しなければならない。その競技選手は心理的に強いか、あるいは高いプレッシャーの条件下でさらに調整が必要か？

Bob Bowman

Bob Bowmanは、20年以上にわたって一流水泳選手をコーチしてきた。そのキャリアを通して、オリンピックや世界選手権へ、多数の水泳選手を送り出し、これら大きな大会で金、銀、銅メダルという成果を残している。Michael Phelps（オリンピックで獲得した金メダル計14個は彼の功績である）、Peter Vanderkaay（オリンピックで2つ、世界選手権で2つの金メダル）、Erik Vendt（2008年のオリンピックで金、2000年と2004年のオリンピックで銀）は、Bobがコーチした中で最も成功した選手である。その他の表彰の中には、米国水泳連盟および米国スイミングコーチ協会コーチオブザイヤーの2回の受賞という栄誉がある（2001年、2003年）。さらに、2002年の米国水泳連盟の若手育成コーチオブザイヤーに選出されている。Bowmanは米国代表チームの2007年世界選手権（オーストラリアのメルボルン）のヘッドコーチに指名された。

コーチは、それぞれ異なる基準を持っており、その競技選手の特別なニーズに合うよう異なる方法で4年計画を立てるだろう。計画を立てるときには、一般的なこと（長期）から特定のこと（短期）へ、また単純（マクロサイクル）から複雑（ミクロサイクル）へと進めるべきと私は信じている。

- **マクロサイクル** 選手ごとの広範で一般的な目標（例：2004年のオリンピックで金メダルを獲得する）が定まったら、より特異的で詳細なプログラムに取りかかることができる。4年計画のそれぞれの年に、大きな国際大会や、それ以外にもおそらく重要な国内大会が行われるだろう。したがって、1年のトレーニングは2つのマクロサイクルに分けられる。すなわち、1つの最高目標は国内の選手権（あるいは選考会）に、もう1つは国際大会（世界選手権）に設定するというものである。各マクロサイクル内には、移行期、構築期、強化期、試合期、特異的トレーニング期がある。それぞれのマクロサイクルにも、また1つのテーパリング、あるいはピーキング期間が含まれており、国際大会のマクロサイクルは、より広範で精度の高い調整段階を含んでいる。たとえば、表9.1を参照のこと。これはMichael Phelpsの2000-2001の年間計画である。一旦コーチがそれぞれのマクロサイクルのための試合のスケジュールを決定し、トレーニング期を区分したら、次にミクロサイクルの計画を立てることに集中できる。

- **ミクロサイクル** 私たちのプログラムでは、ミクロサイクルは重要な役割を果たしている。なぜなら、各トレーニング週の中に、トレーニングの全般的な概要が一貫して含まれているためである。ある何らかのトレーニングの質（すなわち有酸素的持久力、筋持久力、無酸素的パワー、混合トレーニング）に重点を置くことは、任意のトレーニング期間内のトレーニングのテーマを決定づけることになる。

このようなトレーニング内容の重点化と、異なる種類の練習量が、シーズンが進むにつれて変わるにもかかわらず、それぞれのトレーニングの種類は、ミクロサイクルごとに含まれている。これにより、テーパリング計画の基礎が保証され、トレーニング計画内のまとまりごとに、選手は、競技にとって重要なエネルギー系能力向上に向けてのトレーニングを確実に行うことができる。Club Wolverineで行われた中距離水泳選手のための標準的なシーズン中盤のミクロサイクルは、表9.2に示すマクロサイクルのようになるだろう。

テーパリングの構成要素

競技選手のためのピーキング計画をデザインする際の主な課題は、テーパリングの過程において相互作用するさまざまな要素をコントロールし続けることである。たとえば、練習の量と強度を同時に低減するのは賢明ではない。したがって、私たちのテーパリングプログラムでは、最初に強度は同じレベルに維持したまま、練習量を低減する。この過程は、正式には大きな大会の最初の試合の約21日前に始まる。私は、それに追加して大会

の約6週間前にもう一段下げることを行う。練習量を管理する方法の1つは、1週間あたりの練習回数を低減させることである（表9.3）。私は、ピークの試合の約6週間前のマイクロサイクルにおいて、水泳選手たちの朝の練習を4回から3回に減らすことがしばしばある。この自動的な低減により、ピーキング期のとくに早期、強度（スピード）が求められ練習が激しいときに、トレーニング量を一貫して減らすことが確実にできる。このことは、テーパリング期を通して、より統一的な練習パターンももたらす。トレーニングの強度は重要な要素であり、テーパリング期の大部分を通して、維持されなければならない。試合前の最後の数日、練習量が最も低い水準に低減されるときにのみ、セッションの強度は維持レベルに低減するべきである。ぜひ一度、一流競技選手のために計画された実際のテーパリングを見てほしい（表9.4）。ここでは、Michael Phelpsの2007年世界選手権に向けた最終段階での準備が示されている。Michaelは、7つの金メダルを獲得し5つの世界記録を打ち立てたことで、スポーツ競技の歴史の中で、最高の個人パフォーマンスとして知られており、彼の記録は自身によってのみ北京オリンピックで更新され、追加の金メダルと2007世界選手権での優勝をその経歴に加えることとなった。その計画では、トレーニング量を徐々に減らしていくことが求められる（表では1000m単位で示されている）。シーズンの中心におけるMichaelの平均的なトレーニング量は、午前中に6000m、午後に7000mとなる。正式なテーパリングプログラムは、20日前に始まり、2週間にわたって続き、ピークレベルから20%減になるまでトレーニング量は徐々に低減される。しかしながら、練習の強度は一定に保たれる。繰り返しの回数またはそれぞれのトレーニングに費やした時間が唯一異なるものの、基本的には、閾値トレーニングと質を重視した練習のトレーニングのペースは同じである。ある1種類の練習が全体のトレーニングに占める割合は、変化なしのままである。テーパリング計画は、骨の折れるオーストラリアへの飛行機の旅

と、それによって起こる時差への適応についても考慮する。Michaelは旅の経験が豊富であり、時差に対応する問題を最小限にするために必要な事前の注意を払っている。

種目に特異的な考慮すべき点

コーチは、大きな大会に向けた準備をする場合、個々の選手のニーズを理解するべきである。男女で計画は異なるであろうし、とくに水泳競技における陸上トレーニングにおいてはそうである。男性では高強度の陸上トレーニングからの休息がより必要である一方、女性ではテーパリングを通して筋力を維持する必要がある。長距離水泳選手では、中距離あるいは短距離の選手よりも量が多くなる。年齢の高い選手においては、若い選手と比べて一般的により休息を必要とし、量も少ない。私たちの世界選手権に向けた準備では、Michael Phelps、Peter Vanderkaay、Klete Kellerは同じ一般的な計画に従った。全員が米国の世界記録を打ち立てた4×200mリレーで泳いだが、各選手の計画はその一般的な計画とはわずかに異なっていた。

Michaelは4泳法を時間で分けて練習を行った。なぜなら、彼は第一に個人メドレー選手だからである。PeterとKleteは、400mと200m自由形をとくに練習した。しかしながら、Kleteは、より長い有酸素的な練習が与えられた（これはそれほど筋肉質ではない長距離トレーニングという背景を持つ水泳選手には、通常の行動様式である）。Peterはやや少ない量のトレーニングを与えられた。なぜなら、彼は筋肉質な体格であり、仕上げのトレーニングの間に疲労が残りやすいためである。

心理的準備

心理的準備は、世界レベルの大会において、ずば抜けたパフォーマンスを残すための鍵である。これには、ビジュアライゼーション（イメージの可視化）の練習、自信の構築、一時的な後退にうろたえないことを学ぶといったことが含まれる。

表9.1 Michael Phelps（NBAC）の2000-2001シーズンの計画

	月	9月			10月					11月					12月					1月				2月			
日付	ミクロサイクル				1	2	3	4	5	6	7	8	9	10	11	12	13	14	15	16	17	18	19	20	21	22	23
	週の開始日				9月25日	10月2日	10月9日	10月16日	10月23日	10月30日	11月6日	11月13日	11月20日	11月27日	12月4日	12月11日	12月18日	12月25日	1月1日	1月8日	1月15日	1月22日	1月29日	2月5日	2月12日	2月19日	2月26日
試合カレンダー	国内											■										■					
	国際														■					■							
	場所											ワールドカップ			クリスマス大会					アトランタ		ワールドカップ					
ピリオダイゼーション	トレーニング期	移行期			基礎をつくる										強化期					試合期				専門的			
	筋力	リハビリテーション			漸進的										パワー					維持				漸進的・パワー			
	持久力	維持			一般的漸進的										混合					維持				専門的			
	スピード	維持			維持										漸進的					維持				漸進的			
測定日						■			■			■			■				■		■				■		
メディカルコントロール																											

量	1	2	3	4	5	6	7	8	9	10	11	12	13	14	15	16	17	18	19	20	21	22	23
100																							
90													■										
80												■	■	■									
70								■				■	■	■	■				■				
60					■	■		■	■			■	■	■	■		■		■		■	■	
50				■	■	■	■	■	■	■		■	■	■	■	■	■		■	■	■	■	■
40			■	■	■	■	■	■	■	■	■	■	■	■	■	■	■		■	■	■	■	■
30		■	■	■	■	■	■	■	■	■	■	■	■	■	■	■	■		■	■	■	■	■
20		■	■	■	■	■	■	■	■	■	■	■	■	■	■	■	■		■	■	■	■	■
10	■	■	■	■	■	■	■	■	■	■	■	■	■	■	■	■	■		■	■	■	■	■

Bob Bowmanの好意による。

	3月				4月					5月				6月				7月					8月				
	24	25	26	27	28	29	30	31	32	33	34	35	36	37	38	39	40	41	42	43	44	45	46	47	48	49	50
	3月5日	3月12日	3月19日	3月26日	4月2日	4月9日	4月16日	4月23日	4月30日	5月7日	5月14日	5月21日	5月28日	6月4日	6月11日	6月18日	6月25日	7月2日	7月9日	7月16日	7月23日	7月30日	8月6日	8月13日	8月20日	8月27日	9月3日

オールスター			世界選手権選考会							アナーバー				地域シニア		サンタクララ				世界選手権		U.S.ナショナル					

試合期	強化			専門的				ピーキング				T	休息
維持	漸進的			パワー				維持				M	
維持	混合			専門的				維持				M	
最大	維持・漸進的			漸進的				最大				M	

24	25	26	27	28	29	30	31	32	33	34	35	36	37	38	39	40	41	42	43	44	45	46	47	48	49	50

表9.2　中距離水泳選手のためのシーズン中期のミクロサイクル

	月曜日	火曜日	水曜日	木曜日	金曜日	土曜日	日曜日
午前	有酸素および技術練習（キックとプル）	パワーと過負荷トレーニング	オフ	有酸素および技術練習（キックとプル）	パワーと過負荷トレーニング	最大酸素摂取量トレーニング	オフまたは軽い水泳とリカバリーモダリティ
午後	持久的トレーニング、無酸素性作業閾値まで	アクティブレスト（スピードプレー）	最大酸素摂取量トレーニング	持久的トレーニング、閾値トレーニング	アクティブレストと技術練習	オフ	

表9.3　ミクロサイクル例

10～11セッションのミクロサイクル								
	月曜日	火曜日	水曜日	木曜日	金曜日	土曜日	日曜日
午前	X	X		X	X	X	(X)
午後	X	X	X	X	X		

9～10セッションのミクロサイクル								
	月曜日	火曜日	水曜日	木曜日	金曜日	土曜日	日曜日
午前	X		X		X		(X)
午後	X	X	X	X	X		

　私たちは、選手に対して試合の6週間前にレースのビジュアライゼーションを行うことを勧めている。彼らは、思い通りにレースを展開していく様子をイメージすることを学び、また私たちは彼らに対して、心理的な想像力の中でできるだけ具体的な像を描くように勧めている。テーパリング期間は、レースのさまざまな側面について予行演習する時間として非常に有益である。練習によってレースを完全に複製することは不可能であるが、レースの一部に注目することは可能である。レースにおける各区間を特定のスピードで泳ぐことや、スタート、レーススピードでのターンやフィニッシュの練習が重要である。私たちは、選手たちが練習でのパフォーマンスを行っている間、試合で自分たちが泳いでいる様子をイメージすることを勧めている。

　このときコーチは、自信のイメージとなるべきである。各水泳選手は、テーパリングが進んでいくにつれ、いい感覚、あるいは速いと思えなくなる日々や練習を経験することがある。私たちのプログラムにおいては、選手が日々感じることに対して、それほど強く重視することはない。私たちは、それぞれの泳法（種目）の技術と、ある距離での泳タイムに注目している。あなたは、速く泳ぐことに必ずしもよい感覚を持たなくてもよい。

　世界選手権メルボルン大会の3日前、Michaelはその年で最悪の練習を行った。しかし、彼は試合の3日前にどのように感じるかは重要ではないということを知っていた。試合前の1年にわたって、彼は十分に準備してきており、1回の練習が試合でのパフォーマンスに影響を与えることはない。アスリートとコーチは、計画に信念を持つべきであり、一時的な支障が生じてもパニックに陥るべきではない。ピーキング期とは、コーチが奇跡をつくり出す魔法の時間ではない。年間のトレーニング全体に起こるべくして起こる成果が、ピーキング期なのである。もし、ハードトレーニング期に計画的に十分準備され、実行されたならば、

表9.4 Michael Phelpsの世界選手権2007のテーパリング計画

曜日、日	試合までの日数	量（トレーニングの種類）	
		午前	午後
5日（月）	20	4.0（P）	6.0（E）
6日（火）	19		6.0（AR）
7日（水）	18	3.5（T）	5.0（M$\dot{V}O_2$）
8日（木）	17		6.0（E）
9日（金）	16	3.5（P）	4.5（T）
10日（土）	15	5.0（M$\dot{V}O_2$）	
11日（日）	14		4.0（T）
12日（月）	13	3.5（P）	5.0（E）
13日（火）	12	4.0（T）	オーストラリアへ移動
14日（水）	11		
15日（木）	10	到着（10：15）	3.5（T）
16日（金）	9	4.0（TとP）	4.0（E）
17日（土）	8		5.0（AR）
18日（日）	7	3.5（P）	3.5（M$\dot{V}O_2$）
19日（月）	6		4.5（T）
20日（火）	5	3.0（TとP）	3.0（ペース）
21日（水）	4		4.0（T）
22日（木）	3	2.5（T）	2.5（T）
23日（金）	2		3.0（Tとペース）
24日（土）	1	2.5（楽に）	

E＝持久的トレーニング、無酸素性作業閾値まで。M$\dot{V}O_2$＝最大酸素摂取量またはそれ以上での質の高いスピード練習。AR＝アクティブレスト（スピードプレーまたはファルトレクトレーニング）。T＝技術練習（ストローク改善）。P＝パワートレーニング（器具を用いたレジスタンストレーニング）。ペース＝レーススピードでのリハーサル泳。

テーパリングは成功するだろう。コーチは、自らの計画を選手たちによいと思い込ませ、何年にもわたって各選手別のニーズに合致するように計画を洗練させる必要がある。コーチと選手がお互いに自信を持ち、計画を信用すれば、飛躍的なパフォーマンスを発揮する舞台の準備が整う。

理的準備を考慮しつつ、どのように水泳のテーパリング計画をデザインしているかについて、読者は学ぶことができる。鍵となる要素は、水泳選手が日々どのように感じるかにかかわらず、ものごとを大局的に捉えるようにすることであり（すなわち一時的な後退があっても計画に信念を持つ）、またテーパリングのコンセプトはトレーニング全体の自然な結果であるというコンセプトを持つことにある。

一目でわかる

Bob Bowmanの専門的なアドバイスを適用する

　Bob Bowmanコーチが示しているように、計画を立てることに失敗するということは、失敗を計画しているのと同じであり、長期・中期・短期のトレーニングおよびピーキング計画をデザインするときには、選手個々の特徴を頭に入れておくべきである。このセクションでは、Bobが各種目の特徴や選手の心

Martin Fiz
8つの最高峰マラソン大会での勝利

　1995年8月13日、私は世界選手権ゴーセンバーグ大会（スウェーデン）で、2時間11分31秒というタイムで優勝した。2年後の1997年8月10日、世界選手権アテネ大会（ギリシャ）では、

Abel Antonに次いで2位となった。もしもう一度レースをする機会があって、優勝を狙うなら、1997年の大会に向けて同じトレーニングプログラムと同じレース戦術を採用するかと多くの人から聞かれる。そのマラソンでは、私の主要なライバルはAbel Antonであり、彼は最後の数100メートルが速く、平坦なコースでは非常に滑らかに走る。一方で、急なペースアップへの対応や、マラソンの最終数キロに至る前に彼を脱落させようとして、レースの最初から一定で速いペースを保つ相手と競ることには難がある。コーナーが多いコースも、彼は得意としていない。アテネ大会では、私がレースをリードし、19km以上速いペースに設定したが、その後、最後の200mで、Antonは私を打ち負かしたのである。私は2着であった。10年以上を経て、私の準備のあらゆる側面を振り返って、私は同じトレーニング計画とレース戦術を繰り返すだろうと確信している。1つだけ、変えるとすれば、私の主要なライバルを弱らせるためのペース設定において助けとなるように、私に似た特徴を持った協力者を探すことである。私は、トレーニングをより速く行うことにより、またより多くの無酸素的トレーニングを含むテーパリングを実行したとしても、その日、パフォーマンスが改善したことはなかっただろうと確信している。勝利への道は1つではなく、マラソンには、たくさんの厳しいペースのランニングを必要とする。

マラソンのトレーニング

選手が複数の標準時間帯(タイムゾーン)を超える必要があるような国あるいは大陸(訳注:時差の大きいところ)へ移動して行われる長距離種目の準備には、特別なものが求められる。競技選手は、体内時計を新しい時間帯や季節に合わせる必要性が出てくる。私たちは、春のアレルギー反応や、気温や湿度などの気候的条件といった要因を考慮する必要がある。午後に走るのと早朝に走るのでは異なる。すなわち、いつ昼食を食べるか、最後の食事から消化にどのくらいの時間がかかるか、などである。レースコースの特徴を知ることも重要である。すなわち、平坦なコースでは高速レースとなり、カーブが多いコースでは低速で急激な速度変化のあるレースとなることを意味する。競技選手は生活の中でそのレースがどんなものとなるのか、またほかの選手がどう動こうとするかを具体的にイメージ(ビジュアライゼーション)しなければならない。そして注意深く潜在的なライバルたちの長所と弱点を分析しなければならない。競う相手は多いが、考慮すべきなのはひと握りのグループである。ここから、その人の目標は達成可能であると信じることと、そして準備を始めることが重要となる。

世界選手権レベルのマラソン種目の強度に向けた準備をするために、フィジカルトレーニング以外にも、考慮すべきいくつかの要因がある。

- 現実的な目標
- 場所、日時
- レースコース
- ライバル
- フィジカルトレーニング

どのようなトレーニングプログラムであれ、テーパリングの狙いは、ピークパフォーマンスに到達すること、またはピークパフォーマンスを最適化することである。しかし、ピーキングは練習が始まる前からすでに始まっている。競技選手は現実的な目標を立てなければならない。競技会の日に、その選手の経験したことのないレベルを狙うのは賢明ではない。選手の身体が慣れていないペースでマラソンを走り始めるというのは悲劇的で

Martin Fiz

Martin Fizは、1990年代の最高のマラソンランナーだろう。1993年から2000年にわたって、Martinは16の一流マラソンレースに出場し、2時間08分05秒から2時間12分47秒という記録で8回優勝した。1994年のヨーロッパ選手権と1995年の世界選手権で金メダル、1997年の世界選手権で銀メダルを獲得。

ある。以下は世界選手権でのマラソンに向けた私の計画である。

最初の4カ月間

この段階のフィジカルトレーニングは、多くの選手にとって楽しめるものである。なぜなら不安やストレスがなく、練習は多様なものにすることができるからだ。メディスンボールを用いたトレーニングでは、上半身が強化される。でこぼこしたサーフェスでのファルトレク走（つまりペースに変化をつけたプログラム）は、脚がかなり強化される。私は、5分／kmという非常にゆっくりとしたペースで3時間以上走ることができる。多くのコーチや生理学者は、これを「無駄な距離走」と考えているが、私はそうは思わない。42195mの中で受ける衝撃に対して、筋を準備することに加えて、これらの運動によって、グリコーゲンがない状態で脂肪に頼る、いわゆる低質な栄養で走る感覚に対して、身体が適応し、経験がもたらされる。4カ月間にわたる厳しく強度の高いトレーニングを日に2回のセッションで行い、また数時間の理学療法、さらに厳密な栄養計画により、競技会において競技選手が体力の最高値に到達するうえで手助けとなる（表9.5）。

完璧なペースを見つける

最初の筋力強化期が完了すると、3週間のマラソンに特化した準備が始まる。これからは、ペースに適応することとペースを覚えることが鍵である。そのために、私はマラソンのペースで多くの日数を走る。唯一の問題は、一日中疲労に耐えなければならなくなることである。少ない休息で走ペースの速い毎日の練習により、筋は重く感じ、気分は暗くなる。kmの単位で表したとき、トレーニング負荷が最大となるのは中期、すなわち220km×週、平均して週当たり180kmが準備を終える目安となり、これが私にとって完璧なペースのようである。トレーニング負荷や回復、休息により、トレーニングへの適応と作戦の成功が決まる（表9.5）。

マラソンに向けたテーパリング

ここがテーパリングのときである。マラソンランナーとして、私が5000m走の選手だったとき、このトレーニング期にテーパリングに失敗したことを修正しようとしてきた。ランナーとしての私の特性データは、55.5kg、169cm、最大心拍数は188拍／分、トレッドミル漸増負荷試験（1％上り坂、3分ごと）でのピーク乳酸値は8mMol（ミリモル）、ピーク速度は時速22kmである。これらの値は、私がどれだけ無酸素的トレーニングをしても、私と似たような特徴を持つ選手と出会わない限り、私にとって対戦相手を最後の数メートルで打ち負かすようなことは実際には難しいことを示唆している。準備期の最後に、無酸素的トレーニングをより多く行ったとしても、さらなる筋損傷を引き起こすだけである。実際に、私は5000m走のためにテーパリングをしていたとき、マラソンの準備をしていたときよりも多くのケガをした。ハムストリングスやアキレス腱、ふくらはぎに明らかに問題が頻繁に起こり、筋力を回復させるための準備に遅れを生じさせてしまった。一方で、マラソンに向けたテーパリング中に起きた小さな筋の問題には、私は準備を止めることなく対処することができた。疲労し、ややストレス過剰となった筋は、適切なマッサージと理学療法により、簡単に緩和された。主なリスクは、トレーニング量の増大に起因する基準以下の微量栄養素や血液、免疫学的な値といった生理的な不足に由来するだろう。

したがって、継続して速いペースでトレーニングするランナーに向けた提案としては、筋力を高めるためにテーパリングを行うことである。たとえば、あなたはどちらを選ぶだろうか？

(A) 1kmあたり2分40秒のペースで、4×2000m、6分の休息
(B) 1kmあたり2分55秒のペースで、8×2000m、2分30秒の休息

理論的には、選手は両方のトレーニングセット

表9.5　一般的およびマラソンの専門的準備期の週の例

一般的準備期の週		
	午前	午後
月曜日	10km: 4分/km ストレッチ メディシンボールエクササイズ	12km: 4分/km
火曜日	20分間ジョグ ＋ 30分ファルトレク ＋ 10分ジョグ	休息
水曜日	ストレッチ マッサージ	休息
木曜日	10km: 4分/km ストレッチ	15km: 4分/km
金曜日	30分間ジョグ ＋ 2×200m 5%上り坂、リカバリージョグダウンヒル ＋ 20分ジョグ	
土曜日	休息	休息
日曜日	20km: 3分40秒/km	休息

マラソンの専門的準備期の週		
	午前	午後
月曜日	18km: 3分40秒/km ストレッチ	12km: 4分/km ＋ 6km: 3分15秒/km
火曜日	15kmの楽なジョグ ストレッチ マッサージ	4kmジョグ ＋ 10km: 3分20秒/km ＋ 3kmゆっくりとジョグ
水曜日	休息	4kmジョグ ＋ 3×5km: 3分05秒/km ＋ 4分の受動的リカバリー ＋ 2km: 4分30秒/km
木曜日	10km: 4分/km	15km: 4分/km
金曜日	休息	12km: 4分/km
土曜日	12km: 4分/km	12km: 4分/km マッサージ
日曜日	5km: 4分/km ＋ 10km: 3分12秒/km ＋ 5km: 3分35秒/km ＋ 5km: 3分05秒/km	休息

を行うことが可能であるべきである。彼は必要な資質は備えている。しかしどちらがより適切だろうか？　例（A）においては、選手は（B）よりも15秒速く走り、このことは歩幅とピッチがより高いことを意味する。彼は速いと感じるだろうし、最高の仕上がりであるという確信を得るだろう。例（B）では、選手はよりゆっくりとしたペースでトレーニングするが、2倍走り、回復はより短い。もし選手がこのセットを行うことを選んだら、試合でのペースに類似したよいペースに達するだろう。これはレースペースを覚えることになるだろうし、また持久力を養うことにもなるだろう。

　私はどちらを選んだだろうか。疑いなく、（B）である。なぜだろうか。答えの1つは、例（B）は、前述のトレーニング効果をもたらすからである。また、（A）を選んだ選手は、マラソンレースのときにはありえないほど乳酸が蓄積した状態で、トレーニングを行うことになる。このことは、レースの間オーバーペースへと導くかもしれない。実際に、マラソンの2週間前に高いレベルで競うことを好むアスリートもいる。彼らは、体力に自信を持つために、より短い距離のレース（15kmからハーフマラソン）に参加する。私見では、彼らはこの点において、過剰な努力をするという過ちを犯している。すなわち、より高い乳酸値でのレースで、回復するのに長い時間を要するという過ちである。私のアドバイスは、マラソン当日に目指す同じペースでレースをすることである。したがって私は、持久的ペースのトレーニングによるテーパリングを勧める。

　トレーニングサイクルが達成されていくにつれて、ペースは増加するかもしれないが、過剰にならないようにし、インターバルトレーニングのセット間やペースチェンジ練習中の繰り返しの間の回復の時間は、低減させることができる。準備期間の最初の数カ月間、「レースペースづくりとテーパリングのインターバルトレーニングセット」の項に示したように、そのペースはより遅くなり、回復の時間は長くなる。

　私の完璧なテーパリングの期間は21日である。1週間前に、15～21kmのレースを入れる。そのときから、継続的なランニングとペースインターバルは増加させるが、各回の間の回復時間は減少させる（テーパリングのためのインターバルトレーニングセットの例を参照）。

　レースペーシング（ペースづくり）とテーパリングセットの間の主な違いは、回復時間である。テーパリングの間における私なりの秘訣は、数カ月前より速いランニングと、より短い回復時間である。回復時間が鍵である。この方法で、選手は

レースペースづくりとテーパリングのインターバルトレーニングセット

　以下は、私が準備期間で用いたインターバルトレーニングセットの例である。繰り返し回数と距離についてはそれほど違いはないが、ペースと回復時間については大きく異なっている。

完璧なペースづくりのためのインターバルトレーニングセットの例
- 12×1000m 3分10秒/km、2分30秒のリカバリージョグ
- 25×400m 1分12秒、1分15秒のリカバリージョグ
- 3×4000m 3分12秒/km、4分のリカバリージョグ
- 5×3000m 3分10秒/km、4分のリカバリージョグ

テーパリングのためのインターバルトレーニングセットの例
- 3×4000m 2分55秒/km、3分のリカバリージョグ
- 25×400m 1分10秒、45秒のリカバリージョグ
- 15×1000m 2分55秒/km、1分のリカバリージョグ
- 5×3000m 2分57秒/km、2分のリカバリージョグ
- 70分の継続走。3分40秒/kmから3分10秒/kmへとペースを増加させる

体力のピークを迎え、新鮮で「ハングリー」な状態、また脳と脚にはレースペースが十分に確立された状態で、試合の日を迎えることになる。

　この方法を用いて、私は、競技での成功を達成し、37歳まで選手生命を延長させた。2000年のシドニーオリンピックでは6位でゴールし入賞（オリンピックディプロマが送られる）したのは、その年齢のときであった。私の競技寿命には、トレーニングプログラムが常に有酸素性運動に焦点を合わせていたことが、部分的に寄与していると考えている。今では私は46歳となり、未だに持久的レースに参加しており、勝つことすらある。1日に1回のランニング練習のみであることを除いては、同じ種類のテーパリングを行っている。

一目でわかる
Martin Fizの専門的なアドバイスを適用する

　このセクションでは、Martin Fizが世界クラスのマラソンレースに向けて最適に準備するための彼のトレーニング方法を公開してくれた。その方法は、選手各人が自らの頭脳を使ってレースのコンディションを分析し、現実的な目標を設定することから始めるというものである。Martinは、一般的準備や、レースに特異的な準備、テーパリングを含む、それぞれ異なる準備段階に向けた週ごとのトレーニング計画も示してくれた。Martinが提供してくれた情報からの鍵となる概念には、到達可能な目標設定と、トレーニングプログラムとレース戦術に影響を及ぼすすべての環境変数の分析、さらに走行の経済性の改善や、厳しいレースに向けて身体を準備するために多量のランニングを行うこと、理想的なレースペースを学ぶこと、テーパリング中にはマラソンペースより速い速度でのレースを避けること、が含まれる。それ以外の鍵となる要素は、Martinのレースをビジュアライゼーションし、主なライバルの強みと弱みを分析するアプローチである。そのアプローチの明確な例として、金メダルを獲得した1995年の世界選手権において、主なライバルたちが先を取ろうと最終の数kmでスパートをかけたときに、Martinはパニックに陥ることはなかった。その代わり、Martinは1kmにわたって計測し、ライバルがフィニッシュラインまで到底維持できないようなペースで走っていることを理解し、かつ計画した通りのペースを維持した。確かに、数km後にはライバルは自滅し、Martinが彼を追い越した後は、決して振り返ることはなかった。

Luc Van Lierde
世界チャンピオンのトライアスロン選手になる

　すべての競技選手が、いつかは世界チャンピオンになりたいと夢見るが、すべての世界チャンピオンは、そこへ到達するための長い道のりを経てきている。これは私が経験したその道のりとトライアスリートとして用いたテーパリング戦略の説明である。

背景

　トライアスロン選手になる前、私は異なる競技に参加していた。ホッケー、サッカー、柔道、ローラースケート、水泳などである。水泳の練習は約10年間行っていた。私の最高のパフォーマンスは、1988年に200m平泳ぎにおける2分21秒というタイムであった。19歳のときに、私は水泳から、トライアスロンへ移行することを決断し、より急速に成長した。18カ月のトレーニングを経て、私はフロリダで行われたオリンピックディスタンス（オリンピックと同じ距離）のトライアスロン競技の世界選手権に出場し、4位になった。トライアスロンの練習を始めて最初の数年にわたって、いくつかのケガをしてしまい、トライアスロン選手としての進歩が遅くなってしまった。それでも、一流のトライアスロン選手に向けた勢いは途絶えることはなく、1995年、25歳のときにヨーロッパ選手権と世界選手権においてオリンピックディスタンスとロングディスタンスの両方で2位となった。1996年には、オリンピックディスタンスでヨーロッパチャンピオンとなり、またハワイでのアイアンマントライアスロンで優勝するという夢を実現することができた。1年後、ロングディスタンストライアスロンでは、7時間50分27秒と

Luc Van Lierde

Luc Van Lierdeは、トライアスロン競技の歴史の中で最も輝かしい選手の1人である。1996年に、オリンピックディスタンスのヨーロッパ選手権で金メダルを、またオリンピックディスタンスの世界選手権では銀メダルを獲得した。彼はハワイでのアイアンマンで世界チャンピオンとなった初のヨーロッパ人となった。彼が翌年アイアンマンで打ち立てた7時間50分27秒は最速記録で、1999年には、彼はアイアンマンハワイで生涯2度目の優勝を果たした。

いう世界記録を打ち立て、これは10年以上後まで続く記録となった。1999年、2回目のハワイでのアイアンマンで優勝し、3回目の世界チャンピオンとなった。1999年以降、私のトライアスロン選手としてのキャリアは苦悩の中にあった。私は一連のケガに苦しめられ、モチベーションに深刻な影響が生じた。しかしながら、2005年の秋、もう一度挑戦し、最後の復活のための準備をすると決意した。2007年10月、38歳のとき、ハワイでのアイアンマンで8位という結果となった。私は、今も厳しい練習を重ねており、これからを楽しみにしてほしい。

テーパリング

重要な大会に向けたトレーニングは、テーパリングで締めくくりとなる。高強度トレーニングから最大の効果を得る上で、テーパリングは必要不可欠である——トレーニングの過程において、最終的な最も重要な段階である。長年にわたって、私はテーパリングにルールはないということを学んだ。なぜなら、このトレーニング期に対する反応は、個々で大きく異なるためである。ある選手は長いテーパリング期間を好み、別の選手は短い期間を用いる。目標とする大会において最大のパフォーマンス効果をもたらす個別のテーパリング手順を、選手それぞれが開発しなければならない。

大会に向けて最後のトレーニング期を、テストの1つとして行うというミスをする選手もおり、エネルギーを無駄に消費する結果となるかもしれない。私は、テーパリング中の低強度トレーニングは常に大きな疲労となることを見出した。高強

テーパリングの手順

以下は、私がオリンピックディスタンスおよびアイアンマンディスタンスのトライアスロンレースに向けた準備で用いたテーパリング手順の例である。これらは私にとってはうまくいったが、必ずしもほかの選手が同じ種目に向けて準備をする際に理想的であるとは限らない。

オリンピックディスタンスのトライアスロンのためのテーパリング
- 6日前 —— 60kmの自転車サイクリング（最終20kmはレースペースで行う）に続いて、レースペースでの2kmのランにより構成される、自転車とランのトランジショントレーニング
- 5日前 —— 低強度のリカバリートレーニング
- 4日前 —— レースペースでインターバルを伴う水泳のトレーニング
- 3日前 —— 低強度のリカバリートレーニング
- 2日前 —— 短く、高強度のファルトレク走
- 1日前 —— 低強度のリカバリートレーニング

アイアンマントライアスロンのためのテーパリング
- 8日前 —— 自転車で、最後の長時間の持久力トレーニング（5時間）
- 6日前 —— ほぼレースペースでの1時間のラン
- 5日前および4日前 —— 短く楽なトレーニング
- 3日前および2日前 —— 1時間のバイクセッション、20分のラン、1kmのスイム

度トレーニングでは、そのようなことは少ない。おそらく、私の身体は強度の高い運動刺激を求めている。テーパリング中、私も継続して疲労を感じている。階段を上がるのさえ、まるで激しい運動のようであり、脚にはエネルギー不足を感じ、疲れを感じる。しかしながら、これはまさにエネルギーが爆発し、最適なパフォーマンスに向けた準備が整っていることを示しているのだろう。興味深いことに、一度この感じがあれば、パフォーマンスに向けた準備が完了するのである。さらに、テーパリング中の適切な栄養が重要であるというのは明らかである。大会の4日前からの炭水化物に富む食事は、最適なパフォーマンスに向けて中心的な役割を果たす。なぜなら、最大の持久的能力のために、筋肉には十分なグリコーゲン貯蔵が必要になるためである。

　私は、トライアスロンの距離の長短により、異なるテーパリング過程を用いてきた。長距離の場合には、短距離よりもトレーニング量と強度を減らした。私は、ショートディスタンストライアスロンに向けた準備をするとき、大会前日まで強度の高い運動刺激が必要であると気がついた。ショートディスタンスの大会に近づいているとき、アイアンマンのときよりも、筋の緊張度合いが高いままのほうがよいようだった。ショートディスタンスの大会数日前の一連の短い運動刺激は、大会で必要なスピードと爆発力を得るうえでお勧めである。

　オリンピックディスタンスのトライアスロンとアイアンマントライアスロンへの準備として私がよく用いたテーパリング手段については、「テーパリング手順」のボックスを参照いただきたい。

> **一目でわかる**
>
> ## Luc Van Lierdeの専門的なアドバイスを適用する
>
> 　私は、この情報が読者にとっていくらか助けになることを願っている。トレーニングやテーパリングには秘密というものはなく、むしろ各人が順守すべきいくつかの論理的なルールがある。トレーニングや大会での成功を祈る。親しみを込めて。
>
> Luc Van Lierde "アイアンマン"
>
> 　Luc Van Lierdeは、継続時間が2時間以内（エンデュランス種目）から8時間超（ウルトラエンデュランス種目）にわたるトライアスロンのレースに向け、最適なパフォーマンスを行うためにどのような準備を行うかについて、繰り返し示してくれた。このセクションでは、Lucは彼のテーパリングとピーキングに関する考え方を共有してくれた。また、彼自身がさまざまな種目に向けたテーパリングプログラム例を提供してくれた。Lucの話の大切なポイントは、テーパリングはトレーニング過程における重要な段階であるという考えであり、このことは高強度トレーニングのメリットを最大にしてくれる。すなわち、テーパリングは選手個人の特性およびパフォーマンス目標に合わせて個別化すべきであり、またテーパリングの最終段階は、強い疲労を引き起こすリスクを伴う体力テストの一種であると考えるべきではない。

第10章

スプリントおよびパワー種目のためのテーパリング

Tapering for Sprint and Power Events

スプリントとパワー種目のためのテーパリングとピーキングに関する科学的知見は、持久的種目と比べて完全ではないものの、こういった種目においてよりよい計画を立てる上で役立つ、貴重な情報がここ数年で急激に増えてきた。第3章で見たように、いくつかの生理学的変数が筋力やパワーを最適化する上で重要であり、またスピードパフォーマンスの向上が、適切なテーパリングプログラムの結果として起こる。これには、速筋線維の直径の増加、収縮能力の向上、神経的な活動の向上、最大運動時のブドウ糖の分解（あるいは解糖）の増加、タンパク同化を促すホルモン変化などが含まれる。これらの生理的な変化は、全身レベルでのパフォーマンス向上を伴っており、表6.1に示すように、20〜25m水泳、単関節および多関節筋力、ウェイトリフティング、垂直跳びといった身体活動におけるパフォーマンス向上が報告されている。以下のページでは、スプリントとパワー種目に関わる世界クラスのコーチや選手たちが、大きな大会に向けたテーパリングとピーキングのアプローチを我々に教えてくれるだろう。

Mike McFarlane
国際的スプリント種目で勝つためのテーパリング

私たちは、これまでに何度も選手の長期的な練習計画において、世界選手権、ヨーロッパ選手権、オリンピックといった大きな大会に向けたプログラムをデザインし、修正してきた。大会に特異的で、これから臨む選手権大会に向けた個人のニーズに合わせたプログラムは、シニアからジュニアまで多岐にわたる。

次に示すプログラムは、5年以上コーチしたシニアの選手のためのもので、ヨーロッパ選手権に向けて準備とテーパリングを行った。試合期が始まる前の最終の4〜6週間を網羅している。

典型的なウォーミングアップセッション
- 6×ストライドウォームアップ。直線部はストライドを大きくとってウォームアップ、曲線部はジョグ
- 2×20mドリルと10mランオフrun-off（走り抜け）30mの間で連続して行う
- 膝を高く挙げて走る
- キックアウト
- スーパーマン
- インサイド（内側）、アウトサイド（外側）
- ランからの1×80m
- ハードルを5つ越え、各ドリルを2回ずつ、そして10mランオフ
- 回数多くハードルを越える
- スイング

Mike McFarlane

Mike McFarlaneは、英国の陸上競技のパフォーマンススプリントコーチである。マイクは1992年から英国陸上競技チームのコーチであり、ヨーロッパ選手権、世界選手権、オリンピックチームで働いた。Mikeに指導を受けた短距離選手（たとえば少数だがDwain Chambers、Tony Jarrett、John Regisらの名前が挙げられる）は、すべての大きな国際大会で数えきれないほどの金、銀、銅メダルを獲得した。以前、Mikeはエディンバラ公賞（the Duke of Edinburgh's award）の育成担当官であった。また2001年には英国のスポーツ・青少年局より褒章を授与されている。

- ダウンザミドル down the middle（訳注：ウォーミングアップ種目の一種であると思われるが内容不明）
- スピン
- ランからの1×80m、その後15分のモビリティ
- 特異的また個別のウォーミングアップ

以下は、シーズン初期の典型的なワークアウトセッションの記述であり、とくに順序は定めていない。私は、これらの運動の後、とくにドリルやブロック、リズム走といった短い活動後に筋力トレーニングのセッションを含めることもある。

試合期が始まる前の典型的な練習内容

- 5×150mと1周の時間を決めて歩くラップウォーク。16秒から15.5秒に落としたリズム練習
- 4×110mリズム練習とペース変化走、30m-30m-50mごとにペースを変える（スピード加速、一定、トップスピード）、最後の50mのタイムを計測
- 計時ゲートを用いた10mのスターティングブロックを使った動作練習。その後10mローリング（訳注：ブロックを使わないスタートか）4×100mとスピードを決めたウォーク
- プライオメトリクスのドリルを含んだ練習と10/20mブロックとシャトル
- 300×200×100のリズムとフォーム保持練習。直後にメディスンボールサーキット
- 2分の回復を伴う150m。その後12分の回復を伴う3×60m
- 計時ゲートを用いた4×20m、その後1×350m、33秒で300m

選手権の10日前における、男子100mの短距離のためのスケジュールを表10.1に示す。

テーパリングとピーキングは、シーズンの最初の時点での準備と、試合のときに選手が確実によいコンディションであるようにすることと関わる。賢くトレーニングし、賢くレースを行え。私たちは人間であり、間違うこともあるだろう。私たちはそこから学び、次にはよりよい準備をしなければならない。

一目でわかる

Mike McFarlaneの専門的なアドバイスを適用する

このMike McFarlaneコーチによる簡潔な寄稿は、試合期が始まる4〜6週の間の一流スプリンターのトレーニング要素と、大きな大会前の10日間の日ごとの準備について述べられている。Mikeのセクションでは、選手のトレーニングプログラムは、シーズンの開始から試合に向けた準備をするべきであり、単にテーパリング中だけのものではない、という考えに基づいている。

Jason Queally
世界クラスの自転車スプリント種目のためのテーパリング

多くの国で「ザ・キロ」として知られている1000mの自転車タイムトライアルは、個人種目のトラックの計時種目で、各選手は光電管のスタートゲートからスタートする。タイムトライアルは、

表10.1　主要な選手権前における、男子100mスプリント選手のための最後の10日間のトレーニング

木曜日	金曜日	土曜日	日曜日	月曜日	火曜日	水曜日
開催中のキャンプに到着、午後に長いウォームアップ	トレーニングなし	スプリントドリルとアクティブなハードルドリル 140-120-100、完全なリカバリー	ブロック練習、リアクション4×10m、3×20m、3×70mフライング練習、リズムで。ウェイト：クリーンとジャンプスクワット、上半身を軽く	トレーニングなし、マッサージ	ウォームアップ、ランニングドリル3×30mスレッド走 軽く、2×20mスレッドなし。20mロールを伴う2×90mフライング、20mロールを伴う2×50mフライング、メディスンボールサーキット	ウォームアップ、ブロック練習2×20mフォーム、4×20m計時、4×20mリアクション練習、6×20mスティック（クイックフィート）、4×立ち幅跳び

木曜日	金曜日	土曜日	日曜日	月曜日	火曜日	水曜日
朝に選手権に向けて移動、午後にマッサージ	2×40mフライング、ブロック2×20m、2×40mフライング、1×80mペース変更	トレーニングなし、リラックス	レース	レース	オフ	

トラック上で一度に1人ずつ走る。その1kmの距離を最も速く走った選手が勝者となる。この種目における現時点での世界記録は、58.875秒であり、これは高地（海水面より空気抵抗が小さくなる）で行われ、フランス人のArnaud Tournantによって記録された。彼は1990年代後半、同胞のFlorian Rousseauとともにこの種目で他を圧倒していた。最近では、英国の選手に征服されつつある。すなわち、私がシドニー大会（2000年）でオリンピックタイトルを、Chris Hoyがアテネ大会（2004年）で獲得した。

1995年、私は25歳のときにトライアスロンに興味があって自転車を始めた。これらの最初の数年、私は持久力についての考え方に基づいたトレーニングとピリオダイゼーションを行い、スピード持久力とスピードに焦点を合わせた6週間のテーパリングを伴う16〜100kmのロードのタイムトライアルに取り組んだ。私はこの手順を用いたのは1998年までであり、それはテーパリングの第4週の後、トラックでのスピードが落ち始めたのに気づいたときであった。そこで、私はテーパリング期間を6週間から4週間に減らした。

1998年の世界選手権では、私はArnaud Tournantを相手に競い合ったが、彼は19歳という年齢で、キロの全選手を余裕で打ち負かしたのである。私は、その日から、私のキロの可能性を最大化するうえで鍵となるのはスピードであると確信した。多くの研究を経て、私は自分のための有効なトレーニングプログラムを開発した。私の狙いは、シーズン全体にわたってトラックスピードを高めるため、筋力とパワーの基礎を固めることにあり、そして私は大きな大会前の4週間にわたってこのスピードを維持し、またそのスピードを維持できる距離を伸ばすように試みた。したが

って、テーパリング手順が始まるのはシーズンにおけるマクロサイクルの最後の4週間のみである。

私のテーパリングプログラムの背景となる考え方は、それまでの数週間、数カ月にわたって高めてきたスピードを維持するというものである。これを達成するために、私は、そのスピードを維持できる距離を伸ばすように十分な回復を伴う、いくつかの異なるトレーニング方法を用いている。つまり、そのテーパリング中のトレーニングと回復は、私の特定のコア（中心となる）トレーニング中のトレーニングと回復とよく似ており、追加のトレーニング日があることが実際の違いだけで、完全な回復のために最大の努力を払うといったトレーニングと回復の考え方は全く同じである。

このテーパリングに入る前には、私は完全に回復し、非常にフレッシュなよい状態となっていなければならない。なぜなら、私の特定の中心となるトレーニングサイクルよりも強度が高いからである。2004年のアテネオリンピックに向けた準備において、テーパリングの中間地点で5～6日連続してトレーニングを休みにした。なぜなら、私は適切に回復していないと感じたからである。この休息の後に、私は回復を実感し（私が完全に回復したかどうかをどのように決めるかについては後述する）、私は、チームスプリントの最終ラップの世界記録の突破に向けて、トレーニングサイクルを継続した。

Jason Queally

Jason Queallyは、世界で最も速い短距離トラック自転車選手の1人である。Jasonは、シドニー（2000年）でオリンピックのチャンピオンとなり、英国のチームスプリントで銀メダルを獲得した。1999年以来、Jasonはトラック世界選手権で金メダルを1つ、銀メダルを3つ、銅メダルを4つ獲得した。Jasonは、2004年のアテネオリンピックでも英国代表として出場し、チームスプリントの3番目の選手として英国の歴代最高記録を出した。

テーパリングの方法と周期

3日間の周期は、私が「神経系要素」と名づけたスピードトレーニングで鍵となるトレーニングで始まる。それらは、5～18秒の継続時間での最大努力である（最大パワー2200Wで、この時間内で2200から900Wへと落ちる）。この最初の日は、次に通常私が「神経-代謝セット」と呼んでいるものが続く。これは、30～33秒の最大努力である（最大パワーの2200Wから700Wへと落ちる）。3日目と最終日は、私が「代謝トレーニング」と呼ぶものを行う。これは、インターバルタイプの内容と、フライング1kmの部分により構成されており、これらトレーニングの内容は計測されるが、終了時には絶対的な疲労がもたらされる（インターバルのときの最大平均パワーは800Wで120秒、フライングキロは800～900Wで60秒）。以下は、周期の最初の3日間に行う2つの方法である。

- 1日目。フライング100mと200m×2、続いて2～3スタンディングスタート、1/4ラップ
- 2日目。スタンディングスタート500m×3
- 3日目。トラックで行われるインターバルトレーニングとフライングキロ。（1）1セットあたり、フライング500mに続いて、1セットあたり750mローリングリカバリー×4回、1セッションあたり2セット。（2）フライング1km×2

または

- 1日目。フライング100mと200m×2、続いてモーターバイクペースで1ラップを2回
- 2日目。スタンディングスタート500m×3
- 3日目。ターボインターバル。2種類。インターバル、タイプ1：1セットあたり800wで30秒間に続いて60秒間の回復を4回繰り返す。これを1トレーニングセッションあたり2セット。インターバル、タイプ2：1セットあたり650～700wで20秒間に続いて10秒間の回復を7

回繰り返す。これを1トレーニングセッションあたり2セット（私は、ターボインターバルがより効果的に疲労を生み出すことを発見した。それは、トラックインターバルの回復時間中ではペダリングをし続け、それに集中する必要があるが、ターボにより、毎回の努力後にペダリングを中止し、適切に回復することができるためである）。

私は、インターバルプロトコルの1つを一般的な運動生理学のテキストブック（30秒エクササイズ、60秒リカバリーを4回繰り返す）や、Tabataら（1997）のスポーツ科学の文献からその他の方法を学んだ。私は、2000年のシドニーに向けたテーパリング中は、最初の種類のインターバルのみを用いた。このサイクルに向けた私のプロトコルは、今ではいくらか変わったが、その背景にあるパターンとアイデアは実質的に同じである。実際の違いは、フライングキロを外していることと、その他の種類のインターバルを入れたことである（どちらのインターバルも、私の特定のトレーニングプロトコルの一部であるが、2000年に一時的に用いており、テーパリングプロトコルには含めていなかった）。表10.2に、私が2000年のシドニーオリンピックに向けてテーパリング期に私が行ったトレーニングのサイクルを示す。以下に、トレーニングその他の側面についての私の考えをいくつか述べる。これらは最高に能力を発揮したいと願う選手にとって、ここぞというときにおそらく重要だろう。

疲労と回復

トレーニングからの回復は、トレーニングそのものと同様に重要であり、テーパリング中においては非常に重要である。私は、主にトラックでのトレーニングを2日間から、ときどき3日間のブロックで行い、これに続いて2日間の回復を行うことが多い。なぜなら、私のトレーニングは、神経系に大きく働きかけるため（最大レベルのトルクとパワーを生み出すことを狙う）、3日の枠を超えると（電子計時とSRMパワーメーターのデータを用いて決定する）、その後私の最大の力を生み出す能力を弱めてしまう。したがって、ここで述べた力を生み出す能力が、疲労や病気で弱まっているときには、トレーニングしない。

客観的データは、疲労を特定するのに非常に有用である。しかし、私は実質的に常に最大でトレーニングするので、私は絶対的な疲労のレベルを測るのに主観的方法を用いている。私の全体的な気分とトレーニングによる疲労との間には、高い有意な関係があると考えている。もし私が朝起きてトレーニングをやりたくないと思ったら、私はトレーニングしない。もし全身が疲れて不機嫌になっていたら、これは私が疲れてきたときの徴候である。またもしトレーニングでの記録が遅くなる、あるいは発揮パワーが減少したら、私はトレーニングしない。代わりに、全体的な気分がよりよくなり、トレーニングをしたくなると感じるまで私は休む。不機嫌と疲労が始まったときには、私はバイクから数日離れ、そして特定のコアトレーニング期間、競技場でのトレーニングに戻るよりも、路上の練習を行う。もしテーパリング中に（2004年のアテネオリンピック前のように）このようなことが起きた場合は、私は競技場に戻らなければならない。なぜなら、路上トレーニングはその場合の適切な選択肢ではないからである。

路上においては、私のやり方はやや異なる。私が（有酸素能力の向上を目指して）路上トレーニングブロックを行うのは、その前に行った競技場でのトレーニング期間から完全に回復したと感じてからである。これは4～5日間の休息を意味する。続いての路上練習は、毎日2～3時間、4～7日間となる。私は、路上練習では疲労（不機嫌）を感じたときにトレーニングを行う。私は、主観的に疲れていたり、不機嫌であったりしても、路上練習においては有効なパワーを生み出すことができる。このトレーニング周期が終わったら、私は完全に回復したと感じたときのみ競技場に戻る。

私が自転車選手である間、私は多様なトレーニングや回復、テーパリングの方法を経験し、現在

表10.4　Jodie Henryの2004年オリンピックの週

第1週

	8月14日（土）	8月15日（日）	8月16日（月）	8月17日（火）	8月18日（水）	8月19日（木）	8月20日（金）
午前	女子4×100m自由形リレー（予選）、スプリット54.04秒	トレーニングなし	1800m、3×100m低減し、いくつかのショートスプリント	トレーニングなし	100m自由形（予選）、55.19秒（2回目のラップタイム27.97秒）	トレーニングなし	トレーニングなし
午後	女子4×100m自由形リレー（決勝）、スプリット52.95秒（2回目のラップタイム27.38秒）	2000m、軽く一般的	1500m、同様のセッションだが、3×100mは行わなかった。100m SRで、27.46秒、プッシュ	1000m、25mペース練習、プッシュ	100m自由形（準決勝）、53.52秒（2回目のラップタイム27.28秒）	100m自由形（決勝）、53.84秒（2回目のラップタイム27.46秒）	昨日の興奮の後に軽いスイム
コメント	**金メダル獲得、世界記録を樹立。**2回目のラップタイムは彼女の最高記録。これまでのベストは27.70秒。目標達成。				午前、予選は7位。見ただけで問題なし。午後、十分にウォームアップされており、それほど力を入れず。**世界記録を樹立。**	昨晩のようにはリラックスできなかった。ウォームアップもそれほど速くなかった。**金メダル獲得。**	女子4×100mメドレーリレー予選では戦わなかった（Alice Millsが自由形予選を泳ぎ、53.54秒）

第2週

	8月21日（土）	
午前	レース、ウォームアップ、各種のスイム	
午後	女子4×100mメドレーリレー（決勝）、アンカーの区間は52.97秒。	オリンピックでは全部で3つの金メダルを獲得し、3つの世界記録を出した。
コメント	**金メダル獲得、世界記録を樹立。**	

HR＝心拍数。SR＝ストロークレート。

の、それでも十分に大変である。大会の前の週は、最も困難であり、それは体操選手が時差ボケを経験することがしばしばあり、試合会場の慣れていない器具でルーティンを行う必要があるためである。このことは、体操選手には試合前に楽な時間は与えられないというのが通常であり、練習でやっていることと同じことを試合で見せる必要があるということを意味する。

完璧な体操のための不完全な準備

ほかのナショナルコーチと同じように、私はよい準備の後によい試合を迎えたことは多くあるが、理想からかけ離れた大会も複数経験している。1994年、ブリスベンで行われた世界選手権の総合種目での決勝において、私は選手たちと共に、会場へのシャトルバスの代わりに、ちょうどよい時間に到着する公共交通機関の電車に乗ることにした。不運なことに、電車の乗り継ぎを逃してしまい、迷子になり、遅刻してもう大会に間に合わなくなると思った。幸運にも、高速道路を使って私たちを送り届けてくれた人たちがいたのである！結果としてギリギリの時間に到着し、またそこでの安心感は非常に大きく、大きな大会というプレッシャーは完全になくなっていた。結果として、Ivanはこれまでで最高点を獲得した。彼は最も弱いグループに入っていたが、6種目すべてにおいて成功し、試合に勝利した。より強い体操選手は、彼の後に演技するのだが、それが体操では大きく有利となる。

2006年、Philippe Rizzoの世界選手権に向けた準備は、本当に平坦ではなかった。彼は2つの手術を経験し、一貫した練習を行う時間はなかった。私たちは、鉄棒の新しい演技を最後の合宿の前、数週間でつくり上げた。合宿の間、彼はわずか3〜4回しか演技を成功させることができなかった（表10.5）。彼はあまり仕上がっておらず、世界選手権を欠場することを考えていた。デンマークに移動しても状況はよくならず、大きな離れ技でキャッチすることができなかった（8年間やってきたことであるが）。私たちがデンマークで練習し

Vladimir Vatkin

Vladimir Vatkinは、オーストラリアの男子体操のナショナルコーチであり、AISの男子体操プログラムのヘッドコーチである。Vladimirは、コーチとしての仕事を、ソビエト連邦とベラルーシ共和国で30年以上前に始めた。彼は、ヨーロッパ選手権で、個人総合で金メダル（1994年、1996年）、世界選手権の個人総合で金メダル（1994年と1997年）を獲得したIvan Ivankovを指導した。Vladimirの監督のもと、オーストラリアの体操選手Philippe Rizzoは、鉄棒で2001年の世界選手権で銀メダル、2006年には金メダルを獲得した。Vladimirはベラルーシの全競技を対象としたコーチオブザイヤーを1994年に受賞し、オーストラリアでは男子体操コーチオブザイヤーを何度も受賞している。

た週に、団体戦で初めてキャッチすることができ、最高の点で予選を通過した。この後、状況はより悪化した。すなわち、その週の間に鉄棒の決勝があるのだが、Philの背中の痛みが強くなり、3日間にわたって練習も何もできなくなった。私は、90％の確率で彼を欠場させようと思っていた。試合の2日前、少し背中はよくなったものの、通常の練習を行うにはまだ十分ではなかった。試合当日、その週で初めて彼はスキルをチェックし、試合の演技で最高の結果を出した。勝利したのである。

一方で、Philは2002年と2003年の世界選手権では十分に準備したが、最小限のミスをして、それぞれ6位と7位であった。彼はアテネオリンピックで体力のピークにあったが、決勝に残ることができなかった。身体的レベルが最悪だった2006年、彼は勝利をなんとか成し遂げた。彼の身体的問題を克服しようとする努力によって、試合の心理的ストレスを洗い流すことができたというのが、私の結論である。

表10.5　世界選手権に向けたトレーニングと準備のスケジュール

オーストラリア国立スポーツ科学センター（AIS）・体操オーストラリア代表合宿		
月曜日		リカバリー
	10:00	皮下脂肪厚測定
	12:00	全体会議
木曜日	8:30-11:45	脚の筋力トレーニング、筋力トレーニング、ストレッチング、基本、ドリルとコーナー、床およびトランポリン
	16:00-18:30	一般的なウォームアップ、体操的なウォームアップ、つり輪での筋力スキル。トランポリン、器具のスキルとコンビネーション
水曜日	10:30-13:00	脚の筋力トレーニング、筋力トレーニング、ストレッチング、基本、ドリルとコーナー、床およびトランポリン 器具のスキルとコンビネーション ディスマウント（降り技）
木曜日	8:30-11:45	一般的なウォームアップ、体操的なウォームアップ、つり輪での筋力スキル。 ルーティン*
	16:00-18:30	筋力トレーニング、ストレッチング、基本、ドリルとコーナー、床およびトランポリン 器具のスキルとコンビネーション
金曜日	8:30-11:45	脚の筋力トレーニング、筋力トレーニング、ストレッチング 器具のスキルとコンビネーション、ルーティン*
	16:00-18:30	一般的なウォームアップ、体操的なウォームアップ、つり輪での筋力スキル。
土曜日	8:00-9:00	脚の筋力トレーニング、筋力トレーニング、ストレッチング、基本、ドリルとコーナー、床およびトランポリン
	10:30-13:30	一般的なウォームアップ、体操的なウォームアップ、つり輪での筋力スキル。パート（部分練習）とルーティン。
日曜日		休息、リカバリー
月曜日	8:30-11:45	脚の筋力トレーニング、筋力トレーニング、ストレッチング 器具のスキルとコンビネーション ディスマウント（降り技）
	16:00-18:30	一般的なウォームアップ、体操的なウォームアップ、つり輪での筋力スキル。 器具のスキルとコンビネーション
木曜日	8:30-9:55	脚の筋力トレーニング、テストに向けた準備
	10:00	チームでのテスト**
	16:00-18:30	一般的なウォームアップ、体操的なウォームアップ、つり輪での筋力スキル。ミスの修正、器具のスキルとコンビネーション
水曜日	10:30-13:00	脚の筋力トレーニング、筋力トレーニング、ストレッチング、基本、ドリルとコーナー、床およびトランポリン 器具のスキルとコンビネーション ディスマウント（降り技）
木曜日	8:30-9:55	脚の筋力トレーニング、ルーティンのためのウォームアップ
	10:00	ワンタッチウォームアップルーティン***
	16:00-18:30	一般的なウォームアップ、体操的なウォームアップ、つり輪での筋力スキル。ミスの修正、器具のスキルとコンビネーション

オーストラリア国立スポーツ科学センター（AIS）・体操オーストラリア代表合宿		
金曜日	8:30-11:45	脚の筋力トレーニング、筋力トレーニング、ストレッチング 器具のスキルとコンビネーション
	16:00-18:30	一般的なウォームアップ、体操的なウォームアップ、つり輪での筋力スキル。ミスの修正、器具のスキルとコンビネーション 器具のスキルとコンビネーション
土曜日	8:00-9:00	脚の筋力トレーニング、筋力トレーニング、ストレッチング、基本、ドリルとコーナー、床およびトランポリン
	10:30-13:00	パート（部分練習）とルーティン。
日曜日		休息、リカバリー
月曜日	8:30-11:45	脚の筋力トレーニング、筋力トレーニング、ストレッチング 器具のスキルとコンビネーション、ディスマウント（降り技）
	16:00-18:30	一般的なウォームアップ、体操的なウォームアップ、つり輪での筋力スキル。 器具のスキルとコンビネーション
木曜日	8:30-9:55	脚の筋力トレーニング、テストに向けた準備
	10:00	チームでのテスト**
	16:00-18:30	一般的なウォームアップ、体操的なウォームアップ、つり輪での筋力スキル。 ミスの修正、器具のスキルとコンビネーション
水曜日	10:30-13:00	一般的なウォームアップ、体操的なウォームアップ、つり輪での筋力スキル。 器具のスキルとコンビネーション ディスマウント（降り技）
木曜日	8:30-9:55	脚の筋力トレーニング、ルーティンのためのウォームアップ
	10:00	ワンタッチウォームアップルーティン***
	16:00-18:30	一般的なウォームアップ、体操的なウォームアップ、つり輪での筋力スキル。 ミスの修正、器具のスキルとコンビネーション
金曜日	8:30-11:45	脚の筋力トレーニング、筋力トレーニング、ストレッチング 器具のスキルとコンビネーション
	16:00-18:30	一般的なウォームアップ、体操的なウォームアップ、つり輪での筋力スキル。 器具のスキルとコンビネーション
土曜日	8:00-9:00	脚の筋力トレーニング、筋力トレーニング、ストレッチング、基本、ドリルとコーナー、床およびトランポリン
	10:30-13:00	一般的なウォームアップ、体操的なウォームアップ、つり輪での筋力スキル。パート（部分練習）とルーティン。
日曜日		休息、リカバリー
月曜日	8:30-11:45	脚の筋力トレーニング、筋力トレーニング、ストレッチング 器具のスキルとコンビネーション、ディスマウント（降り技）
	16:00-18:30	一般的なウォームアップ、体操的なウォームアップ、つり輪での筋力スキル。 器具のスキルとコンビネーション
木曜日	8:30-9:55	脚の筋力トレーニング、テストに向けた準備
	10:00	チームでのテスト**
	16:00-18:30	一般的なウォームアップ、体操的なウォームアップ、つり輪での筋力スキル。 ミスの修正、器具のスキルとコンビネーション

＞（続く）

表10.5 （続き）

オーストラリア国立スポーツ科学センター（AIS）・体操オーストラリア代表合宿		
水曜日	10:30-13:00	一般的なウォームアップ、体操的なウォームアップ、つり輪での筋力スキル。器具のスキルとコンビネーション、ディスマウント（降り技）
木曜日	8:30-11:45	脚の筋力トレーニング、一般的なウォームアップ、体操的なウォームアップ ルーティン*
	16:00-18:30	一般的なウォームアップ、筋力トレーニング、ストレッチング、つり輪での筋力スキル。器具のスキルとコンビネーション
金曜日	8:30-11:45	脚の筋力トレーニング、筋力トレーニング、ストレッチング 器具のスキルとコンビネーション
	16:00-18:30	一般的なウォームアップ、体操的なウォームアップ、つり輪での筋力スキル。器具のスキルとコンビネーション 世界選手権に向けた荷造り
土曜日	早朝	出発

*ルーティン＝体操選手がルーティンをコーチたちにみせる。**チームでのテスト＝1.5時間の一般的なウォームアップの後、体操選手が試合の順番で審判団にルーティンをみせる。***ワンタッチウォームアップルーティン＝前項と同じことを審判団なしで行う。

一目でわかる
Vladimir Vatkinの専門的なアドバイスを適用する

この中でVladimir Vatkinが示していることは、一流選手は最も好ましくない状況で素晴らしいパフォーマンスを発揮できること、また少なくとも芸術的な体操競技において偉大なパフォーマンスの裏側は必ずしも完璧であるとは限らないということである。Vladimirの話で記憶に留めるべき鍵となる見識は、これまでに議論してきたようなほかのスポーツや準備の方法と対照的に、体操競技における最終的な準備期は、トレーニング負荷は非常に大きいことが特徴である。このことは、大きな大会の準備では必ずしもほかの競技のようなテーパリングが用いられておらず、また、体操選手はトレーニングでそれまでに発揮したことのないようなパフォーマンスを、通常試合で発揮できることはなく、試合での体力は練習での体力と同等であるべきであり（Philippe Rizzoの2006年世界選手権のような嬉しい例外はあるが）、そして体操のような技術的な競技においては、心理的準備が、最適な身体的能力よりも試合での結果により大きな影響を与え得ることを示唆している。

Gary Winckler
並外れた短距離ランナーを生み出す

ほとんどのコーチと、その指導を受ける選手にとって、その年の最も重要な試合において最高のパフォーマンスに到達することは、ウィッシュリスト（訳注：欲しいものを列挙したもの）で一番に挙がるだろう。私は、陸上競技の選手たちに、各種目の大きな選手権において、その年で最もよい記録が出るよう指導してきた。それは大学連盟の選手権かもしれないし、世界選手権、あるいはオリンピックの決勝かもしれない。30年以上にわたる私のコーチングでは、たくさんの種目において、ほかのコーチのアイデアに耳を傾け、そのゴールへと到達する道のりを選手と共に試してきた。私の経験のほとんどは、短距離から長距離、ハードル、跳躍種目にわたるスピードおよびパワー系種目の選手たちに役立つものだった。次に、私はこれらの道のりのいくつかについて議論し、年間の中で求める時期に最適なパフォーマンスに到達させようという挑戦において、うまくいったことを説明する。

テーパリングのタイミング

　コーチとして仕事を始めた初期の頃、私はピーキングとテーパリングが練習と大会のある年（competitive year）において特別な時期を構成しており、それらは選手が確実に大きな大会に準備できるようになるためには、異なるアプローチを取るべきものだとの考えに至った。私が試したプロトコル例のいくつかが下記である。

- 最も強度の高いトレーニングを、大きな大会の14〜21日前まで延長する
- 大きな大会前の14〜21日に、劇的にトレーニング量を減少させ、休息日を増やす
- 競技場での練習回数を減らす間、水泳や水中ランニングといった新しく、あるいは普段と異なる練習を用いる
- 最後の3週間において、練習時間の中で心理的スキルのトレーニングに大きな割合を使う

　これらの枠組みにはすべて価値があり、望んでいるテーパリングとピーキングに到達するのに役立つ。しかしながら、これらの例の中でも求める目標に貢献しなかった場合にみられた共通の特徴は、これらのトレーニング課題が大きな大会の14〜21日前のみに強調されていたことである。大きな大会の2〜3週間前に異なる計画あるいはトレーニング方法を強調することは、トレーニングの過程を通して慣れてきたトレーニングと回復の自然なリズムを妨げるかもしれない。

　私の経験では、ピーキングの過程は、一般的準備期におけるトレーニングの初日に始めるべきであるとしている。私たちが確立した習慣と、私たちが深く染み込ませてきたコンディショニングと技術的および戦術的スキルの基準は、その年の終わりに私たちが最終のピーキングあるいはテーパリングに着手する際の土台となる。トレーニング年の最初に、私は選手たちに、試合のある年という最も強いストレスに落ち着いて自信を持って対処できるよう、自らの武器庫に持っておくべきスキルのすべてについて示す。

Gary Winckler

　Gary Wincklerは、20年以上にわたって並外れた短距離ランナーを生み出してきた。Garyがコーチした13名の選手が、短距離、ハードル、リレーでオリンピックに出場し、Garyのガイドのもと、1992年から毎回の世界選手権とオリンピックで金、銀、銅メダルを獲得した選手がいる。Perdita FelicienとMichelle Finnの2名は、Garyがコーチした金メダルを獲得した選手である。Garyは、米国の世界選手権のチームヘッドコーチを務め、米国の陸上競技（トラック＆フィールド）のナショナルコーチの教育プログラムを指揮した経験があり、国際陸上競技連盟（IAAF）のレベルⅢコーチング指導者である。

　このように、ピーキングとテーパリングについて、私はトレーニングを行う1年全体にわたって選手たちにとって重要なスキル改善を助けるという単純な仕事をしており、これは非常に閉鎖的な指導環境から、非常に開放的な競技環境までに及ぶ。私の経験では、選手たちがスキルに自信を持つことで、この自信を試合における焦点として活かすことができる。私たちの競技スポーツでは、選手はほぼ完全にパフォーマンスを制御することができるが、私たちコーチがパフォーマンスに最も重要なスキルに焦点を当て続けることは、彼らがよりよいパフォーマンスを得ることにつながるだろう。

心理的体力

　私が本章に寄稿した文章を読んでいただければ、どんなにレベルの高い種目でも、その準備に身体的スキルだけでなく、心理的体力も同様に関わってくることがわかるだろう。心理的体力に対する私のアプローチは、選手たちが身体的スキルに自信を持つというレベルに達する上で、また身体的スキルの使い方を知るという点で大きな力となってきた。必要となるスキルを行う能力に自信を持っている選手は、より

集中するようになり、したがって大きな大会という高いストレスに打ちのめされるということはなくなる。

最終のテーパリング

　最高峰の試合に、私たちはどのようにアプローチするのだろうか。大会サイクルの初期および中期、私たちは選手が試合でどのようにパフォーマンスを行っているかを観察する。私たちは、彼らの最も致命的な間違いと、それがなぜ起こるかを突き止める。その情報を用いて、それらが身体的課題なのか心理的課題なのかにかかわらず、トレーニングや試合が展開する中で私たちは時間をかけて問題解決に向けた対処手段を選ぶ。試合のシーズン後の最終段階、すなわちその年のイベントのピークに近づいていくとともに、パフォーマンスにとって不可欠であろう手慣れた課題を継続的に練習する。それとともに、トレーニング量を徐々に減らし、トレーニング年全体を通して練習の強度を高く保つ。たとえば短距離とハードルでは、体力だけでなく技術的なリズムと反応能力も同様に維持するために、少なくとも3〜4日に一度は高強度で競技に特化した走練習を行うことが重要である。同様に、私たちは筋力トレーニングを中断することはしないが、短く、強度の高い筋力トレーニングを試合前日まで継続して行う。ここでの鍵となる要素は、新しい運動やトレーニングプロトコルを導入することではなく、よく慣れて実績のある運動を続け、これらの運動でのタイム計測と実施がよりよいものとなるようにすることである。この方法は、選手の心理的ニーズを支え、最高のパフォーマンスに要求される重要な身体的スキルを改善する。

一目でわかる
Gary Wincklerの専門的なアドバイスを適用する

　このGary Wincklerによる話では、読者は非常に経験豊富なスプリントコーチによって用いられる、ピーキング戦略について学ぶことができる。彼は、選手の最善の準備に関する身体的な側面だけでなく、ピークパフォーマンスに関連する技術的・精神的課題についても議論している。選手の通常の練習と回復計画の自然なリズムと流れを妨げないようなテーパリングを計画すること、選手が試合のプレッシャーのもとでも要求されるスキルを発揮する能力のあることに自信を持つことができるよう心理的体力に焦点を合わせること、最後のテーパリングの間、トレーニング量を少しずつ減らすが強度は維持すること、試合前日まで短く強度の高い筋力トレーニングを続けること、そして、メインのイベントのときにはこれらのセッションを遂行すること、である。

　試合の結果は、我々が決勝戦で0.03秒差で負けたこと以外、計画通りに進み、予選は準決勝に向けての簡単で手堅い（問題なく通過できる）レースであった。準決勝は非常に競争の激しいものであり、最初のハードルに向かうスタートは、計画したほどうまくいかなかった。この日は、レース後半の技術的な熟達によって救われた。決勝では、再びスタートが他のほとんどの選手のようにはうまくいかなかったが、レース中盤のハードルが選手たちの中で最高となったことで、最後のハードルを飛び越えて力強くフィニッシュするのに必要な勢いを得ることができ、銀メダルを獲得することができた。

テーパリングの事例

　表10.6に、100mハードル選手がシーズンのベストパフォーマンスと2004年世界選手権で銀メダルを獲得したときのパフォーマンスに到達するために用いたプログラムを示す。トレーニング処方にリズムがあることに気がつくだろう。作業負荷の順序は大きく変化していないが、大まかに言ってプログラムは以下の要素の非常に単純な漸進である。

- 一般的筋力トレーニングとランニング
- 耐乳酸走と筋力トレーニング

表10.6　100mハードル選手に対する世界選手権に向けたテーパリングプログラム

第1週		
8月13日（月）	練習合宿へ移動	
8月14日（火）	練習合宿へ移動	
8月15日（水）	800 ウォームアップ、ジャンプ ABSサーキット 5 5×10 下腿の挙上（ローレッグリフト） 5×10 サイドアップ 5×10 ツイストを伴うバックハイパー 5×10 ロッカー 5×10 ツイストを伴うクランチ 5×10 ローサークル	テンポ 100秒 3×4×100 テンポ走（50mウォーク、100mウォーク） ハードルモビリティⅡ 3×8 ハードルウォークオーバー 3×8 ハードルベントレッグ、ハードルの中間 3×8 ハードルオーバー、アンダー 3×16 ハードル、その場でデュアルトレイルレッグ 3×10 ポーズを伴うワニ歩き
8月16日（木）	2400 ウォームアップ、ラン 3×200 耐乳酸走（6'） ACAP 1/2 スクワット、高い 2×60 1/2 スクワット（2'） 2×72.5 1/2 スクワット（2'） 2×85 1/2 スクワット（2'） 2×95 1/2 スクワット（2'） 8×17.5 ジャンプスクワット バーからのぶら下がり、2×30'' APOW ステップアップ 2×4×30 ステップアップ（3'） 2×4×37.5 ステップアップ（3'） 10×4×42.5 ステップアップ（3'）	モビリティ：ハードルスネーク 6×6 ハードル下ワンステップスネーク、クロスバーを一直線に並べ、1つずつ対面させる 3×10 ポーズを伴うワニ歩き 8×100 スプリンターのクールダウン テンポ走（だんだん速く） 長い制御された加速と減速 股関節のモビリティ 1 肩のモビリティ
8月17日（金）	1300 ウォームアップ、動作 ハードルモビリティ 3×8 ハードルウォークオーバー 3×8 ハードルベントレッグ、ハードルの端 3×8 ハードルオーバー、アンダー 3×10 ポーズを伴うワニ歩き 3×25 スタート、ハードルを2つ越える 3×30 スタート、ハードルを3つ越える 1×8 ハードル、8.20m地点に 1×7 ハードル、8.20m地点に 1×6 ハードル、8.20m地点に	モビリティ：ハードルスネーク 6×6 ハードル下ワンステップスネーク、クロスバーを一直線に並べ、1つずつ対面させる 3×10 ポーズを伴うワニ歩き 8×100 スプリンターのクールダウン テンポ走（だんだん速く） 長い制御された加速と減速 股関節のモビリティ 1 肩のモビリティ

- ハードルに特化したランニング
- 休息

　このときに行われるトレーニング量は、競技トレーニング期のほとんどで用いられる量よりやや少ない。トレーニング強度は、その年の残りで用いられるのと同じである。ほとんどのトレーニング期では、最初の予選が行われる時間に合わせるための午前中のトレーニングがわずかに行われるのを除いて、午後に行われる。大きな試合が始まるまでの21日間に、選手と私は集中したい鍵となる技術的なポイントを議論した。すべての走りは計時され、過去のシーズンに達成した記録と比較された。これらの計時された走りがすべて、特別なフィットネスと技術的な準備が過去のシーズンと同じくらいか、よりよいかを示した。

　選手たちは、試合の前には慣れた練習環境に滞在すべきである。練習合宿は、多くのチームと個

第11章

精度が求められるスポーツのためのテーパリング

Tapering for Precision Sports

　ほとんどの個人競技では、競技でのパフォーマンスが選手の生理学的能力と基本的なトレーニング変数にしばしば関連するが、そういった競技とは対照的に、精度が求められるスポーツにおけるパフォーマンスとは、繰り返し動作には依存しない運動における精度のことである。こうした精度が求められるスポーツの例には、射撃、アーチェリー、ゴルフ、カーリングが含まれる。残念なことに、それらのスポーツのための最適なテーパリングとピーキング戦略についての科学的知見を手に入れることはできない。オリンピックに向けて、より多くの矢を射るべきか、あるいは少ないほうがよいのか？　ゴルファーは大きなトーナメントの数日前にドライバーで打つことに集中すべきか、それともパッティングのスキルに集中すべきだろうか？　筋力や持久力のトレーニングは射撃の精度にどのくらい影響するだろうか？　それ以外にも精度が求められるスポーツのためのテーパリングとピーキングに関する疑問に研究者が答えを出すまで、私たちにできることは偉大なチャンピオンに個人的な経験について聞くことである。

Simon Fairweather
アーチェリーでのオリンピック金メダルへの旅路

　アーチェリーにおいてテーパリングの考え方について対戦相手やコーチとの間で議論されることはほとんどなかった。この競技のこのトピックについての学術的研究はない。試合前の週は、タイムテーブル、輸送や配送、開催時の天候の影響が明らかにあり、選手の最後の準備中に適応する能力は非常に重要である。心理的エネルギーの最適化は、身体的エネルギーレベルと同じくらいに、もしかするとそれ以上に重要であるかもしれない。5日間の試合できちんと決着をつけることは、各選手にとって非常に個人的なことであり、選手の経験と選手の得られるサポートを含む多くの要因によって決まる。

　18年間、私は国内（ナショナル）および国際レベル（1987〜2005年）で競技を行っており、オーストラリアのナショナルチームの一員として2つの選手権で勝利した。そのうちの1つは、選手として初期の頃、もう1つは最後のほうであり、その間は9年の差があった。これらの勝利は、多くの側面でまったく異なっていたものの、いずれも世界を圧倒するパフォーマンスであった。両方に共通する、また最高レベルに達するアーチェリー選手に一般的なことは、たくさんの練習である。この練習のほとんどは、実際の射撃である——これは一日に7時間あるいは300射に達する——しかし、練習には週に3〜4日の筋力トレーニングセッションとともに、1時間のランニング（また

Simon Fairweather

> Simon Fairweatherは、1991年にポーランドで行われた世界選手権の個人アーチェリーで金メダルを獲得した。21歳のときである。9年後、母国開催のシドニーオリンピック（2000年）でSimonは再び個人種目で金メダルを獲得し、18射の第1ラウンドではオリンピック記録に並ぶものであった。Simonはオリンピック夏季大会に5連続で出場した。すなわち、ソウル（1988年）、バルセロナ（1992年）、アトランタ（1996年）、シドニー（2000年）、アテネ（2004年）である。Simonは、1991年と1992年に、ヤングオーストラリアンオブザイヤーを授与されている。

は同様の有酸素性運動）が含まれる。しかしながら、それぞれの勝利の際の競技環境と競技の文化はまったく異なっており、まったく異なる準備と「テーパリング」が必要とされた。

1991年アーチェリー世界選手権

私の初めての大きな勝利は、1991年のアーチェリー世界選手権であった。当時21歳で、17歳でアーチェリー（オリンピックスタイル）を始め、コーチはいなかった。これより前に参加した2つの大きな大会は、1988年のオリンピックと1989年の世界選手権であった。オリンピックで16位、世界選手権では20位と、そこそこの結果を残したが、これらの結果から、私はさらによい成績を残そうと決意した。たくさん練習した。種目の形式に合うよう、射撃を適応させた。9本射るごとに後ろに下がり、その後は6本ごとに距離を変えていくことで、変化に慣れていった。ウェイトトレーニングを行い、走った。走るよりもウェイトトレーニングを多くした。私は重い弓を引いていた（少なくとも当時、皆が使っていたものより）。私は、自分のやっていることを信じていた。

その当時のチームの雰囲気はまさにアマチュアであり、今とはかなり異なっていた。対戦相手のほとんどは、それぞれ仕事を持ち、経験（場数）は試合というか休日のようなものだった。私たちはアーチェリーと競技にかける思いに本気だった。私たちは皆、カフェでくつろぎながら、アーチェリーについてたくさん語り合い、時間を過ごしたものだった。私がアーチェリーを始めた頃、そこには魅力にあふれ、協力的で、元気づけられる文化があり、私はこれから先の長く成功に満ちた未来に対して希望を感じた。1991年のアーチェリー世界選手権に向けて、私たちは時差ボケを克服するための十分な時間の余裕を持って移動した。イタリアでウォーミングアップのトーナメントを戦い、開催地であるポーランドへ移動した。私たちは、選手権が始まる約1週間前に到着した。時間を自由に使うことができ、やることもなかったので、終日練習したいという衝動があったが、練習施設へアクセスすることは、大会組織委員会から使用が許されたとき、私たちがそこへ移動できたときのみであった。それに加えて練習場を、技術と用具の微調整を行っている他チームと共有するとき、たくさん矢を射る練習を行うことは制限を受ける。射る数を減らすことは、（今もそうだが）試合のまさに一部であった。

オーストラリアを出発してから、私はウェイトトレーニングと走ることは中断していた。読んだ雑誌の記事から、それでも2週間はフィットネスが失われないこと、またそうすることは休んでエネルギーを保つうえで最高であると私は信じた。ポーランドの宿泊施設は非常に簡易なもので、よい食事を得ることが難しく、また補給に関するサポートはなかった。しかし私は若く、そこにいるということに興奮しており、身体的および心理的準備に何の影響もなかった。その結果、私は休み、リラックスし、自信を持つことができた。大会日程が進むにつれ、パフォーマンスは改善し、最終的にチャンピオンになった。

2000年オリンピック

9年後、私のもう1つの大きな勝利は、2000年オリンピック大会であり、準備は全く異なるものだった。そのとき、私にはコーチがいた。彼は韓

その瞬間をつかむ

射ること、ウェイトを挙上すること、走ることに費やす時間が減って、のんびりと大会初日を待つ時間が長くなった結果、実際に射ることよりも、射ることについてより多く考えるようになった。このことはよくも悪くもなり得るが、どのように扱うかが極めて重要となる。1991年、私は冷静と自信の両方を、アーチェリーの技術と器具についてほかのアーチェリー選手たちと議論する中で得ることができた。私は、私の射撃に必要な気持ちと、確実に獲得していた身体的能力の両方の強みに集中した。競技人生を通じて、身体的準備は常に重要であり、対戦相手に対して自分が有利であるという気持ちをもたらしてくれた。休止時間(ダウンタイム)の際に考え、建設的に振る舞うという選択によって、ネガティブな経験となり得たことは、私の心理的な鋭さを砥ぎ、磨く機会へと変化した。

国(アーチェリーでは有力選手を生み出している国である)でとても尊敬されているコーチで、オーストラリアの全体的なナショナルチームは3年間、オリンピックに向けて彼とともに取り組んだ。

2000年に向けたトレーニングプログラムの量については、1991年と似ていたが、トレーニングの特異性の点でいくらか違いがあった。今回は、ランニングを増やし、ウェイトトレーニングを減らした。それが、私の射撃スタイルにはよい組み合わせだと信じてのことだった。対戦相手と比較して、私の身体的能力が高いことに自信があった。試合形式は、最高のトータルスコアが勝利となる個人射撃から、射数が少なく誤差の許容範囲が小さいマッチプレーまでと異なる。練習では、私たちは試合に向けた準備をたくさんした。それはマッチプレーとその競争環境での需要に特化したものである。ナショナルコーチは、過去3年間にわたって、私たちの射撃技術を再構築してきた。それは、彼が効果的であると信じ、折に触れて私が苦労したものであった。私は、長年にわたり「自分で発見してきた」技術は変えることは難しいということがわかった。

今回は、試合の形式と大会自体の両方が、これまで経験してきたものよりもプレッシャーが高かった。心理的な準備はこれまで以上に重要であった。これは私にとって4回目のオリンピックであり、チームメイトと私は、時間があまり残されていないことに気づき、これが最後のチャンスだと感じていた。課題は、だらだら過ごしたり気を揉んだりしないようにすることと、ポジティブに集中し続けることであった。今回は、完全に体力のためのトレーニングを減らすというのではなく、走る量を減らすが、リラックスと過剰なエネルギーを消費するうえで助けとなるように簡単なランニングを続けた。同じようにトレーニング機会と時間を減少させたが、その環境については1991年の世界選手権ほどリラックスしていなかった。2つの経験の中での大きな違いは、1991年にはあまりプレッシャーを感じず、仲間のアーチェリー選手からの友情に元気づけられ、自信を得ていたことである。2000年には、より大きなプレッシャーがあったが、私のコーチやチームをサポートするほかの専門家からの支援を受けていた。しかしながら、どちらも、ちょうど適切なときに心理面および身体的エネルギーを最適化することができた。2000年オリンピックでアーチェリー競技が始まる直前の週の初めに、私たちは小さな地元のアーチェリークラブへ行き、簡単な射撃を行った。私は、いくつかの技術的なポイントに集中した。なぜなら少しうまくいかないところがあったからである。私たちはちょっとした気分転換を行い、それはなぜか1991年の世界選手権のことをありありと思い出させた。私は突然に希望と自信、ポジティブな気持ちで満たされた。その週の残りは、その感情で乗り切った。私は、ポジティブなことと過程のみに集中し、一度に1ステップずつ、先走りすぎないようにした。何年にもわたる私の射撃と競争の日々が、ここで最高潮に達していた。その頂点で、私は、このイベントの後に引退することを決意した。その結果として、私はどちらかというと成功を追い求めることから解き放たれた。

これによって、皮肉なことにこの大会が最高になるように集中し、うまくいくように最後の大きな努力を注ぎ、そして心に余裕を持つこととなった。準備、環境、競技の文化に至るまで、これまでの試合とは異なっていたが、私の心理的および身体的な準備はまったく同様であり、同じ勝利という結果がもたらされた。

> 到着してできるだけすぐといったように、心理的なバランスに影響がある。自信と安らかな気持ちというのは、ときに失われやすいということがしばしばであり、それらを守ることは本当に重要である。

アーチェリーのためのテーパリング

　自信や心理的エネルギー、準備というのは、アーチェリー選手の「テーパリング」の最も重要な部分であると私は信じる。これを達成する一番よい方法は、日々の課題に整然と落ち着いて取り組むことによって、疲労を引き起こすことなく選手たちの心を満たすために日々十分な活動を確保することである。明らかに、これはコーチやマネージャーにとって課題の1つであり、試合のインフラによっては、簡単ではないかもしれない。つまり、コーチたちは選手の見通しを改善する方法を探す必要がある。以下のようなアイデアがある。

最新技術か、心理か

　これまで、より多くのコーチが、指導するアーチェリー選手をよりよくする科学と技術を探し求めてきた。多額のお金がスポーツ科学、テーパリング研究のようなことを含めて費やされているが、アーチェリーのような競技には十分にお金が使われているかどうかは確かではない。アドバンテージをもたらすと考えられてきたことについて、私の競技人生の中で、検証する機会が多くあった。だいたいが練習を妨げ、自信を失わせるだけであった。多くの競技において、スポーツ科学から得られるものは多いと私は認めるが、スキルの要素が高く体力要素の低い射撃やアーチェリーのような競技では、パフォーマンスのための本当の強さは、自信と日常の過程によりもたらされると考えている。本当に自信を持ち、心地よさを感じ、ポジティブな見通しを持っているアーチェリー選手は、自信を持つ努力をしていて疑いに満ちている技術的には上のライバルを打ち破ると私は信じている。自信をつけるために練習をすることは、トレーニングセンターに最新式の技術を備えるよりは、おそらく安く済むだろう。たくさんの発展途上なヨーロッパ諸国の結果をみればよい。基準以下の用具と基本的な基盤しか持ち合わせていないが、それにもかかわらず、彼らには無視できない強さがある。最新式の設備が明らかな違いを生むことはない。おそらく、選手を成功へと駆り立てる助けとなるのみである。

　それ以外に留意しておきたいのは、コーチや選手による計画が欠けていること、チーム役員によるマネジメント不足により、チームメンバーが悪い影響を受け得るということである。選手に十分な水を用意するといった単純なことですら、日々の練習のときだけでなく移動中や

- 試合に向けて必要な一般的体力要素を高めることを確実にする。
- 大会に向けた移動ができるだけ楽で、快適なものになるよう努める。
- 選手たちが到着したときに、エネルギーやアドレナリン、高まる緊張を発散するため、簡単なエクササイズを課す。
- リラクゼーションのセッションのための時間を取っておく。ここでいう「リラクゼーション」とは、漸進的筋弛緩法のようなテクニックであり、飲み屋に行くことでない！
- もし予算に余裕があれば、マッサージを提供する。軟部組織へのセラピーは、身体的な治療に有効なだけでなく、心理的にもよい。大会の準備にふさわしいと思われることに、より多くの日を過ごす。
- 足止めされて何もせずに待つというのを避ける。必要のない遅れはできるだけ回避することによって、選手の不安や、それに伴って生じるチー

表11.1　アーチェリーの試合に向けた週の日々のプログラム

	月曜日	火曜日	水曜日	木曜日	金曜日
午前	到着。宿にチェックイン。ジョギングまたはウォーキング。	早すぎない時間帯に簡単な朝食を摂る。3時間をシューティングに費やす。	試合の日と同じように、より早く始める。2時間をシューティングに費やす。	昨日と同じように始める。1～1.5時間をシューティングに費やす。	昨日と同じように始める。公式練習日。したがってあまり多くシューティングしない。
昼食					
午後	2時間をシューティングに費やす。特別なことはなく、楽にシューティングを行い、古い友人と情報交換する時間がとれる。	シューティング機材の確認。必要なら矢羽根を付け直す。ジョグ。	もし可能であれば、さらに2時間をシューティングに費やす。よいシューティングを覚えておくための鍵となるポイントを特定する（各個人で異なる）	もし可能であれば、さらに1から1.5時間をシューティングに費やす。よいシューティングを覚えておくための鍵となるポイントを特定する（各個人で異なる）	ジョグ──あまり長い距離にならないようにし、緊張をほぐし、時間をつぶすために行う。機材の確認と修理。カフェに行き、コーヒーか紅茶を飲む。
夕食					
夜	カフェに行き、コーヒーか紅茶を飲み、早い夜食。	マッサージを受け、リラクゼーションの練習をする。*	マッサージを受け、リラクゼーションの練習をする。*	マッサージを受け、リラクゼーションの練習をする。*	シューティング感覚に影響することがしばしばあるので、今日はマッサージを受けない。リラクゼーションの練習をする。

*セラピストは1日に多くの人たちをマッサージできないので、チームの全員がマッサージを毎日受けられるとは限らない。毎日受けたいわけでもないようだ。

ムメンバー間の葛藤を少なくする。
- 予期せぬ出来事に対処し、ストレスを最小限にする戦略を提供する。

　私は、アーチェリーのためのテーパリングは、ほかの多くの競技ほど進んでいる、あるいは科学的であるとは信じていない。もし準備が万全であれば、体力や技術、試合に特化した練習を行わせたら、大きな大会に向けてうまく仕上がるだろう。選手たちは、毎日いくらかの射撃を行うことによって、スキルやテクニックの「感覚」を維持すべきであるが、試合に必要なエネルギーや筋力を浪費しないよう、必要なこと以外で過ごす時間を顕著に減らすべきである。身体的準備はかなり単純で常識に基づいたものである。すなわち、有酸素および筋力トレーニングは試合前の2週間にわた

って劇的に減らす。私は、アーチェリー選手が、テーパリングが正しくできなかったから試合に影響が出たと話すのを聞いたことがない。心理的準備が鍵であり、それを最適化するには多くの要因があるが、完璧な心理的テーパリングというのはわかりにくいものだ…、そしてそれはアーチェリーだけではない。

　表11.1には、日々のプログラムを示している。これは大きな大会を迎える前の週において、自信や心理的なエネルギー、準備を構築し、維持するうえで助けとなるだろう。

一目でわかる

Simon Fairweatherの専門的なアドバイスを適用する

このSimon Fairweatherによるセクションでは、世界選手権およびオリンピックでのチャンピオンが主要なアーチェリーの大会前の最後の数日にどのように過ごしたかを学ぶことができる。この競技において、大会に向けたテーパリングについての考えが取り入れられていないものの、彼の説明には実際のテーパリングのアプローチのヒントに満ちている。実際に、フィットネストレーニングと矢を射ることを減らすこと、心理状態を最適化すること、大きな大会前の数日間、最適なピーキング戦略を個別化するということに触れている。このセクションの鍵となる概念は、以下の通りである。練習を試合の特異的な要求に合わせること、移動と大会開催地での練習施設への制限されたアクセスをテーパリングプログラムに組み込むこと、補給についての問題が選手の準備を妨げないようにすること、最適なパフォーマンスに必要な自信と心理的エネルギーを獲得するため対戦相手を超えた強みと有利な点への自己の気づきに集中すること、である。

José María Olazabal
ゴルフにおけるピークパフォーマンスのための微細な調整

ゴルフは、プロというレベルにおいてすら、プレーヤーが高い競争力を保ち、長く続けることができる活動である。私がこのことに触れるのは、ゴルファーは長い競技人生において、競技カレンダーに多くの変化があるということを特徴としているからで、また身体的、心理的、技術的な準備に関する多くの変化を経験する。

私は、試合またはそれを取り巻く状況によって、非常に価値があり、とくに重要と考える3つの個人的勝利を達成した。チームでの勝利については、1987年、2006年のライダーカップの2つに言及する。個人での、私にとって特別な勝利は、1990年のワールドシリーズと、1994年、1999年のマスターズである。これらについて、年代順に述べる。

José María Olazabal

Jose Maria Olazabalは、過去20年で世界で最も成功したプロゴルファーの1人である。彼は7歳のときには国内レベルで戦っていた。19歳のとき、プロとなった。彼の最も大きな偉業には、1994年と1999年のオーガスタマスターズでの勝利、そしてヨーロッパチームの一員としてライダーカップで4回の勝利がある（1987、1989、1997、2006）。"Txema" Olazabalは、プロとしての生涯を通じて22のヨーロッパツアー、6つのアメリカPGAツアー、2つの日本のプロトーナメントで優勝している。アマチュアのときのランキングでは、これまでに唯一、英国男子、青年、アマチュアの選手権で優勝したゴルファーであり、そのアマチュア記録は公式に、競技史上最高であると知られている。

1987年のライダーカップ

アメリカチームが、この母国で敗れたのは、ライダーカップの60年の歴史の中で初めてのことだった。この大会は、オハイオ州コロンバス、Jack Nicklausの「所領」で行われ、私を夢中にさせた競技の魅力の発見の機会となり、興奮を覚えた。

1986年のサーキット（訳注：転戦していく一連の試合）での私のデビューは朝飯前だった。その年、私はナショナルサーキットランキングと、2つのトーナメントで優勝し、オーダーオブメリット（訳注：賞金ランキング）では「神話」（と呼ばれたSeve Ballesteros）のすぐ後の2位だった。それで私は、なぜ1987年に勝てなかったか理解できなかったが、その年はサーキットでの個人優勝のない、灰色の季節へと変わった。

それにもかかわらず、Tony Jacklyn（ライダーカップのヨーロッパチームのキャプテン）は、私を信頼してチームに選抜してくれた。私はSeveと組み、4つのダブルマッチを戦った。とはいえ、会場に到着したときには、自己肯定感はゼロ以下であった。それは、アイルランドのプロゴルファー、Des Smythがその週、パリで行われたラン

コム杯の前の週に私のところに来て「Jose、君は正しく打てていない。君がショットをたくさんミスするのを見た。取り乱しているのはわかるが、そんなこと知ったことか！　とてもいいショットも打っているじゃないか。同じやり方で楽しんでみろよ」と言ってくるほどだった。そのときは、それらの言葉に動かされることはなかったが、その考えは時間をかけて広がっていった。ゆっくりと、確実に。ライダーカップでは、それ以外に何も起こりようがなかった。私は、無意識にSeveやチームのメンバーによって調子に乗せられたが、それが功を奏したのだった！　これが、「テストステロン要因」よりも「心理学的要因」が私のパフォーマンスを導いた最初である。そのときはそれを自覚していなかった！

1990年のワールドシリーズ

私がアメリカの地において個人で初優勝したのは、オハイオ州のアクロン、伝説のファイアストーンコースであった。わずか4選手だけがアンダーパーであったが、私はトータルスコアが18アンダーパー、2位との差は12打であった。ゴルフギアの技術的進歩にもかかわらず、私の61打という記録は、今も残っている。そのコースは今でも、過酷であるという評価が残っている。

私が到着したとき、私は自分のゲームに気持ちが入っておらず、楽しんでいなかった。前の週にはデンバーでそれなりに活躍をしたが、決して有頂天になることはなかった。ところが、ある出来事が起こったのである。私は未だになぜかわからないが、第1打から「ゾーン」に入った。泡の中に入ったようになり、外部の影響を受けず、内面的な安静と静寂で満された。すべてがスローモーションで起こるように思えた。トーナメントが始まった。バーディ、イーグル、バーディ、バーディ。第1ラウンドを62打（−9）で終え、みんなが私を異星人のように扱った。その週はそのように続き、なぜそうなったのか、理解できなかった。心理学者には何か理論があるのだろうと想像するが、私は専門家ではない。

1994年のマスターズ

1992年3月から1994年2月までの私のプレーはひどいものだった。もちろん、勝利に近づくことはなかった。1994年2月、アンダルシアで、私はとくにうまくプレーできなかったにもかかわらず2位に終わり、私はおそらく完全に素晴らしいプレーでなくても、そこそこの結果に達するのではないかと考え始めた。翌週のアリカンテでは、私のプレーは少しよくなった。日曜日には最終グループにいたが、残り2ホールで、Paul McGinleyに3打差をつけられていた。彼は崩れ、最終ホールが終わった時点でタイに並んだ。タイブレークは私から逃げることなく、私は彼に勝つことができた。

1週間の休みの後、私は米国へ赴き、マスターズの直前のトーナメントを8位と2位で終えた。とはいえ、試合について考えすぎることはなく、心理的な状態を低いままで維持した。それはうまくいったが、私は、1991年のマスターズで最後の瞬間、Ian Woosnamの後ろの2位の位置は、私にさらなる強さとTom Lehmanへのリーダーシップが与えられ、彼を打ち破ることになったと確信する。繰り返すと、私の成功は、誘発されたようなものからではなく、私の頭からより多くもたらされた直感的なものであった。

1999年のマスターズ

また成績の低い時代になってしまった。私は1996年からケガの後再び表舞台に立てて幸せだった。試合から18カ月遠ざかっていて、あちらこちらで少しずつ物事を進めていたが、うまく転がっていかなかった。

マスターズでのチャンピオンディナーの間、歴代優勝者の1人、Gary Player（オーガスタマスターズで3回優勝）が私のところに来て言った。「Jose、最近調子はどう？　試合はどんな感じ？」。私は答えて「Gary、私に金をかけないでほしい。勝てる見込みがないんです」と言った。彼は怒り出し、中身の詰まったスピーチが始まった。70歳にして彼は5分間にわたって両方の太ももに力を

入れて空手の姿勢を続けることができること、私のような人間が、このように消極的な考え、わずかな自己肯定感、わずかな自分への信念しか持たないことがどんなに信じられないことなのかを訴えた。付け加えて、「今すぐそこを抜け出て、勝つんだ」と。実際にやり遂げることができた。すなわちGreg Normanを破り、マスターズを手にしたのだ。

Gary Playerが私にあのスピーチしてくれたのは、私を取り巻く人たちが彼に依頼したのだということに後から気がついた。そして、確かにそれは功を奏して、再び首位となった。

一目でわかる
José María Olazabalの専門的なアドバイスを適用する

このゴルフの偉人José María Olazabalによるセクションから、読者はゴルフのような心理的な要求が多く、精度が求められるスポーツにおける自己肯定感と自信の影響力について、学ぶことができる。本書の第3部のほかの著者と異なり、何人かの考えとは一致するが、Txema Olazabalはゴルフにおける偉業達成に向けた練習のテーパリングについて言及せず、むしろ試合に向けた心理的準備における微細な調整について述べている。後者の考え方は、アーチェリー選手のSimon Fairweatherが前のセクションで述べた心理的準備に関する考えと完全に一致する。それ以外の興味深い側面は、個人競技の選手は波長が合い皆が同じ方向へと引っ張られるとき、ライダーカップのようなチーム種目のために「力強い機関車」となることができるということである。このセクションの鍵となるアイデアは、ほかのどのトレーニングよりも、正しくボールを打つことが、ふさわしいときに正しい心構えでいることによって決まるゴルフのような競技において、「心理的要因」が非常に重要な役割を果たすということである。

2006年のライダーカップ

このトーナメントへの参加は7回目であり、このときアイルランドで開催された。今回初めて集団的なカタルシス（感情の浄化）の重要性について理解した。チームのうち、誰もいつもの私たち自身ではなかった。私たち12の魂に、キャプテンを加えた13の魂が、同じ方向へと向かい、力強い機関車となった。私たちは勝ち、留まるところを知らず、まさにほとんど興奮状態だった。たとえば、最近配偶者と別れたDarren Clarkeはアイルランドのファンが示す情熱が動機づけとなっていた。そして私は、それ以外には本当に何も知らなかったが、現実にそれは起こったのだった。

私たちは皆、プレーするにあたって、身体的な準備をするが、シーズンは長く、年間を通じて主要なトーナメントがバラバラに組まれる。1月中旬からその年の終わりまで、よい調子を保っていなければならない。これは、ほかの競技では大きな催しが年に1回であり、「クレッシェンド」のようにだんだん大きくしていく形で準備して、まさにその日に頂点に到達しようとするということと異なる。したがって、ゴルフにおいて完璧なタイミングを必要としているのは、それぞれの心理面であり、そのタイミングに至ることは難しい。

第12章

チーム競技のためのテーパリング
Tapering for Team Sports

　私たちが第8章で見てきたように、チーム競技におけるテーパリングとピーキングには、コーチや選手が常に念頭に置かなければならない独特の側面がある。チーム競技のパフォーマンスには、身体的・生理的・技術的・戦術的・心理的要因の間の完璧なバランスが必要となる。一流のチーム競技の選手は、スピード、加速、パワー、持久力、敏捷性に優れていなければならず、効率的なテーパリングによって、すべての選手の特質すべてを最適化しなければならない。加えて、チームのダイナミクス（連携）というのは、パズルにたとえるならすべてのピースがぴったりとはまるように、チーム全員が歩調を合わせることによって高められるべきである。本節では、世界中の優れたコーチたちが、並外れた世界クラスのチーム競技パフォーマンスに至るために彼らが行ったアプローチ方法を公開してくれている。

Ric Charlesworth
女子フィールドホッケーで金メダルを獲得する

　2000年のシドニーオリンピックの前の私たちの戦略は、身体的・心理的・戦術的・技術的に、また私たちの協調性とチームダイナミクスの観点からもピークに到達することであった。つまり、私たちはトーナメントの最後に最高の位置でプレーする必要性をとくに強調して、トーナメント中のゲームのすべての側面においてピークとなるよう取り組んだ。2桁のサポートスタッフ、16名の選手というチーム種目を調整し監督することは簡単ではなく、誰かが置いていかれないように、また、全員が計画に含まれチームメイトとして「同じページ」（同じ考え）にいることができるようにすべてのチームメンバーによる非常に細かい注意が求められる。同様に、全員が各人のパフォーマンスの強みと弱みを認識しておく必要がある。

　すべてのコーチが、大きな大会に向けてパフォーマンスを最適化することを目指しており、それを達成するためテーパリングとピーキングの戦略を開発している。2000年のシドニーオリンピックの前の数年間、私たちは、9月の最後の2週間に向けた準備が確実なものになるよう、さまざまなシナリオを展開させてみた。もしうまくいけば、私たちの決勝戦は9月29日となる。17日に始まり、8試合を13日間で戦う…オリンピックにおけるフィールドホッケーのトーナメントは、ほかに類を見ないほどの持久的種目なのである！

あと6カ月間
　試合前の6カ月間のトレーニング方法は、試合を模した練習を週あたり約4回行うことで構成された。これらの練習期間において、強度は心拍計

Ric Charlesworth

Ric Charlesworthは、1993〜2000年、オーストラリアの女子フィールドホッケーチームのナショナルコーチであった。チームは8年連続で世界ランキング1位となり、アトランタおよびシドニーオリンピック（1996、2000年）で金メダル、1994、1998年のワールドカップで金メダルを獲得した。この間に、Ricはオーストラリアのコーチオブザイヤーに6回選出された。2001年には、国際ホッケー連盟でマスターコーチに選ばれ、2005年には西オーストラリアの史上最高のコーチに選出された。

と乳酸測定によって追跡して記録され、一流チームの試合における身体的な仕事量に確実に合致するようにした。私たちは、ゲームに要求されるものが何かについて、理解していた。なぜなら、数年にわたって国際試合で心拍データを集めてきたからである。私たちは、継続的に練習期間のトレーニング強度を評価し、試合で要求される強度を確実に超えるようにした。

私たちは、23週間の特異的準備期の間、量-強度サイクルを3回行った。これは、前年の活動終了時の再建（リジェネレーション）期に続くものであり、これからの高強度プログラムに向けた準備をするために1999年12月から2000年1月の間、一般的準備期をおいた。2000年1月、選手たちはそれぞれの活動場所からひとつの中心的拠点へと移動し、3月まで一般的準備期が続けられた。

それから特異的準備プログラムが始まり、すでに述べたようにこのプログラムの間、量-強度サイクルを3回用いた。最後のテーパリング期間は、それまでの2つの段階よりも長かった。なぜなら、選手がわずかな構造的なケガや疲労をも試合に持ち込むのを防ぐことに集中するためである。そのときまでに、私たちは、最大負荷での彼女らの身体的能力は、軽い運動で12〜16日後、そしてハードな練習（ゲームシミュレーション）を1、2回行ったときには3〜5日間のうちに回復することを知っていた。

特異的準備期を通して、私たちは試合期の後で3〜4週をひとまとまりして高強度の練習を行い、その後に試合期が続き、休息した。そうして選手はこうした期間やトレーニング負荷に慣れていった。大まかにいえば、試合期より前に負荷を軽くし、身体的能力を最大限に戻す選手たちの能力（性質）について私たちはよく認識していた。

最終のテーパリングの基礎

オリンピックが始まる直前、試合が始まる9月17日の2週間前が、最も軽い週であった。チームは決勝に向けて身体的にピークとすることもテーパリングにおいて考慮した。したがって、最初の週の試合は、身体的なピークが起こるために必要な負荷の一部となるだろう。

身体的準備戦略を有効にするために決定的に重要だったのが、過去数年にわたって行われた選手の心拍数、乳酸値、選手による主観的強度評価を自ら監視し、自己調整し、フィードバックをすることを、選手自身が確実にできる能力を身につける取り組みであった。これにより、私たちは試合で求められることの対処ができ、選手が身体的負荷に予測通り反応するだろうという自信を得ることができた。グループの練習経験と身体的負荷と同じように重要なのが、13日間で8試合という身体的負荷に対応できることを示すデータからもたらされた自信であった。この自信というものが、身体的能力と同じように、パフォーマンスのために重要である。

技術的なピーキングは、いつもと同様に、試合のように強度の高い競技的な練習によって裏打ちされる。試合直前の2つの軽い週の間、練習期間の継続時間は、短いものの、同じ質、ペース、強度であった（9月7日、11日のショートゲーム、13日のショートゲーム、表12.1）。同様に、選手たちは通常、そこそこの練習を毎日行っていたときは、技術についてより多くの満足感を得た。私たちは試合を通して、特定の練習目的のための練習と同じぐらい気晴らしや時間調整のためにも練習を行った。

独特なオリンピックチームの問題点

オリンピックでは、君たちがいつか韓国と、次にスペインとプレーしていることに気づくだろう。これらの対戦相手は、スタイルもアプローチも異なるが、これまで長年にわたって積み重ねてきた練習により、驚くことのないようにしておかなければならない。身体的、戦術的準備の両方によって、全体的な自信が選手たちに浸透していくはずだ。このことが、これからの数週間に直面するであろう試練に対して、パニックを起こさないことを確実なものとする。特異的準備の最後の数日は、私たちが過去数年にわたって体系的に積み上げ、2000年の特異的準備期において6ヵ月で洗練させた重要な戦術的知識のまとめと見直しに費やした。

オリンピックホッケー種目におけるもう1つの大きな問題は、2週間にわたって運が上昇下降するということであり、いつも落ち着いた気持ちを保つ能力が重要である。試合について考える時間が多くありすぎるというのは、ある日には短時間で気分の落ち込みあるいは高揚が起こるという問題になり得るうえ、また別の日には、新しい対戦相手に向けた集中力を確保しておく必要があるため避けなければならない。それ以外の試合結果も同様に、個人やチーム、スタッフの注意がそれたり混乱することがある。したがって日常的にミーティングを行い、その日のイベントについて議論し、公式にも非公式にもチームの感情や考えを分析する必要がある。この練習は、オリンピックに先立つ数年間にわたって確立しておく必要がある。

私たちの心構えは、オリンピックでのチームパフォーマンスに必須の、私の信じるいくつかの事柄として極めて重要である。私たちは代表選手の選出を遅くして、「チームをつくる」だけでなく、改善と全メンバーのプレーへの準備に注力した。また1998年には、オランダのワールドカップでは（地元開催の）オリンピック同様の経験をするため、上質の宿泊施設での選手村生活を避け、またクアラルンプールで行われたコモンウェルスゲームズにおいても、同様の選手村の経験をした。私たちは、何を求めるべきかを知っていた。最後に、2000年初めの家族と両親らとの週の準備で、自国開催のオリンピックがもたらし得る家族や友人、メディアに関するすべての諸問題に対処した。それ以外の予測もほぼ具体化され、かなり前からの選手の予測は、現実とよく一致した。

あと5週間

オリンピックの5週間前、私たちは試合が始まる前の週では、週に15回から6回まで、また試合の前の週には7回へと練習を減らした（表12.1）。実際に、オリンピックの前の週は年間で最も軽い週であった。しかしながら、私たちの過去の経験は、選手たちは以前に私たちがみたのと同じように身体的な反応をみせるという自信をもたらしてくれた。オリンピックの14日前から7日前にかけて、私たちはシドニーへと移動し、選手村に慣れたが、その数日後、電車に乗り、オリンピックに関連した過剰な宣伝から逃れ、ブルーマウンテンに滞在するため選手村を出た。この期間、ホッケーはしなかったが、たくさんの斬新な（novelty）練習を行い、チームダイナミクスや有酸素的能力の調整、ウェイトトレーニングに取り組んだ。斬新な練習の日には、「キープオフ」（ボールに触れない）の練習やプールでのリレー競走を行った。

その後、試合前の週に私たちは選手村に戻り、短時間の練習試合をいくつか行い、一日おきにメリハリのあるスピード練習を行い、最初の試合の前の2日間の休息に先立って技術的な準備を行った。

表12.1には、第44週の8月21日、23日、24日、26または27日に私たちが行った4つの従来通りの高強度練習を示す。第45週には、練習は8月28、30、31日（これは最終的にキャンセルとなった）に行われた。これは帰宅した選手がいたためである。強度は相応に下げていった。

私たちは選手村に9月5日に入った。落ち着くこととトレーニングに数日を経て、私たちは3日間選手村を離れ、ホッケーをせずに山にいた。ホッケーから離れた3日間の休暇は、オリンピックという環境から逃れることを意図してのものであ

表12.1 オーストラリアの女子ホッケーの2000年オリンピック選抜チームにおけるトレーニングプログラム、特異的な準備iii、テーパリング

週	期	日付	月曜 8月21日	火曜 8月22日	水曜 8月23日	木曜 8月24日	金曜 8月25日	土曜 8月26日	日曜 8月27日
44	専門的準備期	午前	アクティブリカバリー、GKウェイト	ウェイト、セットプレー		セットプレー	リハビリ、セットプレー	GKウェイト	早いテンポのスキル、またはクラブの講義
		午後	スプリントとスキル(中程度から早いテンポ)		試合とRE20分間	試合			
		日付	8月28日	8月29日	8月30日	8月31日	9月1日	9月2日	9月3日
45	専門的準備期	午前	アクティブリカバリー、GKウェイト	ウェイト、セットプレー		セットプレー	リハビリ、ウェイト、セットプレー	GKウェイト	フィールドAEラン30分間
		午後	スプリントとスキル(中程度から早いテンポ)		試合とRE20分間	試合はキャンセルとなった			
		日付	9月4日	9月5日	9月6日	9月7日	9月8日	9月9日	9月10日
46	テーパリング期	午前	休息	選手村に入る	トレーニング(WUのピッチ)	トレーニング(WU チームウェイト)			
		午後		スキル(試合のピッチ)または軽いジョグとストレッチ	スピードとスキル、低・中テンポ(試合のピッチ)	スキル高テンポ(試合のピッチ)	スキルテンポ(試合のピッチ)	AE40分間、4分ごとに10秒間の急激な上昇	スキル(試合のピッチ)低・中テンポ

第12章　チーム競技のためのテーパリング

	日付	9月11日	9月12日	9月13日	9月14日	9月15日	9月16日	9月17日
47 テーパリング期	午前	GKおよびリハビリウェイト	スキル (試合のピッチ)	スキル (Ryde) セットプレー	トレーニング (WUのピッチ) スプリント	ATピックアップテンポのスキル40分間 (午前9:30) Ryde	軽いジョグテスト	試合、対英国
	午後	WU試合、対ドイツ (試合のピッチ)			スキル (試合のピッチ) L-Mテンポ、試合、対オランダ		開始セレモニー	

	日付	9月18日	9月19日	9月20日	9月21日	9月22日	9月23日	9月24日
48 試合期	午前	アクティブリカバリー		アクティブリカバリー？ (スケジュールによる)	アクティブリカバリー		アクティブリカバリー	
	午後		試合、対スペイン		試合、対アルゼンチン	試合、対韓国		試合5

	日付	9月25日	9月26日	9月27日	9月28日	9月29日	9月30日	9月31日
49 試合期	午前	アクティブリカバリー						
	午後	試合6		試合7				決勝戦

AE＝有酸素的持久力の発揮、GKウェイト＝ゴールキーパーのウェイト、L-M＝低から中等度の強度、RE＝繰り返しの爆発的な力発揮、Ryde＝シドニーのトレーニング会場、WU＝ウォームアップ。
太字は、鍵となる高強度トレーニングセッションおよび準備のための試合を意味する。

る。私たちは、1996年にこの方法を試しており、選手村での生活から離れることが選手たちから好評であるということはわかっていた。私たちは選手村に戻って、より軽い練習を行い、2つの50分という短いが高テンポの練習試合を9月11日と13日に行い、最終のスプリント練習を9月12日に行った。ここで、私たちはプレーする準備が整った。

トーナメントにおける私たちのパフォーマンスは、おそらく第2週に最高となるだろうということを示していた。オリンピックの最初の週の間は、これまでの最高の調子ではなかったが、トーナメントの最初の試合の前半は、質的にはなかなか素晴らしいものだった。

シドニーにおけるパフォーマンスのための戦略は、身体的なテーパリングを包み込むものであり、実験的なものではなく検証されたものであったものの、選手たち自身による食事や水分補給、睡眠、健康全般についての自己分析にもまだ頼っていた。起こり得る戦略的な問題に向けた徹底的な準備と、過去数年にわたる柔軟性の向上により、いかなる不測の事態にも予測と対応することができるようになった。最終的に、私たちが2週間の戦いで生き残ることを確実なものとしたのは、この準備を裏打ちする、大きな試合前の十分な議論と同意した強固なルーティーンであった。

一目でわかる
Ric Charlesworthの専門的なアドバイスを適用する

このRic Charlesworthによる本節から、読者は一流選手集団がオリンピックで金メダルを獲得するためのチームにおけるピーキング戦略について学ぶことができる。チーム競技のピーキングには、身体的・技術的・戦術的・心理的スキルを最適化するだけでなく、選手間の協力とグループダイナミクス（連携）を高め促進することが関わっている。このセクションにおける鍵となるアイデアには、以下のものが含まれる。トレーニング中に試合で求められる身体的な能力に合わせる、またはそれを超過すること。試合の最初の週を、トーナメントの決勝戦に向けて実際のピークに到達できるよう負荷期の一部と捉えること。選手の技術的な熟達を維持し、特定のトレーニングの目的を達成し、時間を埋めるため大会を通してトレーニングを行うこと、試合に先立って、成功するように検証され証明されたテーパリングを行うこと。不慮の事態を予測し、対処するために柔軟であること。

Derik Coetzee、Yusuf Hassan、Clint Readhead
ラグビーワールドカップで勝利する。

Jake Whiteが2004年に南アフリカのラグビーコーチに就任したとき、彼はマネジメントチームと選手に、2007年のラグビーワールドカップで勝てない理由はないということを伝えた。その時点から、選手とマネジメントチームは、コーチの「予言」を実現するため、組織的にすべてのチームに対する入力を同調させ制御した。

科学に基づいたピリオダイゼーション原理によるトレーニングとテーパリングプログラムをデザインすることが私たちの出発点である。私たちは、現場での経験にも大きく依存している。テーパリングは、トレーニングの技術であり、獲得したトレーニングによる適応を失うことなく、高強度トレーニングに起因する疲労を減らすようにデザインされている。テーパリングは、実際の試合に先立つ時間的枠組み（数週から数日）の中のトレーニングの最終期として知られ、トレーニング変数（強度、頻度、継続期間）を操作することによるトレーニング負荷の低減を伴っている。さらに、シーズンを通して休息や回復の必要性を適用することが求められ、それがテーパリングそのものの鍵となるということも、私たちは理解している。したがって、私たちの目標を達成するうえで重要なのは、テーパリングの原則のいくつかを、年間のトレーニングに当てはめることである。

Derik Coetzee、Yusuf Hassan、Clint Readhead

　Derik Coetzeeは、南アフリカのラグビー代表チームSpringboks（スプリングボクス）のヘッドコンディショニングコーチである。Derikは、一流ラグビー選手へのコーチングを15年以上にわたって行ってきており、2004年からSpringboksに関わっている。Yusuf Hassanは、Springboksのメディカルドクターである。Yusufは、一流ラグビーチームに医療サービスを10年近く提供しており、2004年からSpringboksのメディカルドクターである。Clint Readheadは、南アフリカラグビーチームのメディカルマネージャーである。Clintは1995年からラグビーチームのスポーツフィジオセラピストであり、Springboksでは2003年から働いている。

ピリオダイゼーションを通してケガと燃え尽き症候群を予防する

　Jake Whiteは、選手たちを全ての点で身体的に相手を上回るテストレベル（代表チーム同士の試合であるテストマッチに出ることのできる選手レベル）にする必要があると強調した。彼はまた、Springboks（訳注：代表チーム）が国際大会シーズンの期間全体にわたって体力レベルをピークに保つのは現実的ではないことも理解していた。したがって、私たちは、トレーニングの**ピリオダイゼーション**手法に基づく十分に計画された戦略に沿った。目標は、Springboksの身体的および心理的能力をラグビーワールドカップに合わせて最適化し、それらの能力をトーナメント中に悪化させないことを確実なものとすることであった。この方法は、深刻なケガや燃え尽き症候群（バーンアウト）を予防するため、適切な休息と回復が年間を通したトレーニング——テーパリングだけでなく——に組み込まれていることが求められる。これを行うために、私たちは医学的・生理学的・技術的・戦略的・心理学的・社会学的な変数を考慮した。このような2つの要因（つまり休息と回復）はテーパリングと密接に相関しており、テーパリングそのものの間、継続して詳しく観察することで、年間を通して疲労を制御し、ケガを最小限にしていた。

年間を通した疲労の制御

　選手たちは、週ごとに自覚的なトレーニング強度と疲労の状態を記入することが求められる（表12.2）。各選手の示した点数（レーティング）は、実際のトレーニング負荷の観点から評価され、続いてトレーニング負荷が操作され、これに合致するように回復の戦略が実行される。

　大会の間は、回復の戦略がとくに強調される。この戦略には、週の異なる時間や各ゲームの前・中・後において、適切な水分補給、栄養、サプリメント摂取、特別な回復戦略、適切な休息と睡眠パターンのための個人にあわせたガイドラインが含まれる（表12.3）。

ケガを最小限にする

　Springboksのラグビー選手における2シーズン以上にわたる追跡調査では、11カ月間のラグビーシーズンを明らかな急性またはオーバーユース傷害なしに終えることができたのは、選手のわずか12％であったことが示されている。実際に、52％の選手において、使い過ぎ（オーバーユース）による傷害が続いており、中には手術を必要とすることもあった。使い過ぎによる傷害がなかった48％の選手のうち、73％が急性の傷害により、多くのケースにおいて数週間にわたる休息やリハビリテーションを必要としていた。11カ月間のラグビーシーズン全体を急性またはオーバーユースなくプレーしたのは、使い過ぎによる傷害のないグループのうち27％のみであった（図12.1）。こうした結果が得られたので、バイオメカニクス的な内因性の危険要因を調べるための継続的なスクリーニングを進めるべきであり、それにより実施中の練習や試合で最もケガをしやすい選手を特定することができると結論づけられた。Springboksの契約選手はほとんどがこれまでの2年間にわた

表12.2　トレーニング強度と疲労指数の毎週の評価

その週の練習について、選手による強度のレーティング（1-10）	その週の練習について、毎週金曜日に自覚的な強度を記入してください。		
	再評価		
	1日目	2日目	3日目
0＝休息			
1＝本当に楽			
2＝楽			
3＝中くらい			
4＝少しきつい			
5＝きつい			
6＝もっときつい			
7＝とてもきつい			
8＝オレを殺す気か			
9＝アッオー（oh-oh、訳注：相当まずい様子）			
10＝死			
現在の選手の自覚的な疲労状態のレーティング	この週の自覚的な疲労レベルについて、毎週金曜日に記入してください。		
1＝とてもとても軽い			
2＝とても軽い			
3＝軽い			
4＝マイルド			
5＝中くらい			
6＝中くらいから激しい			
8＝激しい			
8＝とても激しい			
9＝とてもとても激しい			
10＝完全に疲労困憊			

表12.3　試合中のリカバリーのガイドライン

週の始ま	朝食時に体重測定 水分補給をモニター 柔軟性を維持する モビリティを維持する マッサージを受ける 高タンパク質および高炭水化物の摂取を維持する 個人別の栄養およびサプリメント計画に従う 週の中間（主要なトレーニングセッション）
週の中間 （主要なトレーニングセッション）	高タンパク質摂取を維持する 水分補給を維持する 休息 横になる 最低8時間は眠る
週の終わり	軽い柔軟運動を行う マッサージを受ける 高い水分摂取を維持する 高炭水化物の摂取を維持する 休息 横になる 最低8時間は眠る
試合前および試合	高い水分摂取を維持する 高炭水化物の摂取を維持する 試合中、高い水分摂取を維持する ハーフタイムにアイスジャケットの着用義務 ジャージを着替える ベンチではサーモスーツを着用 休息 横になる 最低8時間は眠る
試合後	高い水分摂取を維持する 高炭水化物の摂取を維持する 軽い歩行を維持する 軽い柔軟運動を行う 冷水浴を行う アルコールを避ける

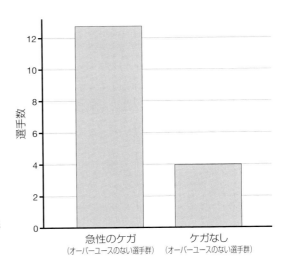

図12.1　Springboksのオーバーユースのない選手における、急性のケガ群とケガのない群の割合。
Dr. Yusuf HassanとDr. Derik Coetzeeの好意により改変。

たって、主に集中したことは、さらに強い国際的な選手層をつくり出すことと、主要な大会のすべてにおいてオーストラリアをメダル獲得国に戻すこと、であった。究極の目的は、2008年の北京オリンピックで優勝することであった。私たちはそれには及ばなかったが、実際にはそれほど大きいものではなかった。私たちは銅メダルを持ち帰ったのであった。レギュラーシーズンとピーキング期のトレーニングをさらに洗練し、私たちは次の機会に再び金メダルを狙っている！

ここでは、決勝まで進み、銀メダルを獲得したメルボルンでの世界選手権（2007年）に向けた準備について見ていく。結局のところ、どちらが勝ってもおかしくなかった試合で私たちは6対5で米国に負けた。オーストラリアは、終了40秒前から3回の絶好の得点の機会があったのだが、結局2回は米国のゴールキーパーに弾き返され、最後の1回はオフェンシブターンオーバー（オフェンスのミスによって攻守が入れ替わること）となった。米国は7年間にわたって最強のチームであり、2006年ワールドカップを除いてすべての選手権でメダルを獲得していた。

主要な大会に向けたテーパリングとピーキング

水球のようなチーム競技では、トーナメントに向けた準備において、大きな目標や試合を目指すために覚悟する必要のある犠牲について考慮しなければならない。チームが13名の選手で構成され、水中には同時に6名のフィールドプレーヤーと1名のゴールキーパーがいるということについても考慮する必要がある。一般的に、フィールドプレーヤーはルールに従って交代することができる。しかしながら、試合中にすべての選手が同じプレー時間となるわけではない。このことより、選手の中には、トーナメントへの準備を行う間（トーナメント形式の準決勝が行われるまでの総当たり戦の間）、追加で練習をしないとディトレーニングとなってしまう者もいるということになる。そういった選手は、体力を維持し、大きな試合でピ

> ### Greg McFadden
> Greg McFaddenは、ほぼ20年間にわたって水球チームのコーチを担当している。Gregは、2005年から、オーストラリアの女子水球のナショナルコーチである。彼の指揮下で、チームは継続的に世界のトップ3の位置にあり、すべての大きな大会でメダルを獲得している。すなわち、ワールドリーグ2005で銅、ワールドカップ2006で金、2007年の世界選手権とワールドリーグで銀、2008年北京オリンピックで銅であった。2006年、Gregおよびチームは、オーストラリアスポーツ科学センター（AIS）のコーチオブザイヤー、チーム賞をそれぞれ受賞している。両者とも、2007年には最終選考まで残った。

ークとなるようにしなければならない。

これとは反対のことを、試合中、プールでプレーしている時間が多い選手に対して行う必要がある。つまり、彼女らには、回復や、より軽いトレーニングが求められる。究極の目標は、13名の選手が大きな試合でできるだけピークに近くなるようにすることである。

大きな試合に向けた準備の間、選手たちは軽いストレングストレーニング期間を息抜きの中に組み込むことを除いて2～3日の練習オフを取るべきである。これにより、選手がトレーニングや主要競技に戻ったときでも最小限の筋肉痛を経験するだけで済む。この息抜きは、大きな試合の5～10日前に設けられ、心理的にも身体的にも重要である。私たちは選手がリフレッシュし、前に何が待ち構えているかを忘れてほしいと思っている。この息抜きのタイミングと長さは、それまでの6～10週間前に何を行ったかによって決まる。

テーパリングとピーキング中の鍵となる問題

成功するテーパリングとピーキングにおいて重要な分野は、強度および継続期間、技術的スキルの練習および戦術的チームワーク、回復、栄養お

および筋力トレーニング、心理状態およびグループにおける連携である。

トレーニングの強度と継続期間

水球において、主要な大会に先立って各チームはトーナメントへの準備あるいは合宿を、対戦相手となる他国のチームと行う。このことにより、私たちは準備している実際の大会に近い強度でゲームを行うことができる。心理的な理由から、勝利することも重要である。

前述したように、私たちは確実に、ベストメンバーの選手たちが疲労しすぎないようにし、控えの選手たちが体力を低下させること（ディトレーニング）がないようにしなければならない。合宿中は、すべての選手のプールでプレーする時間を等しくすることができるため、これらの問題は非常に管理しやすい。しかし、トーナメントへの準備においては、非常に難しくなる。あなたは競争優位に立ちたい。また勝とうとすることは、試合への準備において非常に重要となる。なぜなら、大きな試合に低い勝率で突入するのは、選手の自信を失わせる可能性があるためである。また、結果がよくないと、あなたのチームに対する審判の評価も低いものとなってしまうだろう。

プールタイムを追跡するのを補助するために、私たちは選手のモニタリングシートと、選手がオンラインで入力するコンピュータプログラムを日々用いた。もしあなたがトーナメントの準備や練習合宿に先立って適切で中断のないトレーニングの準備を行い、とてもしっかりした基礎体力をつくり上げることができたなら、この体力水準は、週あたり1〜2の体力的な練習（泳ぐ練習あるいは試合を模した泳ぎ）だけで維持することができる。

主要な試合が近づいてくるとともに、トレーニングの継続時間は低減されるが、強度は高いままに保つ。たとえば、4クォーターの水球を行う代わりに、2クォーターにするが、その練習の間は100％の質と強度でプレーするといった感じである。

技術的スキルの練習および戦術的チームワーク

準備トレーニング期の間、チームは基本的スキル練習、個人のポジションスキル練習、戦術的チームワーク練習を週に7回、2〜3時間のトレーニングセッションを実施する。私たちの競技は、水中が基本となるので、完全なゲームであれ修正を加えたゲームであれ、完全な強度でプレーすることができる。このことにより、戦術的チームワークの約75％を完全なゲーム条件において行うことができる。しかし、ピーキングの試合期の間、フィットネスとストレングストレーニングにおける適応も必要となるため、個人スキルおよび戦術的チームセッションを週に3〜4回に低減させ、1セッションあたり60〜90分とする。これらの期間は、より特異的となり、私たちは改善を要するゲームの特定の構成要素に集中する（たとえば6オン6ディフェンス、6オン5アタック）。

世界選手権やオリンピックといった大きな大会では、通常、1日おきにプレーする。もしグループで1位となったら、準々決勝（世界選手権）または準決勝（オリンピック）の前に3日間の休息期間がある。休息日には、1時間の練習を2回、ゲームの日には、1時間の練習を1回、割り当てられる。ゲームの日には、必ずしもトレーニングが行われるわけではない。ときには、練習会場への移動により、試合前の休息時間が取れない場合もあり、そのときには練習を行うことがよいかどうかよく考える。

これらの練習期間は、通常、以下のように分割される。

- 最初の40分間はチームを2つに分ける。20分間にわたって1つのグループが瞬発系と回復を行い、もう1つのグループがパスとシュートを行う。次の20分間はグループで内容を入れ替える。
- 最後の20分間は、チームは次の対戦相手とプレーする前に、対処する必要のある領域について戦術的な練習を行う。

リカバリー（回復）

　準備的トレーニング期から大きな大会前の時期を通して、また大きな大会中において、リカバリーは私たちのプログラムにおいて重要な役割を果たす。適切なリカバリーは、強度の高い練習への意欲を維持する一方で、高強度トレーニング期を選手が実行するのを促すものと考えている。

　この期を通して、私たちはアイスバス（週に2〜3日）、温冷交代浴、マッサージ、圧迫ストッキング、個人およびパートナーストレッチングといった多様なリカバリー技術を用いる。世界選手権の間、3つの移動式アイスバスが選手の部屋のバルコニーに設置され、毎回の試合後に必ず使うことが強制された。これらは、選手たちはいつも必要なときに個別に利用することができた。

栄養とストレングストレーニング

　2005年から2007年まで、わたしたちは選手をより強く、大きくすることを強調してきた。これには、適切な栄養とストレングストレーニングの両方が必要となる。栄養士が継続的に、食べ物や飲み物を摂取するタイミングを含めて、選手が栄養を通してリカバリーやパフォーマンスを改善するのを確認し、アドバイスした。これにより、選手たちは厳しいトレーニング期の間に体重を維持、または増量することができた。

　私たちは、ストレングストレーニングは、それ以外の分野を犠牲にしても重要であると信じており、選手のストレングストレーニングに対する態度を変化させようと努力してきた。私たちは、選手全員に筋力の目標を設定させ、定期的な筋力測定で選手がその目標を達成できていない場合、チームや主要メンバーから外された。

　過去3年以上にわたって、選手たちが取ったストレングストレーニングのオフは、最大で3週間であった。1つは主要な大会の試合期間中の最後の週であり、それ以外に、すべてのトレーニングから離れて完全な休みのときであった。したがって、2005年および2007年の世界選手権において、私たちは大会の最初の1週間はストレングストレーニングを続けた。試合期に向かう準備期と主要な大会の試合期、トレーニングは筋力よりむしろパワーに集中した。

心理学とグループダイナミクス（集団力学）

　私たちは巨額の予算を持っているわけではないので、与えられた時間の中で、チーム全体で一体となってどの分野についてトレーニングを行うか、優先順位をつけなければならない。3年以上にわたって、私たちは集中すべき分野を選んできた。すなわち、メンタルタフネス（頑強さ）、水中でのコミュニケーション、役割への集中、自分を信じること、信頼であった。

　私たちのチームのスポーツ心理学者が、オーストラリア国内での1週間あるいは10日間の練習合宿に2〜4日、また2007年世界選手権といったオーストラリアの主要な国際大会に帯同する。世界選手権の間、チームでは3、4日に一度、30〜45分間のスポーツ心理学のための時間を取り、必要に応じて選手には個人的な時間をとる。全般的にグループダイナミクス（集団力学）は非常によかった。私たちは、これを選手たちとの個別のディスカッションを通して分析し、その一方でチームリーダーにチーム全体の快適な生活と行動に責任を持つよう促した。この分野は、チームのリーダーシップグループとともに、チームの心理学者が継続的に対処している。

トレーニングプログラムとトレーニング負荷

　パフォーマンスが実際に重要視されるとき、パフォーマンスが低く出ることを防ぐために、最終的な試合に向けたテーパリングにおいてピリオダイゼーション（期分け）の計画を持っておくことが不可欠である。以下は、2007年の世界選手権に向けた準備プログラムと、初期のチームのトレーニングで用いたピリオダイゼーション計画である。

ピリオダイゼーション計画

　表12.4では、2007年の世界選手権に向けたトレ

表12.4　女子水球のオーストラリア代表チームの世界選手権に向けた準備計画

		2006年10月30日	11月6日	11月13日	11月20日	11月27日	12月4日	12月11日	12月18日	12月25日	2007年1月1日	1月8日	1月15日	1月22日	1月29日	2月5日	2月12日	2月19日	2月26日	3月5日	3月12日	3月19日	3月26日
試合	国内				✓	✓		✓	✓		✓	✓	✓										
	国際						✓										✓		✓		✓	✓	✓
	場所				国際リーグシーズン	国際リーグシーズン	ホリデーカップ	国際リーグシーズン	国際リーグシーズン		国際リーグシーズン	国際リーグシーズン	国際リーグシーズン	合宿	合宿	合宿	Thetisカップ	ギリシャとの合宿	バルセロナトーナメント	帰国	シドニートーナメント	世界選手権	世界選手権
合宿											✓	✓	✓		✓								
テスト・医学的検査																							
トレーニング週		1	2	3	4	5	6	7	8	9	10	11	12	13	14	15	16	17	18	19	20	21	22
残り週		20	19	18	17	16	15	14	13	12	11	10	9	8	7	6	5	4	3	2	1	0	0
トレーニング負荷		L	M	H	H	L	H	M	H	L	H	H	L	H	H	L	H	M	H*	L**	M***	C	C
トレーニング期		一般的準備期									専門的準備期									テーパリング期		試合期	
スキル	技術																						
	戦術																						
生理学	有酸素的能力	向上									維持												
	有酸素的パワー																						
	無酸素的能力																						
	無酸素的パワー																						
	繰り返しの努力	準備									向上												
	スピード	向上→																					
	アクティブリカバリー																						

トレーニング負荷の行：L＝低い、M＝中程度、H＝高い
*テーパリングまでにチームに対して過負荷をかける際に鍵となる週強度は量よりも重要となるが、試合やハードなトレーニングセッションにおいてはある程度の量は避けられない。
**時差ボケからの回復が重要である。
***全般的に量が少ないが、質と強度は強調すべきである。

ーニング負荷とピリオダイゼーション計画を示す。この準備は世界選手権の20週前に始まり、このとき20名の選手が選抜された。

10月に世界選手権に向けたナショナルチームに20名が選抜された後、私たちは国内リーグの各クラブ（選手たちが所属する）と話し合い、シーズンを3つのセクションに分けることを決めた。

- 第1部は、5週間で、11月20日〜12月23日。
- 第2部は、年明けの3週間で、1月3日〜1月

表12.5　世界選手権まで＊

	11月		12月		1月		2月		3月
1		**1**	AUS vs USA	1	SIS/SAS	1	AIS	1	軽い日
2		**2**	AUS vs NED	2	および	**2**		**2**	AUS vs HUNG
3		**3**		3		3	AUS vs SPAIN	3	
4		4	USA	4		4		**4**	AUS vs GRE
5		**5**	AUS vs ITALY	5		5	合宿	5	移動
6		6	AUS vs RUS & CAN	6		6		6	帰宅
7		**7**	AUS vs USA	7		7		7	デイオフ
8		**8**	AUS vs NED	8	国内	8		8	移動
9		**9**	AUS vs CAN	9	リーグのクラブ	9	AIS	**9**	AUS vs GRE
10		10	移動	10		10	帰宅	10	AUS vs SPAIN
11		11	SIS/SAS	11		11	帰宅	**11**	AUS vs USA & AUS
12		12	および	12		**12**	帰宅	12	AUS vs ITALY
13		13		13		13	移動	**13**	デイオフ
14		14		14		14	毎日	14	デイオフ
15		15		15		**15**	練習試合 vs GRE	15	練習試合 vs USA
16		16	国内	16	との練習	16	AUS vs RUSSIA	16	ウェイト & 移動
17		17	リーグのクラブ	17		17	AUS vs CAN	17	デイオフ
18		18		18		18	AUS vs GRE	**18**	世界選手権
19		19		19	プログラム	19	練習試合 vs GRE	19	AUS vs CAN
20	SIS/SAS	20		20		**20**	練習試合 vs GRE	**20**	休息日
21	および	21		21		21	楽な日	21	AUS vs PUERTO RICO
22		22	との練習	**22**	作成	**22**	練習試合 vs GRE	22	休息日
23	国内	23	プログラム作成	23	GK、CB、CF	23	練習試合 vs GRE	23	AUS vs BRAZIL
24	リーグのクラブ	24		**24**	合宿	24	練習試合 vs GRE	24	休息日
25		25		25	パース	25	移動	25	練習試合 vs USA
26		26		26	デイオフ	**26**	練習試合 vs SPAIN	26	休息日
27		27		27	デイオフ	27	練習試合 vs SPAIN	27	AUS vs ITALY
28	との練習	28		28	デイオフ	**28**	練習試合 vs SPAIN	28	休息日
29	プログラム作成	29		29	STR test（筋力測定）	29		29	AUS vs RUSSIA
30	移動	30		30	スイムテスト	30		30	休息日
31		31		**31**	合宿	31		31	AUS vs USA

＊この表を適切に解釈するために、下記の定義を参照いただきたい。
デイオフ＝午前中にウェイトセッションのみ。**ウェイトトレーニング日（太字の日）**＝ウェイトトレーニングに加え、試合または別の練習。**休息日**＝世界選手権で試合がない日だが、2回のトレーニングセッションを行う。**楽な日**＝軽いセッション、あるいはリカバリーセッション。**移動**＝他国または他都市へのフライト。**帰国**＝自宅へ戻る（ウェイトを行うことが必要とされる場合もある）。
同様に略語についても次を参照のこと。**AIS**＝オーストラリアスポーツ科学センター（Australian Institute of Sports）。**CAN**＝カナダ。**CB**＝センターバック。**CF**＝センターフォワード。**GK**＝ゴールキーパー。**GRE**＝ギリシャ。**HUNG**＝ハンガリー。**NED**＝オランダ。**RUS**＝ロシア。**SAS**＝オーストラリア国内の州のスポーツアカデミー。**SIS**＝オーストラリア国内の州のスポーツ科学センター。

21日。
- 第3部は、世界選手権の後で、4月10日～5月12日。

これにより、世界選手権が始まるまでに8週間の準備期を設定することができた。

世界選手権に向けての準備

練習合宿や試合、トーナメント、休息日を含めた世界選手権に向けた日々の活動は、表12.5に示した。オーストラリアの国土が広いこと、一般的・特異的準備期間での国内リーグのシーズンが7.5週にわたるため、私たちは3つの場所に分かれてトレーニングする必要があった。20名の選手は、3つの場所、すなわちシドニー、ブリスベン、パースを拠点とした。準備期間をうまくつくるために、私たちは国内リーグのクラブにおけるトレーニングを選抜メンバーのプログラムと合わせる必要があった。国内リーグのチームは、ホーム（地元開催）とアウェイ（遠征地）で試合のスケジュールが組まれており、これに基づいて、選抜選手の所属する各クラブチームは、それぞれ異なるプ

ログラムを実施していた。

国内リーグのシーズンは1月22日に終わり、このために私たちは練習合宿をオーストラリア国内外で、またトーナメントへの準備を一緒に行うことができた。このことの不都合な面は、10週間の中で、選手が帰宅できたのは合計して7日間のみであったことである。

世界選手権のレビュー

すべての選手がクリスマス前にはよい調子であったが、クリスマスから新年の休暇で体力が若干低下し、国内リーグの第2部は、私たちが望むほど有利な状況ではなかった。このことは、もともと計画していたより厳しい練習を行う必要があり、国内リーグ終了後、テーパリング開始までの6週間に追加の体力強化期間が必要となったことを意味した。その他の懸念されることとして、4名の選手がケガを抱えていたことがある。幸運なことに、このうち2名はケガを克服し、最終メンバーに選出された。

私たちの初戦（対カナダ）は、世界選手権における最も大きな挑戦の1つであった。ゲーム中、エクスクルージョン（退水を伴うファウル）はわずか8であったが、4回にわたって逆転することができ、5-4で勝利した。カナダのゴーリー（ゴールキーパー）の非常に優れたパフォーマンスと、地元の大観衆の前で初めてプレーすることによる緊張で、私たちの得点能力に影響が出たようだ。

私たちは、次の2つの試合を極めて順調に勝ち、連勝して準々決勝へ進出できた。またこれにより、**不戦勝**を得ることができ、イタリア対オランダの勝者との準々決勝の前に3日間の休養を得ることができた。これは、初戦のカナダとの対戦から9日間厳しい試合をしないということを意味する。私たちはこのまま準々決勝へ進みたいと思わず、幸運なことにアメリカも同様であったので、練習試合を、対戦相手が決まる準々決勝の予選試合日に組んだ。その練習試合のプレーは、世界選手権のラウンド戦での2試合と同じスピードで、より高いレベルとなった。

アメリカとの練習試合は非常に有用であったことが、準々決勝において明らかとなった。私たちのチームは非常によいプレーを行い、対戦相手より優位に立っていた。ロシアとの準決勝では、熱い逆転劇がいくつか起こったが、最終的には12-9で勝った。この勝利により、私たちは金メダルをかけた試合に進み、2006年ワールドカップで獲得した第1位のランキングを防衛する機会を得た。しかし相手は、2005年8月以来勝てていない米国である。私たちは力強くスタートし、接戦を繰り広げたが、最後の1分間で勝ち越しの得点を与えてしまい、結局のところ6-5で米国の勝利に終わった（敗れてしまった）。トーナメントで優勝することはできなかったものの、私たちが世界で最高のチームの1つであることは証明され、北京に向けてよい位置についた。

すべての厳しいトレーニングや国内リーグへの関与（出場）、練習合宿の後、2週間のテーパリングによって、トーナメントでの目標を達成できるよう、私たちは選手のフィットネス（体力）や技術的スキル、戦術的準備の回復と微調整を図ることができた。テーパリング期前のアテネでのテティスカップ、マドリッドオープン、シドニーカップにおいて、私たちのパフォーマンスはやや不安定だった。しかし、私たちがテーパリング期を通して、私たちのパフォーマンスは徐々に改善し、大きな試合において最高の水球をするという結果となり、これにより金メダルを争うほどになった。私たちは非常に研ぎ澄まされ、大会において最速で最も鍛えられたチームとなった。

一目でわかる

Greg McFaddenの専門的なアドバイスを適用する

Greg McFaddenは、読者に、彼とチームがどのように2007年世界選手権（決勝戦を接戦の末、銀メダルで終えたトーナメント）に向けて準備をしたかについて説明している。鍵となるアイデアとして、高強度を維持し、特異性を高め、練習の継続時間を減らし、また、大きな試合に先立つトーナメントの準

備において個人のトレーニング負荷を適切に定量化すること。トーナメントの間、水中に長くいる選手が十分な回復が得られるよう、また試合に出る時間が短い選手が追加のトレーニングを受けてトレーニング効果を確実に維持できるようにすること。トレーニング後のリカバリー技術と、最適な栄養戦略を用いること。ゲームの質に大きな影響があると考えられるため、選手の体格や筋力、パワーを強調すること。狙った時期にピークパフォーマンスに達するためにトレーニング計画を時期で分けること。

Ric CharlesworthやSpringboksのコーチングスタッフ、Greg McFaddenのすべてが、厳しいトレーニング負荷から身体的・心理的に回復し、トーナメントに向けて準備することを狙いとして、大きなトーナメントが始まる2週間前に数日の休みを取ることの重要性に触れていたのは興味深い。このことは、勝つチーム共通の戦略のようである！

Dragan Matutinovic
オリンピック男子水球で銀メダルを確実に取る

スペインの男子水球チームのヘッドコーチとして、バルセロナオリンピックに向けた準備について考え始めたとき、最初に思い浮かぶ、また最も大切なことは、選抜チームの質を考えたとき、個人個人で、またチームとして、何を達成したいかといった最終目標だった。その最終目標とは、オリンピックの決勝でプレーするという以外の何者でもない。おそらくそれは非常に大胆な目標である。なぜなら、それまでスペインはオリンピックでメダルを獲得したことがなかったためである。しかし私は、選手たちを信じており、彼らの能力を信じ、彼らはできると信じていた。

1992年というオリンピックが開催される年の間、すべてをこの大きな最終目標へと集中させた。私たちは準備に5カ月をかけ、このときのための長くて詳細な計画を立てた。

準備

計画の最初の段階では、私たちは約30名の選手とアンドラ公国に向かい、3週間の非常に厳しい準備を始めた。プログラムは1日あたり8～10時間の練習を2日間、続いて1日のアクティブレスト（例：サッカーゲーム）で構成された。身体的に心理的にも、プログラムの要求に応えることは容易ではなかった。しかし、こういった量の練習のみが、チームメンバー全員に完璧な身体的適応をもたらし、試合中、心理的に最も困難な瞬間において選手たちが適切に反応することを可能にする。

まさに最初の日から、私は選手の目標を設定させる。たとえば、朝1時間のジョギング、といったことである。すなわち目標は、冬の準備の最終日までに、近くの山の頂上に到達することである。選手たちは、その最後の日までにどれほど遠くまで行かなければならないかを知っていた。彼らは目標に到達することを強く願っており、全員が設定された目標に到達するまで毎日キロ数を重ねに重ねた。これはオリンピック決勝でプレーするのと同じように困難な目標であった。スイムトレーニングの量も非常に莫大であり、安定したペースで一日あたり10000mに達した。選手たちはこれも何とかやり遂げ、驚異的な泳タイムを設定し、素晴らしいレベルの身体的持久力に達し、彼らが追い求める最終目標の土台となった。

それらすべての厳しい筋力ストレーニングと、水泳によるトレーニングが終了した後、試合における戦術的な構成要素（コンポーネント）の改善に移り、私たちがオリンピック中にプレーする試合での戦い方をつくり上げることに着手した。私たちは、世界中で多様な戦い方で水球を行う各国のナショナルチームとたくさんの親善試合やトーナメントを行った。この間も、筋力トレーニングや持久力のトレーニングは中止しなかった。完璧になるまで、すべての戦術的な変数を繰り返した。チームのトレーニング方法は完璧であり、選手らが自分自身を最大限発揮できるよう、私は選手たちを毎日動機づけることを目標とした。

5カ月が経過し、準備期すべてが終わり、私たちは当初の30名から13名の選手を選出した。その13名というのは、身体的にも心理的にも、オリンピックのような試合に伴う困難（7日間で7試

Dragan Matutinovic

Dragan Matutinovicは、20年以上にわたってクラブレベル、ナショナルチームレベルの両方でエリート水球選手のコーチをしてきた。クラブレベルでは、彼はヨーロッパカップで2回、ヨーロッパ各国の国内リーグで多く優勝している。ナショナルチームレベルでは、ヨーロッパ選手権、世界選手権、オリンピックで銀、銅のメダルを獲得した。Draganは現在、クロアチア水球連盟で選手育成の責任者である。

合をプレーする必要がある）に立ち向かう準備が整ったことを意味する者たちである。

試合

ここで、13名の万全の準備が整った選手らがオリンピック村に入った。何kmも走り、泳ぎ、また移動と試合、戦術的なバリエーション（エクストラマン、マンダウン、ポジショナルオフェンス、カウンターアタック、ディフェンス）を完璧に仕上げるといったことを終え、とうとう私たちは最も重要な7日間、つまりこれまでの苦難のすべてを忘れ去るべきオリンピックの前の週にたどり着いたのである。私たちは、オリンピックの開始にあたり、集中し、動機づけを高める必要があった。

私たちがバルセロナでプレーしていたため、プレッシャーとともに期待も非常に大きいという現実が追加の困難としてやってきた。それらの7日間、私たちコーチ陣は、選手たちにオリンピックの試合に向けて、また序盤で起こりうる敗北に対する心理的な影響に対しても、準備させなければならなかった。私たちの役割は、試合が始まるまでの日々、余計なことを考える必要のないように、選手たちをリラックスさせ、これによって、プレッシャーを感じず、リラックスしつつも集中してプレーできるようにすることである。このときは、Miguel Masgrau医師の働きが大きな助けとなった。鍼や代替療法を用いて、選手らは身体的・心理的な準備を整えた状態で大会を迎えることができ

た。私たちは、競技で求められるすべてに立ち向かえるように、また私たちが求めていた結果に到達することができるよう、オリンピックの決勝に臨む準備を行った。

一目でわかる

Dragan Matutinovicの専門的なアドバイスを適用する

このセクションでは、Dragan Matutinovicが主要なトーナメント、ここでは1992年のオリンピックに向けたチームの準備において成功したアプローチについて述べた。このセクションでは、Matutinovicはかつての東側諸国で用いられたトレーニング方法のいくつかを反映させたトレーニングの方法論を提唱した。それにもかかわらず、当初から明確な目標を打ち立てること、またそれを達成できると信じることの重要性といったように、これまでの報告と共通する概念もある。ここで鍵となる考え方には、特異的で難しい目標を設定し、身体的・心理的な強さと決断力を高めること。準備の過程において早い段階でプレースタイルをつくり出すことと、試合スタイルの異なる多様なチームとゲームを行うこと。大会前や期間中に選手が動機づけされ、集中し、リラックスした状態を保つことを手助けすること。大会の数日前から大会中に外的・内的プレッシャーから解放されていることなどが挙げられている。

まさにこれが、私たちの行ったことなのである！　彼ら選手は、オリンピックで銀メダルを獲得しただけでなく、（決勝では延長戦の末、イタリアに敗れた後）彼ら一人一人がナショナルチームのためのプレーを続け、その後の数年にわたって世界選手権、ヨーロッパ選手権、オリンピックを含む国際トーナメントで複数のメダルを獲得したのである。1992年のバルセロナオリンピックに向けた準備の基盤が、それ以降の大会において選手の中に残り続けたという信念を私は持っている。なぜなら、それまでの過程は非常に厳しいものであり、それ以降は乗り越えるのが容易になったからである。

私が強調しておきたい最も重要なことは、これ

らすべては、選手たちのたぐいまれな才能と力量なくしては不可能であったということである。私は未だに、このときのすべての選手、すべてのアシスタントたち、私たちの力となってくれた連盟、私たちを手助けしてくれた人々を誇りに思う。なぜなら、彼らなしにはやり遂げることができなかったからである。

用語集

ADP再リン酸化（ADP rephosphorylation） 高エネルギーリン酸分子をアデノシン二リン酸（ADP）に結合させることで、ATPを生成すること。

アルドステロン（aldosterone） 鉱質コルチコイドのステロイドホルモンで、副腎皮質から分泌され、腎臓でのナトリウムと水の再吸収を刺激し、脱水を防ぐ。

同化ホルモン（anabolic hormone） テストステロンのようなホルモンで、タンパク質合成を増加させることによって成長を促進する。

アンドロゲン（androgen） 自然の、あるいは合成された化合物で、成長や発達、男性の性徴の維持に関わり、それらを刺激したりコントロールする。

アンドロゲン同化活性（androgenic-anabolic activity） テストステロンの持つ働きのことで、成長を促進したりコントロールし、精子の産生、男性の性的な特徴を維持する。

ATP加水分解（ATP hydrolysis） アデノシン三リン酸（ATP）をアデノシン二リン酸と無機リン酸（Pi）に加水分解すること。このときに水の分子が加わり大量のエネルギーが取り出される。

自己分泌（autocrine） 化学的メッセンジャーの働く様式の1つで、分泌する細胞にある受容体と結合し、分泌した細胞自身の機能に影響を及ぼす。

B細胞リンパ球（B-cell lymphocyte） リンパ球の1つで、活性化すると増殖し、形質細胞に分化して抗体を生産し、放出する。

二相性反応（biphasic response） 時間的に2つに分かれた反応で、即時的反応、静止状態の時間、反復性の反応というような特徴から分けることができる。

血中乳酸濃度（blood lactate concentration） 無酸素性解糖により産生された乳酸が乳酸塩と水素イオンに分かれたときにできる炭素を3つ持つ分子の血液中の濃度のこと。

血中乳酸値―泳速度曲線（blood lactate-swimming velocity curve） 泳速度を高めていったときの血中乳酸濃度の変化を示す曲線。

Borgの主観的運動強度（Borg's Rating of Perceived Exertion, RPE） 自覚的な運動強度を数字で表した尺度。

不戦勝（bye） トーナメントの最初の段階において、選手あるいはチームが対戦相手との組み合わせを持たず、次の試合に自動的に勝ち上がること（訳注：シード権のことを指すと考えられる）。

心係数（cardiac index） 体表面積に対する心拍出量に関する心臓動態を表す係数で、個人の体格に応じた心臓の働きを示す。

心拍出量（cardiac output） 1分間に左心室が拍出する血液量のこと。

異化ホルモン（catabolic hormone） 生体の大きな分子を分解するように刺激するホルモン。

カテコールアミン（catecholamine） ドーパミン、エピネフリン、ノルエピネフリンなどの生物学的に活性化されたアミン類（アンモニアからできる有機化合物）であり、これらは同じような化学的な構造を持ち、交感神経系のアミン類と同様

に強力な影響を持つ。

コルチゾール（cortisol） 副腎皮質から放出される主要な副腎皮質ステロイドで、糖新生を刺激したり、遊離脂肪酸を増やしたり、ブドウ糖の使用を減らしたり、タンパク質分解を刺激するなど、生体の代謝のさまざまな側面において調整する働きを持つ。

Cペプチド（C-peptide） 膵臓から血液中にプロインスリンが放出されたときにつくられるペプチドで、インスリンとCペプチドに分かれる。このCペプチドの濃度で、どのくらいのインスリンが体内でつくられたかを知ることができる。

クレアチンキナーゼ（creatine kinase） 筋の酵素で、クレアチンリン酸をクレアチンと無機リン酸に分解する働きを持つ。激しいトレーニングやエキセントリック（伸張性）運動を行った後、組織の細胞膜の透過性が変化した結果としてクレアチンキナーゼの血中濃度が高まることがある。

サイトカイン（cytokines） 細胞間のメッセンジャーとしてマクロファージ（貪食細胞）や単球、リンパ球その他の細胞から分泌され、免疫系の細胞に影響を与えるタンパク質のこと。

変形能（deformability） 細胞（たとえば赤血球など）が変形して、毛細血管など狭い隙間を通り抜けることができる能力のこと。

拡張期心腔（diastolic cavity） 心臓の鼓動周期の中で、弛緩期における心臓内部の空間のこと。

動作の経済性（economy of movement） ある最大下の強度での運動時における、身体を動かすときのエネルギーコストのこと。

赤血球スーパーオキシドジスムターゼ、赤血球活性酸素除去酵素（erythrocyte superoxide dismutase） 過酸化物質の陰イオンを過酸化水素に分解するのを触媒し、活性酸素ラジカルの毒性から細胞を守る働きを持つ赤血球の中の酵素。

赤血球生成（erythropoiesis） 赤血球を生成すること。

正常月経（eumenorrheic） 正常な月経があることを示す。

血管外溶血（extravascular hemolysis） 脾臓や肝臓において、赤血球が壊され、ヘモグロビンが放出されること。

フェリチン（ferritin） 鉄と結合するタンパク質で、身体の中に鉄を貯蔵する。

左室内径短絡率（fractional shortening） 左心室の機能を測定する方法で、左心室の直径が収縮したときと弛緩したときの変化率である。

フリーラジカル除去（free radical scavenging） 抗酸化学物質による作用のことであり、体細胞をフリーラジカルの影響による損傷から守る。

グルタチオン（glutathione） 肝臓で生産される抗酸化アミノ酸のことであり、体細胞をフリーラジカルの影響による損傷から守る。

糖タンパク質（glycoprotein） 大きなタンパク質に、相対的に小さな糖分子がついてできているタンパク質のこと。

ハプトグロビン（haptoglobin） 糖タンパク質の1つで、遊離ヘモグロビンと結合して血流循環に放出されることにより、体内の鉄を浪費せず温存する働きを持つ。

ヘマトクリット（hematocrit） 全血液量のうち、血球や固形成分が占める割合のこと。

血球新生（hematopoiesis）　血球の形成と分化。
血液希釈（hemodilution）　血液中の血漿が増加することであり、その結果として血液の細胞の量が希釈される。
ヘモグロビン（hemoglobin）　赤血球の中にあり、球形のポリペプチド鎖4つでできているタンパク質で、その1つがヘム分子1つと結合していて血液の酸素運搬のほとんどを担っている。
溶血（hemolysis）　赤血球の破壊のことであり、ヘモグロビンが遊離する。
溶血状態（hemolytic condition）　赤血球の破壊が産生を上回っている状態のこと。
多血（hypervolemia）　血漿量の異常な増加。
免疫グロブリン（immunoglobulin）　循環している抗体で、5つの種類（IgA、IgD、IgE、IgG、IgM）がある。
インスリン様成長因子Ⅰ（insulin-like growth factor-I）　成長ホルモンによる細胞分裂（有糸分裂）を刺激する効果を調整し、成長を促進する作用を持つペプチド。
筋内クレアチンリン酸の超回復（intramuscular creatine phosphate supercompensation）　ベースライン値から、仮想的に筋細胞内クレアチンリン酸が上昇を示すこと。
血管内溶血（intravascular hemolysis）　血管内における赤血球の破壊。
Jカーブ（J-curve）　運動の作業負荷と感染との間の関係を示すモデルで、中程度の運動が感染の頻度を下げ、激しい運動、疲労困憊する運動が逆に感染の頻度を高めるというもので、Jの字を描くような状況となる。
乳酸回復曲線（lactate recovery curves）　運動からの回復中の血中乳酸濃度の変化を示す。
レプチン（leptin）　タンパク質のホルモンで、エネルギー摂取とエネルギー消費のほか、食欲や代謝に重要な役割を果たしている。
白血球（leukocyte）　白血球（訳注：原文ではwhite blood cell）
脂質過酸化（lipoperoxidation）　脂質の酸化的な分解のことで、フリーラジカルが細胞膜の脂質から電子を奪い、細胞に傷害を与える。
黄体期（luteal phase）　月経周期の後半にあたり、排卵が起こって黄体ができた日から始まり、妊娠または黄体退縮によって終わる。
黄体形成ホルモン（luteinizing hormone）　下垂体前葉ホルモンであり、女性では卵胞刺激ホルモンの作用を助け、排卵を誘発し、子宮内膜腺の分泌を維持および促進する。男性では精子産生を刺激する。
リンパ球（lymphocyte）　リンパ系の白血球で、特定の免疫防衛において役割を果たす。
平均赤血球ヘモグロビン値（mean corpuscular hemoglobin）　血液サンプルにおける赤血球に対するヘモグロビン濃度で、ヘモグロビンの総量を、血液中の赤血球数で割ることで算出される。
力学的細分化（mechanical fragmentation）　循環中において繰り返し強く衝撃を受けることにより、赤血球が破壊されること。
メタ分析（meta-analysis）　統計的な手続きの1つで、いくつかの研究結果をひとま

とめにして分析し、まるで1つの大きな研究結果であるかのように扱う方法である。

ミトコンドリア能力（mitochondrial capacity） 酸化的リン酸化によってアデノシン三リン酸（ATP）を生み出すミトコンドリアの能力のこと。

ミトコンドリア酵素（mitochondrial enzymes） ミトコンドリア内の化学反応を触媒し、細胞内のATPのほとんどを有酸素的に生み出す生体分子を指し、一般的にはタンパク質である。

筋グリコーゲン（muscle glycogen） ブドウ糖分子が長く連なり、たくさんの枝分かれした多糖類であり、人体における炭水化物（糖質）の主要な貯蔵形態である。

筋の酸素化（muscle oxygenation） 筋内に存在する酸素の量のこと。

神経内分泌的な疲労（neuroendrocrine fatigue） 中枢神経系や内分泌系の機能不全に伴う疲労のこと。

好中球（neutrophil） 食作用性をもつ小食細胞であり、数が多く、通常は受傷部位や感染部位に最初に到着する食細胞である。炎症に関わる化学物質を放出する。

酸素脈（O_2 pulse） 心臓の一拍あたりの酸素摂取量を示し、心臓の効率性を測定するものとして用いられる。

オープンウィンドウ（open window） 激しい運動により免疫機能が衰えた期間のことであり、無症状の感染または症状のある感染を引き起こす危険性が高くなる。

浸透圧抵抗（osmotic resistance） 赤血球が周囲の塩分濃度の低下に対して抵抗できる度合いのこと（訳注：赤血球は環境中の濃度が低くなると浸透圧により膨張し、やがて壊れてしまう。どのくらいの薄さの塩分濃度まで耐えられるかを示す）。

努力感（perception of effort） 運動を行っているときに被験者が自覚するストレス。

ピリオダイゼーション（periodization） 特定の期間において、さまざまな側面を持つトレーニングプログラムの段階的な周期によって体系的にトレーニングする方法。

血漿（plasma） 血液における液体の部分。

POMS、気分プロフィール検査（Profile of Mood States、POMS） リッカート尺度による65項目の質問で構成されており、全体的な気分障害と、6つの気分状態（緊張、抑うつ、怒り、活気、疲労、混乱）について測定するもの。

漸進的テーパリング（progressive taper） トレーニング負荷が漸進的な方法で低減されるテーパリングで、急激に一定量を減らすテーパリングとは対照的な方法である。

プロラクチン（prolactin） 下垂体前葉から分泌されるペプチドホルモンで、女性では乳腺の機能的発達を刺激する。プロラクチン放出は、神経伝達物質であるヒドロキシトリプタミンの間接的な測定として用いられることがある。

アスリートのためのリカバリー・ストレス調査（Recovery-Stress Questionnaire for Athletes） アスリートの回復およびストレス状態の程度について体系的に明らかにする方法で、身体的・精神的にどれほどのストレスを受けているかどうか、回復のための個人的な方法を用いることができるか、あるいはどの方法を用いたかを示す。

低減されたトレーニング（reduced training） 非漸進的で、画一的なトレーニング量の低減。この方法は「ステップテーパリング」とも呼ぶ。

レニン（renin） 腎臓から放出されるホルモンで、酵素のように働いてアンジオテンシノーゲンをアンジオテンシンIに変換する際に触媒となり、これによって細胞外の水分量や動脈の血管収縮の調節に関わっている。

呼吸商（respiratory exchange ratio, RER） 排出される二酸化炭素の量と、このときの摂取される酸素の量の比率。

網状赤血球（reticulocyte） 未成熟な赤血球。

血清（serum） 凝血の結果、血漿からフィブリノーゲンなどの血液凝固タンパク質が取り除かれた状態になったもののこと。

1回拍出量（stroke volume） 左心室が1回収縮するときに出ていく血液量のこと。

最大下エネルギー消費（submaximal energy expenditure） 最大下の強度での運動を行ったときに消費されるカロリー量のこと。

基質利用（substrate utilization） 糖質（炭水化物）、脂質、タンパク質をエネルギー源として利用すること。

スーパー14クラブ選手権（Super 14 club competition） 南半球における最も大きなラグビーユニオンのクラブ選手権。オーストラリアから4チーム、ニュージーランドから5チーム、南アフリカから5チームで構成される。

収縮時心腔（systolic cavity） 心臓の鼓動周期の中で、収縮期における心臓内部の空間のこと。

T細胞（T-cell） 胸腺で分化した前駆細胞由来のリンパ球で、細胞性の免疫や免疫反応の協調や調整に関わっている。

テーパリング（taper） 重要な試合前の数日間、トレーニング負荷を低減させること。

テストステロン（testosterone） 精巣性アンドロゲン、すなわち男性ホルモンの中でも主なもので、生殖器官の成長、発達、維持や男性の第二次性徴とともに精子の産生に不可欠である。

チロキシン（thyroxine） ヨウ素を含むアミンホルモンで、甲状腺から放出される。細胞の代謝や心臓の収縮能を高める働きを持つ。

トランスフェリン（transferrin） 鉄を含むタンパク質で、血漿中の鉄を運搬する。

トリヨードチロニン（triiodothyronine） ヨウ素を含むアミンホルモンで、甲状腺から放出される。細胞の代謝や心臓の収縮能を高める働きを持つ。

タイプⅠ筋線維（Type I muscle fibers） 高い酸化能力と低い解糖能力を持つ筋線維で、持久的活動と関連している。

タイプⅡ筋線維（Type II muscle fibers） 低い酸化能力と高い解糖能力を持つ筋線維で、スピードやパワーの身体活動と関連している。

バソプレシン（vasopressin） 視床下部で合成され、下垂体後葉から放出されるペプチドホルモンで、腎臓の尿細管（集合管）における水分の透過性を増加させる。抗利尿ホルモン（antidiuretic hormone、ADH）とも呼ばれる。

換気機能（ventilatory function） 動的な肺の容量と最大換気率で測定される肺の機能のこと。

換気性作業閾値（ventilatory threshold） 運動強度を徐々に高めていくときに、非線形的に換気が増えていくところ（強度）を指す。

心室中隔壁（ventricular septal wall） 心臓の左右の心室を区切る壁のこと。

最大酸素摂取量（$\dot{V}O_2max$） 最大運動中に取り込むことができる酸素量の最大値のこと。

参考文献

Achten J, Jeukendrup AE. Heart rate monitoring: applications and limitations. Sports Med 2003; 33: 517-538.

Adlercreutz H, Harkonen M, Kuoppasalmi K, et al. Effect of training on plasma anabolic and catabolic steroid hormones and their response during physical exercise. Int J Sports Med 1986; 7: 27-28.

Armstrong LE. Nutritional strategies for football: counteracting heat, cold, high altitude and jet lag. J Sport Sci 2006; 24: 723-740.

Atlaoui D, Duclos M, Gouarne C, et al. The 24-hr urinary cortisol/cortisone ratio for monitoring training in elite swimmers. Med Sci Sports Exerc 2004; 36: 218-224.

Avalos M, Hellard P, Chatard JC. Modeling the training-performance relationship using a mixed model in elite swimmers. Med Sci Sports 2003; 35: 838-846.

Baj Z, Kantorski J, Majewski E, et al. Immunological status of competitive cyclists before and after the training season. Int J Sports Med 1994; 15: 319-324.

Balague G. Periodization of psychological skills training. J Sci Med Sports 2000; 3: 230-237.

Bangsbo J. Preparation physique en vue de la Coupe du monde de football. Science & Sport 1999; 14: 220-226.

Bangsbo J, Mohr M, Poulsen A, Perez-Gomez J, Krustrup P. Training and testing the elite athlete. J Exerc Sci Fit 2006; 4: 1-14.

Banister EW, Calvert TW. Planning for future performance: implications for long term training. Can J Appl Sport Sci 1980; 5: 170-176.

Banister EW, Calvert TW, Savage MV, et al. A systems model of training for athletic performance. Aust J Sports Med 1975; 7: 57-61.

Banister EW, Carter JB, Zarkadas PC. Training theory and taper: validation in triathlon athletes. Eur J Appl Physiol 1999; 79: 182-191.

Banister EW, Fitz-Clarke JR. Plasticity of response to equal quantities of endurance training separated by non-training in humans. J Therm Biol 1993; 18: 587-597.

Banister EW, Hamilton CL. Variations in iron status with fatigue modelled from training in female distance runners. Eur J Appl Physiol 1985; 54: 16-23.

Banister EW, Morton RH, Fitz-Clarke J. Dose/ response effects of exercise modeled from training: physical and biochemical measures. Ann Physiol Anthrop 1992; 11: 345-356.

Berger BG, Grove JR, Prapavessis H, et al. Relationship of swimming distance, expectancy, and performance to mood states of competitive athletes. Percept Mot Skills 1997; 84: 1199-1210.

Berger BG, Motl RW, Butki BD, et al. Mood and cycling performance in response to three weeks of high-intensity, short-duration overtraining, and a two-week taper. Sport Psychol 1999; 13: 444-457.

Berglund B, Safstrom H. Psychological monitoring and modulation of training load of worldclass canoeists. Med Sci Sports Exerc 1994; 26: 1036-1040.

Bessman JD, Ridgeway Gilmer P, Gardner FH. Improved classification of anemias by MCV and RDW. Am J Clin Pathol 1983; 80: 322-326.

Best R, Walker BR. Additional value of measurement of urinary cortisone and unconjugated cortisol metabolites in assessing the activity of 11 beta-hydroxysteroid dehydrogenase in vivo. Clin Endocrinol (Oxf) 1997; 47: 231-236.

Bishop D, Edge J. The effects of a 10-day taper on repeated-sprint performance in females. J Sci Med Sport 2005; 8: 200-209.

Bonifazi M, Sardella F, Luppo C. Preparatory versus main competitions: differences in performances, lactate responses and pre-competition plasma cortisol concentrations in elite male swimmers. Eur J Appl Physiol 2000; 82: 368-373.

Borg G. Perceived exertion as an indicator of somatic stress. Scand J Rehab Med 1970; 2: 92-98.

Borg G. Psychophysical bases of perceived exertion. Med Sci Sports Exerc 1982; 14: 377-381.

Borg G, Hassmen P, Lagerstrom M. Perceived exertion related to heart rate and blood lactate during arm and leg exercise. Eur J Appl Physiol 1987; 65: 679-685.

Bosquet L, Montpetit J, Arvisais D, et al. Effects of tapering on performance: a meta-analysis. Med Sci Sports Exerc 2007; 39: 1358-1365.

Bothwell TH, Charlton RW, Cook JD, et al. Iron Metabolism in Man. Oxford, UK: Blackwell Scientific, 1979.

Brodthagen UA, Hansen KN, Knudsen JB, et al. Red cell 2,3-DPG, ATP, and mean cell volume in highly trained athletes. Effect of long-term submaximal exercise. Eur J Appl Physiol 1985; 53: 334-338.

Bruunsgaard H, Hartkopp A, Mohr T, et al. In vivo cell-mediated immunity and vaccination response following prolonged, intense exercise. Med Sci Sports Exer 1997; 29: 1176-1181.

Bunt JC. Hormonal alterations due to exercise. Sports

Med 1986; 3: 331-345.

Burke ER, Falsetti HL, Feld RD, et al. Blood testing to determine overtraining in swimmers. Swimming Tech 1982a; 18: 29-33.

Burke ER, Falsetti HL, Feld RD, et al. Creatine kinase levels in competitive swimming during a season of training. Scand J Sports Sci 1982b; 4: 1-4.

Busso T. Variable dose-response relationship between exercise training and performance. Med Sci Sports Exerc 2003; 35: 1188-1195.

Busso T, Benoit H, Bonnefoy R, et al. Effects of training frequency on the dynamics of performance response to a single training bout. J Appl Physiol 2002; 92: 572-580.

Busso T, Candau R, Lacour JR. Fatigue and fitness modelled from the effects of training on performance. Eur J Appl Physiol 1994; 69: 50-54.

Busso T, Denis C, Bonnefoy R, et al. Modeling of adaptations to physical training by using a recursive least squares algorithm. J Appl Physiol 1997; 82: 1685-1693.

Busso T, Hakkinen K, Pakarinen A, et al. A systems model of training responses and its relationship to hormonal responses in elite weight-lifters. Eur J Appl Physiol 1990; 61: 48-54.

Busso T, Hakkinen K, Pakarinen A, et al. Hormonal adaptations and modelled responses in elite weighlifters during 6 weeks of training. Eur J Appl Physiol 1992; 64: 381-386.

Busso T, Thomas L. Using mathematical modelling in training planning. Int J Sports Physiol Perf 2006; 1: 400-405.

Butterfield GE, Gates J, Fleming S, Brooks GA, Sutton JR, Reeves JT. Increased energy intake minimises weight loss in men at high altitude. J Appl Physiol 1992; 72: 1741-1748.

Calvert TW, Banister EW, Savage MV, et al. A systems model of the effects of training on physical performance. IEEE Trans Syst Man Cybern 1976; 6: 94-102.

Carli G, Martelli G, Viti A, et al. Modulation of hormone levels in male swimmers during training. In: Biomechanics and Medicine in Swimming. Champaign, IL: Human Kinetics, 1983: 33-40.

Casoni I, Borsetto C, Cavicchi A, et al. Reduced hemoglobin concentration and red cell hemoglobinization in Italian marathon and ultramarathon runners. Int J Sports Med 1985; 6: 176-179.

Cavanaugh DJ, Musch KI. Arm and leg power of elite swimmers increase after taper as measured by biokinetic variable resistance machines. J Swimming Research 1989; 5: 7-10.

Chatard JC, Paulin M, Lacour JR. Postcompetition blood lactate measurements and swimming performance: illustrated by data from a 400-m Olympic record holder. In: Swimming Science V. Champaign, IL: Human Kinetics, 1988: 311-316.

Child RB, Wilkinson DM, Fallowfield JL. Effects of a training taper on tissue damage indices, serum antioxidant capacity and half-marathon running performance. Int J Sports Med 2000; 21: 325-331.

Clement DB, Sawchuk LL. Iron status and sports performance. Sports Med 1984; 1: 65-74.

Cohen J. Statistical Power Analysis for the Behavioral Sciences. Hillsdale, NJ: Erlbaum, 1988.

Convertino VA, Keil C, Greenleaf JE. Plasma volume, osmolality, vasopressin, and renin activity during graded exercise in man. J Appl Physiol 1981; 50: 123-128.

Convertino VA, Keil C, Greenleaf JE. Plasma volume, renin and vasopressin responses to graded exercise after training. J Appl Physiol 1983; 54: 508-514.

Costill DL, King DS, Thomas R, et al. Effects of reduced training on muscular power in swimmers. Physician Sportsmed 1985; 13: 94-101.

Costill DL, Thomas R, Roberts A, et al. Adaptations to swimming training: influence of training volume. Med Sci Sports Exerc 1991; 23: 371-377.

Coutts A, Reaburn P, Piva TJ. Changes in selected biochemical, muscular strength, power, and endurance measures during deliberate overreaching and tapering in rugby league players. Int J Sports Med 2007a; 28: 116-124.

Coutts AJ, Wallace LK, Slattery KM. Monitoring changes in performance, physiology, biochemistry, and psychology during overreaching and recovery in triathletes. Int J Sports Med 2007b; 28: 125-134.

Cumming DC, Wall SR. Non-sex hormone-binding globulin-bound testosterone as a marker for hyperandrogenism. J Clin Endocrinol Metab 1985; 61: 873-876.

D'Acquisto LJ, Bone M, Takahashi S, et al. Changes in aerobic power and swimming economy as a result of reduced training volume. In: Swimming Science VI. London: E & FN Spon, 1992: 201-205.

Dawkins R. The Selfish Gene (30th Anniversary Edition). Oxford, UK: Oxford University Press, 2006.

Dressendorfer RH, Petersen SR, Moss Lovshin SE, et al. Performance enhancement with maintenance of resting immune status after intensified cycle training. Clin J Sport Med 2002a; 12: 301-307.

Dressendorfer RH, Petersen SR, Moss Lovshin SE, et

al. Mineral metabolism in male cyclists during high-intensity endurance training. Int J Sport Nutr Exerc Metab 2002b; 12: 63-72.

Dufaux B, Hoederath A, Streitberger I, et al. Serum ferritin, transferrin, haptoglobin, and iron in middle- and long-distance runners, elite rowers, and professional racing cyclists. Int J Sports Med 1981; 2: 43-46.

Ekstrand J, Walden M, Hagglund M. A congested football calendar and the well being of players: correlation between match exposure of European footballers before the World Cup 2002 and their injuries and performances during that World Cup. Br J Sports Med 2004; 38: 439-497.

Eliakim A, Nemet D, Bar-Sela S, et al. Changes in circulating IGF-I and their correlation with self-assessment and fitness among elite athletes. Int J Sports Med 2002; 23: 600-603.

Ferret JM, Cotte T. Analyse des differences de preparation medico-sportive de l'Equipe de France de football pour les coupes du monde 1998 et 2002. In: Lutter contre le Dopage en gerant la Recuperation physique. JC Chatard, Ed. Publications de l'Universite de Saint-Etienne, 2003: 23-26. Saint-Etienne, France.

Fitz-Clarke JR, Morton RH, Banister EW. Optimizing athletic performance by influence curves. J Appl Physiol 1991; 71: 1151-1158.

Flynn MG, Pizza FX, Boone JB Jr, et al. Indices of training stress during competitive running and swimming seasons. Int J Sports Med 1994; 15: 21-26.

Fry RW, Morton AR, Crawford GPM, et al. Cell numbers and in vitro responses of leucocytes and lymphocyte subpopulations following maximal exercise and interval training sessions of different intensities. Eur J Appl Physiol 1992; 64: 218-227.

Fry RW, Morton AR, Keast D. Overtraining in athletes: an update. Sports Med 1991; 12: 32-65.

Galbo H. The hormonal response to exercise. Diabet/Metab Rev 1986; 1: 385-408.

Gibala MJ, MacDougall JD, Sale DG. The effects of tapering on strength performance in trained athletes. Int J Sports Med 1994; 15: 492-497.

Gledhill N. Blood doping and related issues: a brief review. Med Sci Sports Exerc 1982; 14: 183-189.

Gledhill N. The influence of altered blood volume and oxygen transport capacity on aerobic performance. Exerc Sports Sci Rev 1985; 13: 75-94.

Gleeson M. Mucosal immunity and respiratory illness in elite athletes. Int J Sports Med 2000; 21: S33-S43.

Gleeson M, McDonald WA, Cripps AW, et al. The effect of immunity of long-term intensive training in elite swimmers. Clin Exp Immunol 1995; 102: 210-215.

Gleeson M, McDonald WA, Pyne DB, et al. Salivary IgA levels and infection risk in elite swimmers. Med Sci Sports Exerc 1999; 31: 67-73.

Gleeson M, McDonald WA, Pyne DB, et al. Immune status and respiratory illness for elite swimmers during a 12-week training cycle. Int J Sports Med 2000; 21: 302-307.

Gleeson M, Pyne D. Exercise effects on mucosal immunity. Immunol Cell Biol 2000; 78: 536544.

Gordon T, Pattullo MC. Plasticity of muscle fiber and motor unit types. Exerc Sport Sci Rev 1993; 21: 331-362.

Graves JE, Pollock ML, Leggett SH, et al. Effect of reduced training frequency on muscular strength. Int J Sports Med 1988; 9: 316-319.

Hague JFE, Gilbert SS, Burgess HJ, et al. A sedentary day: effects on subsequent sleep and body temperatures in trained athletes. Physiol Behav 2003; 78: 261-267.

Hallberg L, Magnusson B. The etiology of "sports anemia." Acta Med Scand 1984; 216: 145-148.

Halson SL, Jeukendrup AE. Does overtraining exist? An analysis of overreaching and overtraining research. Sports Med 2004; 34: 967-981.

Harber MP, Gallagher PM, Creer AR, et al. Single muscle fiber contractile properties during a competitive season in male runners. Am J Physiol Regul Integr Comp Physiol 2004; 287: R1124-R1131.

Hawley J, Burke L. Peak performance: training and nutritional strategies for sport. St. Leonards, NSW, Australia: Allen & Unwin, 1988.

Haykowsky MJ, Smith DJ, Malley L, et al. Effects of short term altitude training and tapering on left ventricular morphology in elite swimmers. Can J Cardiol 1998; 14: 678-681.

Hellard P, Avalos M, Lacoste L, et al. Assessing the limitations of the Banister model in monitoring training. J Sports Sci 2006; 24: 509-520.

Hellard P, Avalos M, Millet G, et al. Modeling the residual effects and threshold saturation of training: a case study of Olympic swimmers. J Strength Cond Res 2005; 19: 67-75.

Hickson RC, Foster C, Pollock ML, et al. Reduced training intensities and loss of aerobic power, endurance, and cardiac growth. J Appl Physiol 1985; 58: 492-499.

Hickson RC, Kanakis C Jr, Davis JR, et al. Reduced training duration effects on aerobic power, endurance, and cardiac growth. J Appl Physiol 1982; 53: 225-229.

Hickson RC, Rosenkoetter MA. Reduced training frequencies and maintenance of increased aerobic power. Med Sci Sports Exerc 1981; 13: 13-16.

Hoffman-Goetz L, Pedersen BK. Exercise and the immune

system: a model of the stress response? Immunol Today 1994; 15: 382-387.

Hooper SL, Mackinnon LT, Ginn EM. Effects of three tapering techniques on the performance, forces and psychometric measures of competitive swimmers. Eur J Appl Physiol 1998; 78: 258-263.

Hooper SL, Mackinnon LT, Gordon RD, et al. Hormonal responses of elite swimmers to overtraining. Med Sci Sports Exerc 1993; 25: 741-747.

Hooper SL, Mackinnon LT, Howard A. Physiological and psychometric variables for monitoring recovery during tapering for major competition. Med Sci Sports Exerc 1999; 31: 1205-1210.

Hooper SL, Mackinnon LT, Howard A, et al. Markers for monitoring overtraining and recovery. Med Sci Sports Exerc 1995; 27: 106-112.

Hopkins WG, Hawley JA, Burke LM. Design and analysis of research on sport performance enhancement. Med Sci Sports Exerc 1999; 31: 472-485.

Hopkins WG, Hewson DJ. Variability of competitive performance of distance runners. Med Sci Sports Exerc 2001; 33: 1588-1592.

Hoppeler H. Exercise-induced ultrastructural changes in skeletal muscle. Int J Sports Med 1986; 7: 187-204.

Houmard JA. Impact of reduced training on performance in endurance athletes. Sports Med 1991; 12: 380-393.

Houmard JA, Costill DL, Mitchell JB, et al. Reduced training maintains performance in distance runners. Int J Sports Med 1990a; 11: 46-52.

Houmard JA, Costill DL, Mitchell JB, et al. Testosterone, cortisol, and creatine kinase levels in male distance runners during reduced training. Int J Sports Med 1990b; 11: 41-45.

Houmard JA, Johns RA. Effects of taper on swim performance: practical implications. Sports Med 1994; 17: 224-232.

Houmard JA, Kirwan JP, Flynn MG, et al. Effects of reduced training on submaximal and maximal running responses. Int J Sports Med 1989; 10: 30-33.

Houmard JA, Scott BK, Justice CL, et al. The effects of taper on performance in distance runners. Med Sci Sports Exerc 1994; 26: 624-631.

Ingjer F, Myhre K. Physiological effects of altitude training on young male cross-country. J Sport Sci 1992; 10: 37-47.

Izquierdo M, Ibanez J, Gonzalez-Badillo JJ, et al. Detraining and tapering effects on hormonal responses and strength performance. J Strength Cond Res 2007; 21: 768-775.

Jeukendrup AE, Hesselink MKC, Snyder AC, et al. Physiological changes in male competitive cyclists after two weeks of intensified training. Int J Sports Med 1992; 13: 534-541.

Johns RA, Houmard JA, Kobe RW, et al. Effects of taper on swim power, stroke distance and performance. Med Sci Sports Exerc 1992; 24: 1141-1146.

Kaiser V, Janssen GME, Van Wersch JWJ. Effect of training on red blood cell parameters and plasma ferritin: a transverse and a longitudinal approach. Int J Sports Med 1989; 10: S169-S175.

Kajiura JS, MacDougall JD, Ernst PB, et al. Immune responses to changes in training intensity and volume in runners. Med Sci Sports Exer 1995; 27: 1111-1117.

Kannus P, Josza L, Renstrom P, et al. The effects of training, immobilization and remobilization on muskuloskeletal tissue: 1. Training and immobilization. Scand J Med Sci Sports 1992; 2: 100-118.

Kenitzer RF Jr. Optimal taper period in female swimmers. J Swimming Research 1998; 13: 31-36.

Kindermann W. Metabolic and hormonal reactions in overstrain. Semin Orthop 1988; 3: 207-216.

Kirwan JP, Costill DL, Flynn MG, et al. Physiological responses to successive days of intense training in competitive swimmers. Med Sci Sports Exerc 1988; 20: 255-259.

Konig D, Grathwohl D, Weinstock C, et al. Upper respiratory tract infection in athletes: influence of lifestyle, type of sport, training effort and immunostimulant intake. Exer Immunol Rev 2000; 6: 102-120.

Koziris LP, Hickson RC, Chatterton RT, et al. Serum levels of total and free IGF-I and IGFBP-3 are increased and maintained in long-term training. J Appl Physiol 1999; 86: 1436-1442.

Kubukeli ZN, Noakes TD, Dennis SC. Training techniques to improve endurance exercise performances. Sports Med 2002; 32: 489-509.

Kuipers H. Training and overtraining: an introduction. Med Sci Sports Exerc 1998; 30: 1137-1139.

Kuoppasalmi K, Adlercreutz H. Interaction between catabolic and anabolic steroid hormones in muscular exercise. In: Exercise Endocrinology. Berlin: Walter de Gruyter, 1985: 65-98.

Lacour JR, Bouvat E, Barthelemy JC. Post-competition blood lactate concentrations as indicators of anaerobic energy expenditure during 400-m and 800-m races. Eur J Appl Physiol 1990; 61: 172-176.

Lehmann M, Baumgartl P, Wiesenack C, et al. Training-overtraining: influence of a defined increase in training volume vs training intensity on performance, catecholamines and some metabolic parameters in experienced middle- and long-distance runners. Eur J

Appl Physiol 1992; 64: 169-177.

Lehmann M, Deickhuth HH, Gendrisch G, et al. Training-overtraining: a prospective experimental study with experienced middle- and long-distance runners. Int J Sports Med 1991; 12: 444-452.

Lehmann M, Foster C, Keul J. Overtraining in endurance athletes: a brief review. Med Sci Sports Exerc 1993; 25: 854-862.

Lowenstein JM. The purine nucleotide cycle revised. Int J Sports Med 1990; 11: S37-S46.

Mackinnon LT. Chronic exercise training effects on immune function. Med Sci Sports Exer 2000; 32: S369-S376.

Mackinnon LT, Hooper S. Mucosal (secretory) immune system responses to exercise of varying intensity and during overtraining. Int J Sports Med 1994; 15: S179-S183.

Mackinnon LT, Hooper SL, Jones S, et al. Hormonal, immunological and hematological responses to intensified training in elite swimmers. Med Sci Sports Exerc 1997; 29: 16371645.

Maestu J, Jurimae J, Jurimae T. Hormonal reactions during heavy training stress and following tapering in highly trained male rowers. Horm Metab Res 2003; 35: 109-113.

Mairbaurl H, Humpeler E, Schwaberger G, et al. Training-dependent changes of red cell density and erythrocytic oxygen transport. J Appl Physiol 1983; 55: 1403-1407.

Malisoux L, Francaux M, Theisen D. What do single-fiber studies tell us about exercise training? Med Sci Sports Exerc 2007; 39: 1051-1060.

Malm C. Exercise immunology: a skeletal muscle perspective. Exer Immunol Rev 2002; 8: 116-167.

Manni A, Partridge WM, Cefalu M. Bioavailability of albumin-bound testosterone. J Clin Endocrinol Metab 1985; 61: 705-710.

Margaritis I, Palazzetti S, Rousseau A-S, et al. Antioxidant supplementation and tapering exercise improve exercise-induced antioxidant response. J Am Coll Nutr 2003; 22: 147-156.

Martin DT, Andersen MB. Heart rate-perceived exertion relationship during training and taper. J Sports Med Phys Fitness 2000; 40: 201-208.

Martin DT, Andersen MB, Gates W. Using Profile of Mood States (POMS) to monitor high-intensity training in cyclists: group versus case studies. Sport Psychol 2000; 14: 138-156.

Martin DT, Scifres JC, Zimmerman SD, et al. Effects of interval training and a taper on cycling performance and isokinetic leg strength. Int J Sports Med 1994; 15: 485-491.

McCarthy DA, Dale MM. The leucocytosis of exercise: a review and model. Sports Med 1988; 6: 333-363.

McConell GK, Costill DL, Widrick JJ, et al. Reduced training volume and intensity maintain aerobic capacity but not performance in distance runners. Int J Sports Med 1993; 14: 33-37.

McNeely E, Sandler D. Tapering for endurance athletes. Strength Cond J 2007; 29: 18-24.

Millard M, Zauner C, Cade R, et al. Serum CPK levels in male and female world class swimmers during a season of training. J Swimming Research 1985; 1: 12-16.

Millet GP, Groslambert A, Barbier B, et al. Modelling the relationships between training, anxiety, and fatigue in elite athletes. Int J Sports Med 2005; 26: 492-498.

Minors DS, Waterhouse J. Anchor sleep as a synchroniser of rhythms in abnormal routines. Int J Chronobiol 1981; 7, 165-188.

Mondin GW, Morgan WP, Piering PN, et al. Psychological consequences of exercise deprivation in habitual exercisers. Med Sci Sports Exerc 1996; 28: 1199-1203.

Morgan WP, Brown DR, Raglin JS, et al. Psychological monitoring of overtraining and staleness. Br J Sports Med 1987; 21: 107-114.

Morton DP, Gastin PB. Effect of high intensity board training on upper body anaerobic capacity and short-lasting exercise performance. Aust J Sci Med Sport 1997; 29: 17-21.

Morton RH. The quantitative periodization of athletic training: a model study. Sports Med Training Rehabil. 1991; 3: 19-28.

Morton RH, Fitz-Clarke JR, Banister EW. Modeling human performance in running. J Appl Physiol 1990; 69: 1171-1177.

Mujika I. Challenges of team sport research. Int J Sports Physiol Perf 2007a; 2: 221-222.

Mujika I. The influence of training characteristics and tapering on the adaptation in highly trained individuals: a review. Int J Sports Med 1998; 19: 439-446.

Mujika I. Thoughts and considerations for teamsport peaking. Olympic Coach 2007b; 18: 9-11.

Mujika I, Busso T, Lacoste L, et al. Modeled responses to training and taper in competitive swimmers. Med Sci Sports Exerc 1996a; 28: 251-258.

Mujika I, Chatard JC, Busso T, et al. Effects of training on performance in competitive swimming. Can J Appl Physiol 1995; 20: 395-406.

Mujika I, Chatard JC, Busso T, et al. Use of swim-training profiles and performance data to enhance training effectiveness. J Swimming Research 1996b; 11: 23-29.

Mujika I, Chatard J-C, Geyssant A. Effects of training and taper on blood leucocyte populations in competitive swimmers: relationships with cortisol and performance. Int J Sports Med 1996c; 17: 213-217.

Mujika I, Chatard J-C, Padilla S, et al. Hormonal responses to training and its tapering off in competitive swimmers: relationships with performance. Eur J Appl Physiol 1996d; 74: 361-366.

Mujika I, Goya A, Padilla S, et al. Physiological responses to a 6-day taper in middle-distance runners: influence of training intensity and volume. Med Sci Sports Exerc 2000; 32: 511-517.

Mujika I, Goya A, Ruiz E, et al. Physiological and performance responses to a 6-day taper in middle-distance runners: influence of training frequency. Int J Sports Med 2002a; 23: 367-373.

Mujika I, Padilla S. Detraining: loss of traininginduced physiological and performance adaptations. Part I. Short-term insufficient training stimulus. Sports Med 2000; 30: 79-87.

Mujika I, Padilla S. Cardiorespiratory and metabolic characteristics of detraining in humans. Med Sci Sports Exerc 2001; 33: 413-421.

Mujika I, Padilla S. Scientific bases for precompetition tapering strategies. Med Sci Sports Exerc 2003a; 35: 1182-1187.

Mujika I, Padilla S. Physiological and performance consequences of training cessation in athletes: detraining. In: Rehabilitation of Sports Injuries: Scientific Basis. WR Frontera, Ed. Malden, MA: Blackwell Science, 2003b: 117-143.

Mujika I, Padilla S, Geyssant A, et al. Hematological responses to training and taper in competitive swimmers: relationships with performance. Arch Physiol Biochem 1997; 105: 379-385.

Mujika I, Padilla S, Pyne D. Swimming performance changes during the final 3 weeks of training leading to the Sydney 2000 Olympic Games. Int J Sports Med 2002b; 23: 582-587.

Mujika I, Padilla S, Pyne D, et al. Physiological changes associated with the pre-event taper in athletes. Sports Med 2004; 34: 891-927.

Neary JP, Bhambhani YN, McKenzie DC. Effects of different stepwise reduction taper protocols on cycling performance. Can J Appl Physiol 2003a; 28: 576-587.

Neary JP, Martin TP, Quinney HA. Effects of taper on endurance cycling capacity and single muscle fiber properties. Med Sci Sports Exerc 2003b; 35: 1875-1881.

Neary JP, Martin TP, Reid DC, et al. The effects of a reduced exercise duration taper programme on performance and muscle enzymes of endurance cyclists. Eur J Appl Physiol 1992; 65: 30-36.

Neary JP, McKenzie DC, Bhambhani YN. Muscle oxygenation trends after tapering in trained cyclists. Dyn Med 2005; 4: 4.

Nehlsen-Cannarella SL, Nieman DC, Fagoaga OR, et al. Saliva immunoglobulins in elite women rowers. Eur J Appl Physiol 2000; 81: 222-228.

Neufer PD. The effect of detraining and reduced training on the physiological adaptations to aerobic exercise training. Sports Med 1989; 8: 302-321.

Nieman DC. Exercise and upper respiratory tract infection. Sports Med Training Rehabil 1993; 4: 1-14.

Niess AM, Dickhuth HH, Northoff H, et al. Free radicals and oxidative stress in exercise—immunological aspects. Exer Immunol Rev 1999; 5: 22-56.

Noakes TD. Physiological models to understand exercise fatigue and the adaptations that predict or enhance athletic performance. Scand J Med Sci Sports 2000; 10: 123-145.

Noble BJ, Robertson RJ. Perceived Exertion. Champaign, IL: Human Kinetics, 2000.

O'Connor PJ, Morgan WP, Raglin JS, et al. Mood state and salivary cortisol levels following overtraining in female swimmers. Psychoneuroendocrinology 1989; 14: 303-310.

Ostrowski K, Rohde T, Asp S, et al. Pro- and antiinflammatory cytokine balance in strenuous exercise in humans. J Physiol 1999; 515: 287-291.

Papoti M, Martins LEB, Cunha SA, et al. Effects of taper on swimming force and swimmer performance after an experimental ten-week training program. J Strength Cond Res 2007; 21: 538-542.

Peake JM. Exercise-induced alterations in neutrophil degranulation and respiratory burst activity: possible mechanisms of action. Exer Immunol Rev 2002; 8: 49-100.

Pedlar C, Whyte G, Emegbo S, Stanley N, Hindmarsh I, Godfrey R. Acute sleep responses in a normobaric hypoxic tent. Med Sci Sports Exerc 2005; 37: 1075-1079.

Pizza FX, Flynn MG, Boone JB, et al. Serum haptoglobin and ferritin during a competitive running and swimming season. Int J Sports Med 1997; 18: 233-237.

Pizza FX, Mitchell JB, Davis BH, et al. Exercise-induced muscle damage: effect on circulating leukocyte and lymphocyte subsets. Med Sci Sports Exer 1995; 27: 363-370.

Prins JH, Lally DA, Maes KE, et al. Changes in peak force and work in competitive swimmers during training and taper as tested on a biokinetic swimming bench. In: Aquatic Sports Medicine. JM Cameron, Ed. London: Farrand Press, 1991: 80-88.

Pyne DB, Gleeson M, McDonald WA, et al. Training

strategies to maintain immunocompetence in athletes. Int J Sports Med 2000; 21: S51-S60.

Pyne D, Mujika I, Reilly T. Peaking for optimal performance: research limitations and future directions. J Sports Sci 2009; 27: 195-202.

Raglin JS, Koceja DM, Stager JM. Mood, neuromuscular function, and performance during training in female swimmers. Med Sci Sports Exerc 1996; 28: 372-377.

Raglin JS, Morgan WP, O'Connor PJ. Changes in mood states during training in female and male college swimmers. Int J Sports Med 1991; 12: 585-589.

Reilly T, Atkinson G, Budgett R. Effects of lowdose temazepam on physiological variables and performance following a westerly flight across five time-zones. Int J Sports Med 2001; 22: 166-174.

Reilly T, Atkinson G, Edwards B, et al. Coping with jet-lag: a position statement of the European College of Sport Science. Eur J Sport Sci 2007a; 7: 1-7.

Reilly T, Edwards B. Altered sleep-wake cycles and performance in athletes. Physiol Behav 2007; 90: 274-284.

Reilly T, Maskell P. Effects of altering the sleepwake cycle in human circadian rhythms and motor performance. In: Proceedings of the First IOC World Congress on Sport Science. Colorado Springs, CO: U.S. Olympic Committee, 1989: 106.

Reilly T, Waterhouse J, Burke LM, Alonso JM. Nutrition for travel. J Sport Sci 2007b 25: S125-S134.

Reilly T, Waterhouse J, Edwards B. Jet lag and air travel: implications for performance. Clin Sport Med 2005; 24: 367-380.

Rietjens GJWM, Keizer HA, Kuipers H, et al. A reduction in training volume and intensity for 21 days does not impair performance in cyclists. Br J Sports Med 2001; 35: 431-434.

Rudzki SJ, Hazard H, Collinson D. Gastrointestinal blood loss in triathletes: its etiology and relationship to sports anaemia. Aust J Sci Med Sport 1995; 27: 3-8.

Rushall BS, Busch JD. Hematological responses to training in elite swimmers. Can J Appl Sports Sci 1980; 5: 164-169.

Rusko H, Tikkanen HO, Peltonen JE. Altitude and endurance training. J Sport Sci 2004; 22: 928-945.

Sahlin K, Broberg S. Adenine nucleotide depletion in human muscle during exercise: causality and significance of AMP deamination. Int J Sports Med 1990; 11: S62-S67.

Saltin B, Gollnick PD. Skeletal muscle adaptability: significance for metabolism and performance. In: Handbook of Physiology: Skeletal Muscle. Bethesda, MD: American Physiological Society, 1983: 555-631.

Seiler D, Nahel D, Franz H, et al. Effects of longdistance running on iron metabolism and hematological parameters. Int J Sports Med 1989; 10: 357-362.

Selby GB, Eichner ER. Endurance swimming, intravascular hemolysis, anemia, and iron depletion. Am J Med 1986; 81: 791-794.

Shepley B, MacDougall JD, Cipriano N, et al. Physiological effects of tapering in highly trained athletes. J Appl Physiol 1992; 72: 706-711.

Smith HK. Ergometer sprint performance and recovery with variations in training load in elite rowers. Int J Sports Med 2000; 21: 573-578.

Smith LL, Anwar A, Fragen M, et al. Cytokines and cell adhesion molecules associated with high-intensity eccentric exercise. Eur J Appl Physiol 2000; 82: 61-67.

Smith JA, Pyne DB. Exercise, training and neutrophil function. Exer Immunol Rev 1997; 3: 96-117.

Smith LL. Overtraining, excessive exercise, and altered immunity: is this a T helper-1 versus T helper-2 lymphocyte response. Sports Med 2003; 33: 347-364.

Snyder AC, Jeukendrup AE, Hesselink MKC, et al. A physiological/psychological indicator of overreaching during intensive training. Int J Sports Med 1993; 14: 29-32.

Stein M, Keller SE, Schleifer SJ. Stress and immunomodulation: the role of depression and neuroendocrine function. J Immunol 1985; 135: 827-833.

Steinacker JM, Lormes W, Kellmann M, et al. Training of junior rowers before world championships. Effects on performance, mood state and selected hormonal and metabolic responses. J Sports Med Phys Fitness 2000; 40: 327-335.

Stewart AM, Hopkins WG. Seasonal training and performance in competitive swimmers. Med Sci Sports Exerc 2000; 32: 997-1001.

Stone MH, Josey J, Hunter G, et al. Different taper lengths: effects on weightlifting performance. In: Proceedings of the Overtraining and Overreaching in Sport International Conference 1996; University of Memphis, Tennessee, p. 59.

Suzuki K, Nakaji S, Yamada M, et al. Systemic inflammatory responses to exhaustive exercise: cytokine kinetics. Exer Immunol Rev 2002; 8: 7-48.

Tabata I, Irisawa K, Kouzaki M, Nishimura K, Ogita F, Miyachi M. Metabolic profile of high intensity intermittent exercises. Med Sci Sports Exerc 1997; 29: 390-395.

Taha T, Thomas SG. Systems modelling of the relationship between training and performance. Sports Med 2003; 33: 1061-1073.

Tanaka H, Costill DL, Thomas R, et al. Dry-land resistance training for competitive swimming. Med Sci Sports Exerc 1993; 25: 952-959.

Taylor SR, Rogers GG, Driver HS. Effects of training volume on sleep, psychological, and selected physiological profiles of elite female swimmers. Med Sci Sports Exerc 1997; 29: 688-693.

Telford RD, Hahn AG, Catchpole EA, et al. Postcompetition blood lactate concentration in highly ranked Australian swimmers. In: Swimming Science V. Champaign, IL: Human Kinetics, 1988: 277-283.

Tharp GD, Barnes MW. Reduction of saliva immunoglobulin levels by swim training. Eur J Appl Physiol 1990; 60: 61-64.

Tharp G, Preuss T. Mitogenic response of T-lymphocytes to exercise training and stress. J Appl Physiol 1991; 70: 2535-2538.

Thomas L, Busso T. A theoretical study of taper characteristics to optimise performance. Med Sci Sports Exerc 2005; 37: 1615-1621.

Thomas L, Mujika I, Busso T. A model study of optimal training reduction during pre-event taper in elite swimmers. J Sport Sci 2008; 26: 643-652.

Thomas L, Mujika I, Busso T. Computer simulations assessing the potential performance benefit of a final increase in training during pre-event taper. J Strength Cond Res; in press.

Trappe S, Costill D, Thomas R. Effect of swim taper on whole muscle and single fiber contractile properties. Med Sci Sports Exerc 2001; 33: 48-56.

Trinity JD, Pahnke MD, Resse EC, Coyle EF. Maximal mechanical power during a taper in elite swimmers. Med Sci Sports Exerc 2006; 38: 1643-1649.

Tullson PC, Terjung RL. Adenine nucleotide metabolism in contracting skeletal muscle. Exerc Sports Sci Rev 1991; 19: 507-537.

Van Handel PJ, Katz A, Troup JP, et al. Oxygen consumption and blood lactic acid response to training and taper. In: Swimming Science V. Champaign, IL: Human Kinetics, 1988: 269-275.

Verde TJ, Thomas S, Shek P, et al. Responses of lymphocyte subsets, mitogen-stimulated cell proliferation, and immunoglobulin synthesis to vigorous exercise in well-trained athletes. Clin J Sports Med 1992; 2: 87-92.

Viru A. Plasma hormones and physical exercise. Int J Sports Med 1992; 13: 201-209.

Viru A, Viru M. Biochemical Monitoring of Sport Training. Champaign, IL: Human Kinetics, 2001.

Vollaard NB, Cooper CE, Shearman JP. Exercise-induced oxidative stress in overload training and tapering. Med Sci Sports Exerc 2006; 38: 1335-1341.

Wade CH, Claybaugh JR. Plasma renin activity, vasopressin concentration, and urinary excretory responses to exercise in men. J Appl Physiol 1980; 49: 930-936.

Walker JL, Heigenhauser GJF, Hultman E, et al. Dietary carbohydrate, muscle glycogen content, and endurance performance in well-trained women. J Appl Physiol 2000; 88: 2151-2158.

Warren BJ, Stone MH, Kearney JT, et al. Performance measures, blood lactate and plasma ammonia as indicators of overwork in elite junior weightlifters. Int J Sports Med 1992; 13: 372-376.

Waterhouse J, Atkinson G, Edwards B, Reilly T. The role of a short post-lunch nap in improving cognitive, motor and sprint performance in participants with partial sleep deprivation. Journal of Sports Sciences 2007a; 25: 1557-1566.

Waterhouse J, Nevill A, Edwards B, Godfrey R, Reilly T. The relationship between assessments of jet-lag and some of its symptoms. Chronobiol Int 2003; 20, 1061-1073.

Waterhouse J, Reilly T, Atkinson G, Edwards B. Jet lag: trends and coping strategies. Lancet 2007b; 369: 1117-1129.

Watt B, Grove R. Perceived exertion: antecedents and applications. Sports Med 1993; 15: 225-241.

Weight LM. "Sports anaemia": does it exist? Sports Med 1993; 16: 1-4.

Wenger HA, Bell GJ. The interactions of intensity, frequency and duration of exercise training in altering cardiorespiratory fitness. Sports Med 1986; 3: 346-356.

Wilson M, Kreider R, Ratzlaff R, et al. Effects of a 3-week taper period following 22-weeks of intercollegiate swim training on fasting immune status. In: Proceedings of the Overtraining and Overreaching in Sport International Conference 1996; University of Memphis, Tennessee, p. 73.

Yamamoto Y, Mutoh Y, Miyashita M. Hematological and biochemical indices during the tapering period of competitive swimmers. In: Swimming Science V. Champaign, IL: Human Kinetics, 1988: 269-275.

Zarkadas PC, Carter JB, Banister EW. Modelling the effect of taper on performance, maximal oxygen uptake, and the anaerobic threshold in endurance triathletes. Adv Exp Med Biol 1995; 393: 179-186.

索引

数字

11β-HSD（ヒドロキシステロイドデヒドロゲナーゼ） 44
11β-ヒドロキシステロイドデヒドロゲナーゼ（11β-HSD） 44

A

ACTH（副腎皮質刺激ホルモン） 41
Adlercreutz, H. 5
ADP再リン酸化 32
AMP（アデノシン一リン酸） 32
Atlaoui, D. 44
ATPアーゼ（アデノシン三リン酸分解酵素） 50
ATP（アデノシン三リン酸）加水分解 32
Avalos, M. 101

B

Balague, G. 65-67, 66表
Bangsbo, J. 117-119, 117表, 118図
Banister, E.W 9, 37, 99, 100-101, 100図, 103
Berger, B.G. 58表, 91表
Berglund, B. 58表
Bishop, D. 115, 116図
Bleus, Les（フランスのサッカー代表） 118
Bonifazi, M 30表, 39表, 91表, 93
Borgの自覚的運動強度（RPE） ※ 63
Bosquet, L. 9-11, 73, 73表, 76, 77図, 79表, 81表, 97-98
Bowman, Bob 123-129, 126表, 128表, 129表
Burke, E.R. 36, 36表
Busso, T. 3-5, 6-7, 99, 99図, 103-107, 104図, 105図, 107-110, 107図, 108図, 109図
B細胞（Bリンパ球、白血球） 54

C

C コルチゾール参照
Cavanaugh, D.J. 46表, 90表, 94
Charlesworth, Ric 167-172, 170表-171表
Child, R.B. 36表, 90表
CK クレアチンキナーゼを参照
Cn（コルチゾン） 44
Coetzee, Derik 172-177, 174表, 175図, 175表
Cohen, J. 98
Costill, D.L. 21表, 30表, 31, 36, 36表, 38, 39表, 46, 46表, 90表, 89, 93
Coutts, A. 17表, 36表, 37, 39表, 40, 41, 44, 53, 58表, 62, 91表, 115
C-ペプチド 43図, 45

D

D'Acquisto, L.J. 16, 17表, 21表, 22, 28, 30表, 31, 90表
Dawkins, R. 111
Dressendorfer, R.H. 17, 17表, 19, 21表, 24, 28, 33, 38, 39表, 78, 91表

E

Eliakim, A. 45, 58表, 61, 91表

F

Fairweather, Simon 159-164, 163表
Felicien, Perdita 153
Ferret, J.M. 118-119
Finn, Michelle
Fiz, Martin 129-134, 132表
Flynn, M.G. 20, 21表, 23, 30表, 31, 36, 36表, 38, 39表, 58表, 60, 63, 90表
FSH（卵胞刺激ホルモン） 43図

G

Gibala, M.J. 46表, 49, 90表
Golding, Julian
GPT（グルタミン酸ピルビン酸トランスアミナーゼ） 37

H

Halson, S.L. 22
Harber, M.P. 17, 17表, 18, 50, 51-52, 91表
Hassan, Yusuf 172-177, 174表, 175図, 175表
Haykowsky, M.J. 20
Hellard, P. 102図
Henry, Jodie 144-147, 146表-147表, 148表
hGH（ヒト成長ホルモン） 43図, 44, 45
Hickson, R.C. 71, 72図, 74, 75, 76図, 78, 79図
HLa：RPE関係 64
Hoffmann反射 47
Hooper, S.L. 6, 20, 21表, 22, 23, 36表, 37, 44, 46表, 48, 58表, 60, 64, 90表, 91表, 96
Houmard, J.A. 3, 7, 9, 15, 16, 17表, 18, 19, 19図, 21表, 22, 23-31, 30表, 36表, 46表, 58表
Hoy, Chris 139
HR：RPE関係 63-64, 63図

I

IGF-1（インスリン様成長因子Ⅰ） 44-45
IGFBP-1（免疫反応性IGF結合タンパク質1） 45
IGFBP-3（免疫反応性IGF結合タンパク質3） 45
IGF結合タンパク質 45
Ivankov, Ivan 147-152
Izquierdo, M. 28, 39表, 45, 46表, 91表

J

Jacklyn, Tony 164
Jeffries, Joshua
Jeukendrup, A.E. 16, 17表, 21表, 22, 23, 29, 30表, 90表
Johns, R.A. 18, 30表, 31, 46, 46表, 73, 78, 79, 90表, 93

Jカーブモデル　53

K
Kallur, Susanna
Keller, Klete　125
Kenitzer, R.F., Jr.　30表, 31, 81, 90表, 96
Kubukeli, Z.N.　73, 79, 81
Kuoppasalmi, K.　5, 38

L
Lacoste, L.　4-5, 4図, 74図, 102図
Lenton, Lisbeth
LH（黄体形成ホルモン）　41, 43図
LICT（低強度持続トレーニング）、テストステロンレベルと──　40図

M
Maestu, J.　39表, 45, 91表
Margaritis, I.　16, 17表, 28, 54, 54図, 58表, 61,91表
Martin, D.T.　9, 21表, 22, 23, 39表, 43, 46表, 49, 58表, 61, 63, 63図, 64, 75, 90表, 91表
Matutinovic, Dragan　184-185
McConell, G.K.　17表, 18, 21表, 22, 23, 28, 29, 30表, 31, 75, 90表
McFadden, Greg　177-183, 181表, 182表
McFarlane, Mike　137-138
McNeely, E.　73, 78, 80, 86, 74表
Millard, M.　36表
Millet, G.P.　82
Mills, Alice　144-146
Morgan, W.P.　57図, 58表, 59, 63, 96
Mujika, Inigo　3-4, 12, 13図, 25, 26, 27, 30表, 32, 36, 36表, 37, 39表, 40-43, 40図, 41図 42表, 46表, 54, 71-73, 74表, 75, 77図, 79, 80, 81, 89, 90表, 91表, 94, 94図, 95, 96, 97図, 99, 100, 101, 102図, 103, 114, 117

N
Neary, J.P.　16, 17表, 19-20, 19図, 20図, 21表, 23, 24, 29, 32, 49, 50, 51, 51図, 58表, 63, 91表
NIRS（近赤外線スペクトル分析）19

O
Olazabal, Jose Maria　164-166

P
Papoti, M.　30表, 31, 46表, 47, 47図, 91表
Phelps, Michael　124, 126表, 129表
Player, Gary　165
POMS（気分プロフィール検査）　59-61, 59図, 61図
Prins, J.H.　46表, 48
Pyne, D.B.　83, 113, 115, 123

Q
Queally, Jason　138-144, 142表-143表

R
Raglin, J.S.　46表, 47, 58表, 59, 59図, 60, 90表, 96
Readhead, Clint　172-177, 174表, 175表
RESTQ-Sport（アスリートのためのリカバリー・ストレス調査）43, 61-62, 61図
Rietjens, G.J.W.M.　17表, 21表, 22, 23, 28, 30表, 75, 91表
Rizzo, Philippe　149
Rollason, Shannon　144-147, 146表-147表, 148表
Rousseau, Florian　139
RPE（Borgの自覚的運動強度）　63

S
Shepley, B.　16, 17表, 25-26, 25図, 29, 30表, 33, 33図, 46表, 48, 49図, 50図, 72, 76, 90表
SIgA（分泌型免疫グロブリンA）54
Smith, H.K.　30表, 31, 32, 53, 55, 90表, 96
Smyth, Des　165
Snyder, A.C.　58表, 64

Steinacker, J.M.　29, 31, 30表, 39表, 43図, 44, 45, 58表, 91表
Stewart, A.M.　73, 75図, 76, 78図, 79, 81, 81表, 81, 80表, 97
Stone, M.H.　20, 21表, 23, 30表, 31, 32, 39表, 90表

T
Tanaka, H.　39表, 41
TAS（抗酸化能）　54図
Taylor, S.R.　60, 90, 90表
Thomas, L.　6, 11, 82, 99, 99図, 104, 106-110, 105図, 107図, 108図, 109図
Tournant, Arnaud　139
Trappe, S.　46表, 47, 47図, 51, 91表
Trinity, J.D.　47, 48図, 91表
TT（総テストステロン）　38, 40
T細胞　54
Tリンパ球　52

V
Van Handel, PJ.　17表, 18, 29, 30表, 31
Van Lierde, Luc　134-136
Vanderkaay, Peter　124, 125
Vatkin, Vladimir　147-152, 150表-152表
Vollaard, N.B.　54, 91表, 95

W
White, Jake　172-173
Winckler, Gary　152-157, 155表-157表

Y
Yamamoto, Y.　5, 10, 25, 36, 36表, 37

Z
Zarkadas, P.C.　8, 9, 16, 17表, 90表, 100

あ
アイアンマントライアスロン　134-136
アスパラギン酸アミノ基転移酵素

37
アスリートのためのリカバリー・ストレス調査（RESTQ-Sport）43, 61-62, 61図
アデノシン一リン酸（AMP）32
アデノシン三リン酸（ATP）加水分解 32
アデノシン三リン酸分解酵素（ATPアーゼ）50
アデノシン二リン酸（ADP）再リン酸化 32
アドレナリン 44
アルドステロン 43図
アレルギー反応 130
安静時心拍数 20, 21表
アンドロゲン テストステロンも参照 5
アンドロゲン同化活性 41
アンモニア、血中―― 32
アーチェリー 159-164, 163表
アーチェリー世界選手権 160
異化ホルモン、回復と―― 5
閾値 101
移動による疲労 83-84
インスリン 43図, 45
インスリン様成長因子Ｉ（IGF-I）44
インターフェロンδ 52
インターロイキン 52, 55
ウェイトリフティング選手
　安静時心拍数 20, 21表
　血圧 23
　血中アンモニア 32
　血中乳酸 30表, 31
　最大下心拍数 23
　テーパリングによって引き起こされたパフォーマンス向上 90表-91表
　疲労と適応モデル 101
　内分泌的適応 38, 39表
栄養 180
エネルギー収支（バランス）28
塩基過剰 38
黄体形成ホルモン（LH）41, 43図
オリンピック大会、――のためのトレーニング
　アーチェリー 159-164, 163表
　自転車競技 138-144, 142表

-143表
　水泳（Bowman）123-129, 126表, 128表, 129表
　水泳（Rollason）144-147, 146表-147表, 148表
　男子水球 184-185
　女子フィールドホッケー 167-169, 172, 170表-171表
オーストラリア国立スポーツ科学センター（AIS）144
オーバートレーニング、オーバーリーチング vs. ―― 22
オーバーペース 133
オーバーリーチング
　オーバートレーニング vs. ―― 22
　気分と―― 61
　最大心拍数と―― 22
　シーズン前の―― 115
オーバーリーチング・リカバリープロトコル 23
オープンウィンドウモデル 53

か
回復
　――中の同化ホルモンと異化ホルモン 5
　オーバーリーチング・リカバリープロトコル 23
　水球選手のための―― 180
　乳酸 31
　ラグビー選手のための―― 175表, 176
拡張期心腔 24
活性酸素 50
カテコールアミン 22, 44
カヌーの漕ぎ手、――における精神的な変化 58表, 61
過負荷トレーニング
　テーパリング期間と―― 82, 107-110, 108図, 109図
　テーパリング前の―― 11, 12図
顆粒球 54
カルニチンパルミトイル基転移酵素（CPT）49
「感覚の喪失」79
換気閾値 24

換気機能 24
換気機能 24
観察研究 8, 10表
基質の利用 28-29
気分 57-62
　アスリートのためのリカバリー・ストレス調査（Recovery-Stress Questionnaire for Athletes）43, 61-62, 61図
　気分プロフィール検査（POMS）59-61, 59図, 61図
　心理的準備 125-129, 161, 163, 180
　全体的な―― 57図, 59
　テーパリング中の――の悪化 96
　――についての研究 58表
　――の定義 57
気分プロフィール検査（POMS）59-61, 59図, 61図
「逆ピリオダイゼーション」144
キャプテンズラン 177
期分けされた心理学的スキルのトレーニング 65-67, 66表
筋グリコーゲン濃度
　月経周期の黄体期における―― 33
　呼吸商と―― 29
　暑熱下でのトレーニングと――上昇 85
　テーパリング期間中のトレーニング強度と―― 72
　テーパリング中の――上昇 32, 33, 33図
筋酸素化 19-20, 19図, 20図
近赤外線スペクトル分析（NIRS）19
筋線維 50, 51-52, 52図
筋中クレアチンリン酸の超回復 31
筋量の低下 28
筋力、テーパリング中の強度 72
筋力とパワー、テーパリング期間中の―― 46-49, 46表, 47図, 48図, 49図
クエン酸合成酵素 49, 50図, 72
グリコーゲン 筋グリコーゲン濃度を参照
グルタチオン 54

グルタミン－グルタミン酸比　115
グルタミン酸　115
グルタミン酸オキサロ酢酸トランスアミナーゼ　37
グルタミン酸ピルビン酸トランスアミナーゼ（GPT）　37
グループダイナミクス（集団力学）　180
クレアチニン　37
クレアチンキナーゼ（CK）
　　筋組織損傷からの――　6, 35
　　チームスポーツのテーパリングとピーキングにおける――　115
　　テーパリング中の――　35-37, 36表, 37図
　　トレーニング中のストレスマーカーとしての――　6, 7, 35
　　――の個人間変動　37
血圧　23
血液学　24-27, 25図, 27図
血液希釈　24
血液のpH　38
血液、――の水分結合能　血液学も参照　25
血液量　25, 25図, 72
血管外溶血　25
血管内溶血　24
血球新生、造血　24, 25
月経周期、――における筋グリコーゲンレベル　33
月経周期の黄体期における筋中グリコーゲンレベル――　33
血漿、――の定義　26
血清、――の定義　26
血清ハプトグロビン　6-7, 25-26
血中アンモニア　32
　　テーパリング中の――　41, 42図
血中乳酸最大値　血中乳酸を参照
血中乳酸値
　　競技選手の適応の測定としての――　31
　　最大下運動　31
　　最大下におけるHLa：RPE比　64
血中乳酸値－泳速度曲線　31
血中尿素　37

高強度インターバルトレーニング（HIIT）　40図
抗酸化サプリメント　54
抗酸化能（TAS）　54図
抗酸化物質　54, 54図
甲状腺刺激ホルモン　45
酵素活性　個別の酵素についても参照　49, 50図
高地トレーニング　24, 84-85
好中球　52, 53, 54
呼吸循環系機能の適応　15-27
　　安静時心拍数　20, 21表
　　換気機能　24
　　筋の酸素化　19-20, 19図, 20図
　　血圧　23
　　血液学　24-27, 25図, 27図
　　最大下心拍数　22-23
　　最大酸素摂取量　15-18, 17表, 71, 76図, 85
　　最大心拍数　22
　　心臓の容積　23
　　動作の経済性（効率）　18, 19, 19図
呼吸商（RER）　28-29
呼吸性アルカローシス　85
個人差
　　テーパリングによって得られるものの――　94
　　トレーニング反応についての――　101
　　トレーニングプロトコールにおける試行錯誤　144
　　パーソナリティ（性格）についての――　147
コハク酸デヒドロゲナーゼ　50, 51図
コモンウェルスゲーム　女子フィールドホッケートレーニング　169
コルチゾン（Cn）　44
コルチゾール（C）
　　11β-ヒドロキシステロイドデヒドロゲナーゼ　44
　　コルチゾン：コルチゾール比　44
　　唾液　43
　　テーパリング中の――　38, 41, 42図, 43, 43図
　　パフォーマンスと――　5, 5図,

6図
ゴルフ　164-166
コンピュータシミュレーション　107-110, 107図, 108図, 109図
コーチによるトレーニングプログラム
　　Bowman, Bob　123-129, 126表, 128表, 129表
　　Charlesworth, Ric　167-172, 170表-171表
　　Coetzee, Hassan, and Readhead　172-177, 174表, 175図, 175表
　　Fairweather, Simon　159-164, 163表
　　Fiz, Martin　129-134
　　Matutinovic, Dragan　184-185
　　McFadden, Greg　177-183, 181表, 182表
　　McFarlane, Mike　137-138, 58表
　　Queally, Jason　138-144, 142表-143表
　　Rollason, Shannon　144-147, 146表-147表, 148表
　　Van Lierde, Luc　134-136
　　Vatkin, Vladimir　147-152, 150表-152表
　　Winckler, Gary　152-157, 155表-157表

さ

最大運動と――　29, 30表
最大下HLa：RPE比　64
最大下でのエネルギー消費、動作の経済性（効率）　18, 19図
最大下心拍数　22-23
最大酸素摂取量
最大酸素摂取量（$\dot{V}O_2max$）
　　高地と――　85
　　テーパリング期間中のトレーニング強度と――　71
　　テーパリング効果としてのパフォーマンスと――　15-18, 17表, 26
　　テーパリング中のトレーニング量と――　76図

――の評価 18
――の定義 18
最大心拍数 22
サイトカイン 55
細胞性免疫 53
サッカー、――におけるテーパリング 117, 117表, 118図
サッカー（フットボール） 117, 117表, 118図
サッカーデンマーク代表チーム 117, 117表, 118図
サッカーフランス代表チーム 118-119
さまざまな刺激－反応モデル 103-107, 104図, 105図
酸素分圧 38
酸素脈 23
持久系競技選手　それぞれの競技も参照
　　Bowmanのトレーニングプログラム 123-129, 128表, 129表
　　Fizのトレーニングプログラム 129-134, 132表
　　Van Lierdeのトレーニングプログラム 134-136
　　最大酸素摂取量 16, 17
　　赤血球 25
刺激－反応関係
　　テーパリング期間中の―― 81, 82図
　　テーパリング中における量の低減 77図
　　――におけるさまざまな刺激－反応モデル 103-107, 104図, 105図
　　疲労と適応モデル 100-101
時差ボケ 83-84, 148
脂質過酸化 54
視床下部 43, 83
視床下部・下垂体・副腎皮質系 44
指数関数的テーパリング
　　――のメタ分析 10-11, 10表
　　速い低減 vs. 遅い低減 7, 8図, 8
システム理論 99-100, 99図, 100図
自転車競技選手
　　Queallyのトレーニングプログラム 138-144, 142表-143表
安静時心拍数 21表
エネルギー収支（バランス） 28
換気機能 24
筋グリコーゲン 32
筋線維サイズ 50
筋代謝の特性 50
筋の酸素化 19, 19図
筋力とパワー 46表, 49
血中乳酸 29, 30表
呼吸商 28
最大下心拍数 23
最大酸素摂取量 16-18, 17表
最大心拍数 22
心理的な変化 58表, 61
ステップテーパリングについての観察研究 9
テストステロンとコルチゾールレベル 38, 39表
テーパリング期間 82表
テーパリング中のトレーニング強度 71, 72図, 73表
テーパリング中のトレーニング頻度 78, 80表
テーパリング中のトレーニング量 74, 75, 76図, 77図
テーパリングによって引き起こされるパフォーマンス向上 89, 90表-91表, 93
――テーパリングのパターン 10-11, 10表
動作の経済性（効率） 18
努力感 63, 63図
免疫反応 53
収縮期心腔 24
収縮特性 48-49, 51-52, 52図
重炭酸 38
　　グルタミン酸ピルビン酸トランスアミナーゼ 37
　　クレアチニン 37
　　クレアチンキナーゼ 6-7, 35-37, 36表, 37図, 115
　　生化学マーカー 35-38
　　尿素と尿酸 37
主観的運動強度（RPE） 63
腫瘍壊死因子 52, 55
馴化（順化） 84, 85, 148

循環血液量増加（多血） 25
消化、時差ぼけと―― 84
傷害
　　テーパリング中の―― 133
　　――の最小化、ラグビー選手における 173-176, 175図
　　ピリオダイゼーション中の――予防 173
女子水球 177-183, 181表, 182表
女子水球ヨーロッパチャンピオンシップ、――に向けたトレーニング 177-183, 181表, 182表
女子フィールドホッケー 167-172, 170表-171表
女性、月経中の筋グリコーゲン　性差も参照 33
暑熱馴化 84-85, 148
除波睡眠 64, 65表
神経筋適応 46-52
　　筋線維のサイズ 50
　　筋線維の代謝特性 50
　　筋力とパワー 46-49, 46表, 47図, 48図, 49図
　　酵素活性 49, 50図
　　収縮特性 30表, 48-49, 51-52, 52図
心係数 24
"神経－代謝セット" 140
神経内分泌的な疲労 23
心室中隔 24
心臓　心臓の機能と構造を参照
心臓の機能と構造　心拍数も参照 20-24
　　安静時心拍数 20, 21表
　　血圧 23
　　最大下心拍数 22-23
　　最大心拍数 22
　　心腔径 23
　　心拍出量 24
浸透圧抵抗 26
心拍出量 24
心拍数
　　安静時―― 20, 21表
　　心拍数と主観的運動強度の比率（HR：RPE） 63-64, 63図
　　テーパリングとピーキング中の―― 118図
　　心理学的変化 57-67

Borgの自覚的運動強度　63, 63図
アスリートのためのリカバリー・ストレス調査　43, 61-62, 61図
気分　57-62, 57図, 58表, 59図, 61図
気分プロフィール検査　59-61, 59図, 61図
期分けされた心理学的スキルのトレーニング　65-67, 66表
心拍数（HR）と主観的運動強度の関係　63-64, 63図
心理的準備　125-129, 161, 163, 180
心理的体力　153
睡眠の質　7, 64, 65表, 84-85
努力感　58表, 62-64
心理的準備　125-129, 161, 163, 180
水泳選手
　Bowmanのトレーニングプログラム　123-129, 128表, 129表
　Rollasonのトレーニングプログラム　144-147, 146表-147表, 148表
　安静時心拍数　20, 21表
　インスリン様成長因子Ⅰ　44
　エネルギー収支（バランス）　28
　カテコールアミン　44
　筋線維サイズ　50
　グルタミン酸ピルビン酸トランスアミナーゼ　37
　クレアチンキナーゼ　36-37, 36表
　血圧　23
　血中乳酸　29, 30表, 31
　高地トレーニング　85
　コルチゾール　43
　最大下心拍数　22
　最大酸素摂取量　16, 17表
　最大心拍数
　さまざまな刺激−反応モデル　103-107, 105図
　収縮特性　51
　心臓の容積　23
　心理学的変化　58表, 60, 60図

心理的準備　125-129
赤血球バランス　25, 26, 27図
テーパリング期間中の睡眠の質　7, 64, 65表
テーパリング期間中のテストステロン−コルチゾール比　5, 5図, 6図, 39表, 40-43, 40図, 41図, 42図
テーパリング期間中のトレーニング頻度　78, 80表
テーパリング中に現れる個人差　95
テーパリング中のトレーニング強度　73, 73表, 74表, 75図
テーパリング中のトレーニング量　76, 77図, 78図
テーパリングによって得られる効果の重要性　96, 97図
テーパリングによって引き起こされたパフォーマンス向上　89, 90表, 91表, 92表, 89-94, 93図, 94図
テーパリングの期間　80-81, 81表, 82表, 103
動作の経済性（効率）　18
努力感　63図
　——における筋力とパワー　46-48, 46表, 47図, 48図
　——のためのテーパリング最適化　107-110, 108図, 109図
　——のためのテーパリングパターン　10, 10表, 11-12, 12図, 13図, 13図
パフォーマンスの目標設定　94
疲労と適応モデル　101, 102図
ヘモグロビンとヘマトクリット　25
ミクロサイクル　124, 128表
免疫反応　52, 53, 54
水球
　女子——　177-183, 181表, 182表
　男子——　184-185
水分補給、高地での——　85
睡眠の質
　高地と——　85
　時差と——　84

テーパリング期間中の——　7, 64, 65表
数理モデル化　99-111
　コンピューター・シミュレーション　107-110, 107図, 108図, 109図
　さまざまな刺激−反応モデル　103-107, 104図, 105図
　システム理論　99-100, 99図, 100図
　テーパリング期間の——　82-83
　——の賛否　111
　疲労と適応モデル　100-103, 101図, 102図
ステップテーパリング
　——の概略　7-9, 8図
　——のメタ分析　9-11, 10表
ストレングストレーニング、水球選手のための——　180
ストレングストレーニング経験のあるアスリート
　hGH, IGF-I, IGFBP-3　45
　エネルギー収支（バランス）　28
　テストステロンとコルチゾール　39表, 40
　テーパリングによって引き起こされたパフォーマンス向上　90表-91表
　——における筋力とパワー　46表
スプリント種目のトレーニングスケジュール
　短距離自転車競技選手のための　138-144, 142表-143表
　短距離水泳選手のための　144-147, 146表-147表, 148表
　短距離選手のための　137-138, 58表
　ハードル選手のための　154-157, 155表-157表
スーパー14　176
正確性を競うスポーツ
　アーチェリー　159-164, 163表
　ゴルフ　164-166
性差
　気分変化についての——　59

クレアチンキナーゼについての―― 36
テーパリング中の筋力維持についての―― 125
テーパリングによって引き起こされたパフォーマンス向上についての―― 93, 93図, 94図, 95
成長ホルモン 43図, 44, 45
性ホルモン結合グロブリン（SHBG） 38
世界選手権
    アーチェリー 160
    女子水球選手 177-183, 181表, 182表
    男子体操選手 147-152, 150表-152表
    マラソン 134-136
赤血球
    高強度トレーニングと―― 24
    赤血球数 24, 26, 27図
    赤血球量 72
    テーパリングと―― 5, 7, 25, 25図
    分布幅 25-26
    溶血 vs. 赤血球生成（新生） 24-26, 25図
赤血球スーパーオキシドジスムターゼ（活性酸素消去酵素） 54
赤血球生成（新生） 6, 24-26, 25図
線形的テーパリング 7, 8図
戦術的チームワーク 179
漸進的テーパリング、――のメタ分析 9-11, 10表
漕艇選手
    血中アンモニア 32
    血中乳酸 29, 30表, 31
    高地トレーニング 85
    心理学的な変化 58表
    テーパリング中における――の個人差 96
    テーパリング中のトレーニング強度 73, 74表
    テーパリングによって引き起こされたパフォーマンス向上 91表
    内分泌的適応 43, 45
    免疫反応 54

総テストステロン（TT） 38, 40

た

体液性免疫 53
体脂肪率 28
代謝の適応 28-33
    エネルギー収支（バランス） 28
    基質の利用可能性と利用 28-29
    筋グリコーゲン 29, 29-33, 33図, 72, 85
    血中アンモニア 32
    血中乳酸動態 29-32, 30表, 41, 41, 42図, 64
    ミネラル代謝 33
体操競技選手 147-152, 150表-152表
「体内時計」 83-84, 130
タイプⅠ筋線維 50, 51-52, 52図
タイプⅡ筋線維 50, 51-52, 52図
タイムゾーン 83-84
男子水球 184-185
男性 性差を参照
短絡率 24
遅延型過敏反応 52
力－パワー曲線 52図
チトクロム酸化酵素（オキシダーゼ） 49, 50, 51図
中間広筋、自転車競技選手における 20, 19図
超回復効果 22, 115
跳躍種目 65, 66表
チロキシン 45
チームスポーツでの複数のピーキング 114-115
チームスポーツのテーパリング 113-120
    大きなトーナメントのための 117, 117表, 118図
    ――研究の難しさ 113-114
    女子水球選手のための 177-183, 181表, 182表
    女子フィールドホッケーのための 167-172, 170表-171表
    男子水球選手のための 184-185
    複数のピーキング 114-115
    ラグビー選手のための 172-177, 174表, 175図, 175表
    レギュラーシーズンのための 115, 116図
低強度持続トレーニング（LICT）、テストステロンレベルと―― 40図
ディトレーニング、テーパリングと―― 71
テストステロン テストステロン－コルチゾール比も参照
    黄体形成ホルモンと―― 41
    総―― 38, 40
    組織の同化のマーカーとしての―― 38
    テーパリング期間中のトレーニング強度 72
    テーパリング期間中のトレーニング量と―― 75
    テーパリング中の―― 43図
    ――の機能 5
    非性ホルモン結合グロブリン結合性 40
テストステロン－コルチゾール比
    競泳選手における―― 5, 5図, 6図, 38, 39表, 40-43, 40図, 41図, 42図
    チームスポーツのテーパリングとピーキングにおける―― 115
    テーパリング期間中の―― 38-44, 39表, 40図, 41図, 42図, 43図
    トレーニングストレスのマーカーとしての 38
    ――についての研究 39表
    パフォーマンスと―― 5-7, 6図
    ランナーにおける―― 38, 39表, 40
鉄欠乏症、高強度トレーニングと―― 24
鉄状態 24, 26
デヒドロエピアンドロステロン（DHEAS） 43図
伝達関数 99, 99図, 105図
テーパリング、テーパリングパターンも参照

観察研究　8, 10表
　　軽減されたトレーニング vs. ──
　　　7, 8図
　　数理的モデル化　4, 4図
　　デザインの最適化　107-110,
　　　107図, 108図, 109図
　　──の目的　4-7
　　──の歴史的な定義　3
　　パターンのメタ分析　9-11, 10
　　　表
テーパリング期間中のトレーニング
　　量　74-78, 76図, 77図, 77表, 78図
テーパリングスケジュール　コーチ
　　によるトレーニングプログラム、
　　競技別のトレーニングプログラ
　　ムも参照
テーパリング中の強度
　　水泳選手における──　125
　　水球選手における──　179
　　トライアスロン選手における
　　　──　135
　　──についての研究　71-74, 72
　　　図, 73表, 74表
テーパリング中のトレーニング頻度
　　78-80, 79図, 79表, 80表
　　テーパリング中のトレーニング
　　　量　75-76, 76図, 77図
テーパリングにおける環境的要因
　　83-86
テーパリングの期間
　　さまざまな刺激－反応モデル
　　　103
　　トレーニング負荷と──　82,
　　　86表, 107-110, 108図, 109図
　　──の性差　95
　　パフォーマンスと──　80-83,
　　　81表, 82図, 82表, 86表
　　疲労の蓄積と──　82, 108,
　　　109図
テーパリングパターン　7-8, 8図
　　指数関数的──　7-9, 8図, 9-11,
　　　10表
　　ステップ──　7-9, 8図, 9-11,
　　　10表
　　漸増トレーニングの最終での負
　　　荷　10, 12, 12図, 13図
　　二相性──　11-12, 12図, 13図
　　鋸（のこぎり）──　12, 12図

　　──のコンピューターシミュ
　　　レーション　107-110, 107図,
　　　108図, 109図
テーパリングパターンのメタ分析
　　10-11, 10表
同化ホルモン、回復と──　5
動作の経済性（効率）　18, 19図
糖タンパク質　6, 26
トライアスロン選手
　　Van Lierdeのトレーニングプ
　　　ログラム　134-136
　　エネルギー収支（バランス）
　　　28
　　クレアチンキナーゼ　36表
　　最大酸素摂取量　16, 17表
　　指数関数的テーパリング vs. ス
　　　テップテーパリング　9
　　心理的変化　58表, 61
　　テストステロンとコルチゾール
　　　39表, 40, 41
　　テーパリングによって引き起こ
　　　されたパフォーマンス向上
　　　90表-91表
　　疲労と適応モデル　101
　　ヘモグロビンとヘマトクリット
　　　25
トランスフェリン　27
努力感
　　──におけるテーパリングの影
　　　響　58表
　　──の定義　62
　　Borgの主観的運動強度　63, 63
　　　図
　　HR：RPE（心拍数：主観的運
　　　動強度）の比率　63-64, 63
　　　図
トリヨードチロニン　45
トレーニング
　　閾値　101
　　生物学的ストレスマーカー
　　　5-6, 5図, 6図
　　テーパリング vs. 低減したト
　　　レーニング　7, 8図
　　プラスの影響とマイナスの影響
　　　4, 4図
トレーニングにおけるピリオダイゼ
　　ーション　173, 180, 182
トレーニングのプラスの影響　4-5,

　　4図, 5図
　　トレーニングのマイナスの影響　疲
　　　労および蓄積疲労を参照　4-5, 4
　　　図, 5図
トレーニング負荷
　　時差と──　83
　　テーパリング期間と──　82,
　　　86表, 107-110, 108図, 109図
トレーニングプログラム、種目別
　　アーチェリー選手のための
　　　162-164, 163表
　　ゴルファーのための　164-166
　　女子水球選手のための　177-
　　　183, 181表, 182表
　　女子フィールドホッケー選手の
　　　ための　167-172, 170表-171
　　　表
　　体操競技選手のための　147-
　　　152, 150表-152表
　　短距離自転車競技選手のための
　　　140-144, 142表-143表
　　短距離水泳選手のための　144-
　　　147, 146表-147表
　　短距離選手のための　139表,
　　　152-157, 155表
　　男子水球選手のための　184-
　　　185
　　長距離水泳選手のための　123-
　　　129, 128表, 129表
　　トライアスロン選手のための
　　　135
　　ハードル選手のための　154-
　　　157, 155表-157表
　　マラソンランナーのための
　　　132表, 131-134
　　ラグビー選手のための　176-
　　　177
トレーニング量に対する神経内分泌
　　的反応　106
ドーパミン　44

な

内分泌的適応　38-45
　　C-ペプチド　43図, 45
　　インスリン　43図, 45
　　黄体形成ホルモン　41, 43図
　　カテコールアミン　22, 44
　　甲状腺刺激ホルモン　45

成長ホルモンとインスリン様成長因子　43図, 44, 45
　テストステロン　テストステロンを参照
　副腎皮質刺激ホルモン　41
　卵胞刺激ホルモン　43図
　レプチン（脂肪制御ホルモン）　45
ナチュラルキラー細胞の細胞傷害性　52
二酸化炭素分圧　38
二相性のテーパリングパターン　11-12, 12図, 13図
二相性反応　47, 48図
乳酸塩　血中乳酸塩を参照
乳酸回復曲線　31
乳酸脱水素酵素　37, 49
乳酸蓄積　133
尿素と尿酸　37, 38
鋸（のこぎり）状のテーパリングパターン　12, 12図
ノルアドレナリン　44

は

破壊、赤血球　25
バソプレシン　25
白血球　54
パフォーマンス
　チームスポーツにおける——の定義　114
　テーパリング期間中のトレーニング頻度と——　78-80, 79図, 79表, 80表
　テーパリング期間中のトレーニング量　74-78, 76図, 77図, 77表, 78図
　テーパリング期間と——　80-83, 81表, 82図, 82表, 86表
　テーパリング中のトレーニング強度と——　71-74, 72図, 73表, 74表
　テーパリングによって得られた——の個人差　94
　テーパリングによって得られた——の重要性（意味）　96-98, 97図
　テーパリングによって得られた——の性差　89-94, 93図, 94図, 95
　テーパリングによって引き起こされた——向上　89-94, 90表, 91表, 92表, 93図, 94図
　トレーニングによる——へのプラスの影響とマイナスの影響　4-5, 4図, 5図
　——における心理学的変数　61, 64
パフォーマンスについての目標設定　94
ハプトグロビン（血清α2グロブリンの一種）　6-7, 25-26
ハプトグロビン－ヘモグロビン複合体　26
ハンドボール選手　58表, 61, 91表
ハンマー投選手　101
ハードル　154-157, 155表-157表
ビジュアライゼーション　125, 130, 134
非性ホルモン結合グロブリン結合性テストステロン（NSBT）　40
ヒト成長ホルモン（hGH）　43図, 44, 45
疲労、移動　83-84
疲労、——蓄積
　過剰による——　104
　テーパリング期間と——　82, 108, 109図
　トレーニング刺激量への反応　103
　トレーニングのマイナスの影響としての——　4, 4図, 5図
　——の予防　173, 174表, 177
疲労と適応モデル　100-103, 101図, 102図
ピーキング、複数の　114-115
ファルトレク走　131
不安、テーパリング期間と——　82
フィールドホッケー、女子——　167-172, 170表-171表
フェリチン　27
副腎皮質刺激ホルモン（ACTH）　41
プラセボ効果　95
フリーラジカル除去能　54
プロラクチン　43図
分泌型免疫グロブリンA（SIgA）　52, 54
平均赤血球ヘモグロビン値　25
ヘマトクリット　5-7, 24-26, 27図
ヘモグロビン
　高強度トレーニングと——　24
　テーパリングと——　6, 7, 25, 26, 27図
　ハプトグロビン－ヘモグロビン複合体　26
　変形能、赤血球　26
ペース、最適な——を見つける　131
β-ヒドロキシアシルCoAデヒドロゲナーゼ　49, 50

ま

マクロサイクル　124
マスターズ・トーナメント　165, 165
マッサージ　162
マラソンランナーのためのトレーニングスケジュール、ランナーの項目も参照　129-134, 132表
ミクロサイクル　124, 128表
ミトコンドリア酵素　49
ミトコンドリア能力、動作の経済性（効率）　18
ミネラル代謝　33
免疫グロブリン　54
免疫反応　52-55
　サイトカイン　55
　時差ボケと——　84
　免疫グロブリン　55
　免疫細胞　52, 53-54
　免疫抑制機構　53
免疫反応性IGF結合タンパク質1（IGFBP-1）　45
免疫反応性IGF結合タンパク質3（IGFBP-3）　45
免疫抑制　53
網状赤血球数　6, 7, 25, 26
燃え尽き（バーンアウト）、ピリオダイゼーションと——　173

や

遊離テストステロン（FT）　38
溶血　24-26, 25図
溶血状態、トレーニング中の　6

ら

ライダーカップ（ゴルフの大会名） 164, 166
ラグビー選手 115, 172-177, 174表, 175図, 175表
ランナー
　Fizのトレーニングプログラム 129-134, 132表
　McFarlaneのトレーニングプログラム 137-138, 58表
　Wincklerのトレーニングプログラム 152-157, 155表-157表
　安静時心拍数 20, 21表
　エネルギー収支（バランス） 28
　筋グリコーゲン 33
　筋の収縮性質 30表, 51-52
　クレアチンキナーゼ 36-37, 36表
　血圧 23
　血液量 25
　血中乳酸 29, 30表, 31
　酵素活性 49
　最大下心拍数 23
　最大酸素摂取量 16, 17表, 19
　心理学的変化 58表
　赤血球バランス 25, 26
　テストステロン－コルチゾール比 38, 39表, 40
　鉄状態 26
　テーパリング期間中のトレーニング頻度 78, 80表
　テーパリング中のトレーニング強度 71, 72図, 73表
　テーパリングによって得られた──の意義 96
　テーパリングによって引き起こされたパフォーマンス向上 90表-91表
　テーパリングの期間 82表
　テーパリングパターン 10, 10表
　動作の経済性（効率） 18, 19図
　努力感 63
　──における最大心拍数 22
　──の筋力とパワー 46表, 48, 49図
　──の網赤血球数 6
　パフォーマンスの目標設定 94
　疲労と適応モデル 101
　免疫反応 53
卵胞刺激ホルモン（FSH） 43図
リンパ球 52, 53, 54
レニン活性 25
レプチン（脂肪制御ホルモン） 45
レースペースで行うインターバル 73

わ

ワールドカップ
　女子フィールドホッケー 169
　ラグビー 172-177, 174表, 175図, 175表
ワールドシリーズ（ゴルフ） 165

著者紹介

Iñigo Mujika, PhD

Photo courtesy of Iñigo Mujika

Iñigo Mujika, PhDは、USP Arabaスポーツクリニック（バスク自治州Vitoria-Gasteiz）のスポーツ生理学者であり、バスク大学医学ondology学部の准教授である。以前、MujikaはスペインのプロフットボールチームのAC Bilbao（バスク）の研究開発部門長でもあった。研究者として、またスポーツ科学実践者として、コーチとして、Mujikaは最適なテーパリングのためのテーパリング＆ピーキングにおける専門家として最もリスペクトされる一人として広く知られている。

1992年より、Mujikaはスポーツパフォーマンスのためのテーパリング＆ピーキングの研究に打ち込んできた。20を超えるピアレビューのある科学的論文のほか、6つの書籍の執筆・分担執筆を行い、ほかにもテーパリングについて執筆している。また、世界中のテーパリングに関するカンファレンスやセミナーで、70近くの講演を行った。

スポーツ生理学者として、Mujikaは個人およびチーム競技の一流選手やコーチらとともに働いてきた。2003〜2004年、Mujikaはオーストラリアスポーツ科学センター（AIS）のシニア生理学者であった。2005年、Mujikaはプロのロード自転車チーム、Euskaltel Euskadiの生理学者およびトレーナーとして働いた。彼はまた世界クラスのトライアスロンのコーチであり、オリンピアンのAinhoa Muruaに2004年アテネ大会および2008年北京大会まで、また同じくオリンピアンのEneko Llanosには2004年アテネ大会までコーチを務めた。

MujikaはACSM（American College of Sports Medicine）の会員であり、またInternational Journal of Sports Physiology and Performanceのアソシエイトエディターである。筋エクササイズの生物学においてSaint-Etienne大学（フランス）で博士号を取得（1995年）。2つ目の博士号（身体活動とスポーツ科学）をバスク大学で優秀博士号表彰の受賞とともに取得した（1999年）。彼はトライアスリートとの仕事において2つ受賞している。すなわち、スペイントライアスロン連盟より女性アスリートのベストコーチ賞（2006年）、バスクスポーツ協会よりハイパフォーマンスバスクスポーツ賞（2007年）である。

4カ国語（バスク、英語、フランス語、スペイン語）を流暢に用いることができ、これまでにカリフォルニア、フランス、南アフリカ、オーストラリアに住んでいたことがある。現在はバスクに在住。サーフィンや自転車、水泳、ストレングストレーニング、ハイキングのほか、映画や旅行を楽しんでいる。

監修者

総監修

水村（久埜）真由美（みずむら・くの・まゆみ）
1965年生まれ。愛知県出身、東京育ち。お茶の水女子大学で舞踏教育を学び、東京大学大学院教育学研究科で体育学、スポーツ科学、身体教育学を学ぶ。6歳よりクラシックバレエを始める。さまざまな運動指導（エアロビックダンス、トレーニング、リズム体操、ウォーキング、ストレッチング、アクアビクス、ボディシェイプ、テニス、スキー、ダンス）を大学や社会体育の現場で行っている。お茶の水女子大学基幹研究院教授。博士（教育学）。専門は身体運動科学（運動生理学、バイオメカニクス）。著書に『ダンサーなら知っておきたいからだのこと』（大修館書店）ほか。

監修

彦井浩孝（ひこい・ひろたか）
1965年京都市生まれ。オレゴン州立大学大学院健康人間科学学部博士課程修了。博士（Ph.D）。専門は運動科学（運動生理学、運動栄養学）。横浜市病院協会看護専門学校非常勤講師。NPO法人チャレンジ・アスリート・ファンデーション理事長。ヘルスフィットネス＆スポーツニュートリションコーチとして、ランナーやトライアスリートを指導。トライアスロン歴30年、アイアンマントライアスロン42回完走（アイアンマンハワイ世界選手権11回出場）。著書に『アイアンマンのつくりかた。』、連載誌に「トライアスロンルミナ」など。

寺本寧則（てらもと・やすのり）
1975年東京生まれ、東京育ち。中学校・高校と陸上競技を始める一方でランニング障害も多く、障害予防を始めとしたトレーナーの存在を知り国際武道大学へ入学。選手を継続しながら障害予防や競技力向上を研究するために必要なプロセスを学ぶため国際武道大学院へ進学。その後、ワコール女子陸上競技部、玉川大学陸上競技部女子駅伝チーム、プロトライアスロンチームケンズでトレーナーなどを務め、日本記録やオリンピックトライアスロン入賞などに貢献する。現在はCreative Runningを立ち上げ、多数のチームや個人を対象として傷害予防や競技力向上に力を注いでいる。Creative Running 代表。

テーパリング＆ピーキング
最適なパフォーマンスのために

2017年9月30日　第1版第1刷発行

著　者　Iñigo Mujika
総監修者　水村（久埜）真由美
監修者　彦井　浩孝、寺本　寧則
発行者　松葉谷　勉
発行所　有限会社ブックハウス・エイチディ
　　　　〒164-8604
　　　　東京都中野区弥生町1丁目30番17号
　　　　電話番号　03-3372-6251
印刷所　シナノ印刷株式会社

方法の如何を問わず、無断での全部もしくは一部の複写、複製、転載、デジタル化、映像化を禁ず。
©2017 by Book House HD, Ltd. Printed in Japan
落丁、乱丁本はお取り替え致します。